華裔影人
米格爾‧張的
浮生箚記

下

地中海曉風殘月

米格爾‧張
MIGUEL CHANG

〈山花子感懷〉

鴻征歐西少年遊
天涯芳草幾度秋
春晚時逝飄紅絮
無限愁
風棘雨細夜滿樓
徒矣舊夢雖牽縈
待從頭
　　　　——張寶清

米格爾為電影唐吉訶德內外景設計之一

BIBLIOTECA-CASA D. QUIJOT

米格爾為電影唐吉訶德內外景設計之二

VENTA 2 - SALON

米格爾為電影唐吉訶德內外景設計之三

米格爾前妻娥加（初識戀愛時）

米格爾與張琴結婚照

米格爾與張琴夫婦在倫敦海德公園

米格爾正在設計《北京五十五天》外景

二〇一一年春，米格爾與張琴在酒城瀘州最後存照

二〇一二年米格爾在古藺老街設計答辯會上

二〇一一年米格爾在古藺老街實地考察

二〇一二年微型小說比賽揭曉（米格爾與西班牙華裔資深傳媒人莫索爾先生主持評委）

米格爾與歐洲華文作家協會創會秘書長朱文輝

米格爾與西班牙彼得堡大學藝術系主任研究中國書法

米格爾與西班牙彼得堡大學藝術系主任研究中國書法二

神父為米格爾主持告別儀式（紅色帷幕遮掩了櫃寢）

米格爾合作近三十年的經紀人，卡洛斯在殯儀館祭文米格爾

一米格爾西·高航走！

沉痛悼念米格爾·張先生！

米格爾，永远会記住你
的笑容，一路走好！

PARA MIGUEL
UN AMIGO
DE SIEMPRE

王安悅
巫喜嫦
文偉聰　26.02.03

PADRINO: NOS VEMOS. UN BESO.

Miguel, hemos
venido a verte.

Pilar Jolran

敬悼　2013. 2. 26

2015.2.26

二月二十六日下午來自中西至朋好友在米格爾靈堂前留下的哀悼文字之一

016

Para Miguel
mi primer Amigo
Chino cuando llega
a España, Hasta
Siempre
Margarita Torres HSU

A mi gran amigo Miguel,
una persona única: Una buena
Persona Carlos

Aunque hace poco tiempo que nos
conocemos. En mi alma y corazón
te quedas para siempre. Nadiya.

En nuestro recuerdo de siempre,
que descanses con Dios!

Pronto nos veremos!

Hola amigo.
Nos conocimos tarde pero
nos sentimos como si fuera
de siempre. Siempre tendrás
un hueco en nuestra casa y
en nuestro corazón. Pa siempre

來日期荷看你逆笑瓦生...
一路走好 我珍

Miguel y queridísimo amigo.
Aunque tu espíritu estará siempre
cerca, te echaré mucho de menos.
Tus ideas artísticas siempre me
han ayudado en mis creaciones
fantásticas. Me has hecho
muchas cosas para poner
en el escenario. Mi próximo
ballet será dedicado a ti.
We will see each other
again some day. Much love,
Gloria Montero

米格爾生前留在四川家中最喜歡的三幅繪畫作品

米格爾生前西班牙家的書房一角

米格爾生前半個世紀要好的西班牙世家兄妹（右一右三，右二是米格爾好萊塢電影同事JOSE MARIA）

米格爾誕辰日，西班牙電影藝術界朋友舉行的詩歌朗誦會

跟隨米格爾拍攝電影近三十年的德國大眾汽車，已經送給了西班牙導演安黑爾

米格爾・張：地中海岸的中國雅士

　　「米格爾張」，在此後成了我記憶中能夠不斷被喚起的名字，是因為張琴。記得去年晚春時分，我赴代爾夫特參加一個國際會議，順路在阿姆斯特丹做短暫的滯留，便與張琴有了同道之行。在河道交織，街路蛇行的城市裏，準確地說是在一家名為「西藏飯店」的中餐館裏，我第一次聽到了這個陌生的大名，而隨著張琴的種種叨絮，米格爾張從最初的一個字符，竟然在我的腦海中衍化為了一個有著磬咳笑貌、動感豐盈的立體般形象。

　　夏後，張琴從馬德里發來了他與米格爾張合撰的一篇有關中國文化在西班牙流佈的論文，煌煌4萬餘言，宏闊的論述框架中充滿了細節材料的考訂，想必米格爾張這位「西班牙通」也在其中貫注了甚多的心力。再以後，我又讀到了米格爾張的博客，他親撰的《地中海曉風殘月》一書，甚至於他60年前赴歐時的手稿《去國日志》《旅歐日記》，娟秀的字跡中留下了曾為青年的斷續心跡。盡管我終於未能面識這位傳奇般的人物，但借助於如上文字，也諳悉了他的奇妙履歷，並得以窺見他細膩、斑駁的情感世界。

　　米格爾張的一生是幸運的。他出身於民國時期的書香世家，早聞雅訓，成長於字畫滿壁、舊籍盈架的廳堂，在優渥的環境中度過了綺麗的童年。壯歲遊歐，是中國第一批被保送到西班牙留學的「六君子」之一，不久娶美麗活潑的西班牙小姐娥笳為妻，中歲事業挺奮，參與了斯皮爾伯格、大衛・林奇等國際名導的一系列大片制作，足跡遍布四大洲。晚歲雖有失妻之痛，但不久即

識得從內地赴西的才女張琴，兩人墮入情網，成為楊前知己，琴瑟天籟，度過一神仙眷侶的歲日，此中滿溢的蜜意也是可以從「二張」的許多記敘中讀得的。

從一開始，米格爾張的經歷即被裹挾在了中國社會的巨大變局之中，西學中漸、民主革命、傳教運動等均在其履歷上烙下了深刻的印跡，他自幼所受的教育及跨洋留學的契機都得之於這些潮流的推動。但從他的生平記錄來看，至西班牙讀書與定居之後，這些遙遠的波浪便逐漸地退向了身後，一種個人化的生活形態變得愈益清晰起來，他沉浸在自己充實的創造性工作、藝文生活、異地旅行等的快樂之中，並建立起了一個屬於自我的信念坐標。他的一生未曾介入過各種政治、宗教與社會團體，甚至與當地的華人社群也很少聯系，這使之能夠將更多的精力聚集在自己的興趣目標範圍之內。雖然他自幼儒染於天主的教義，但並未循入教門，而是更傾心於一種帶有不確定表述的泛神論，以此也免脫了某些規則化原理對之思想的框定。與難以免俗的我們的相比，這當然也是米格爾張的又一幸運之處，為此而可以去養育出一種純粹的心態，在靜謐的自我探索中孵化他的「道學」。

與這種選擇相應，米格爾的世界更多地似偏於「陰柔」的（此為道家的一翼），這既可解釋為對人世所取的一種平和、謹慎與謙遜的心理姿態，也可以解釋為是藝術的屬性，這一「藝術」的概念，當含括作為技藝的藝術與人生的藝術兩個方面。就後者而言，也可從米格爾張一生中與四個女性，即作為畫家的母親、結妻娥笛、愛女書霓、仙侶張琴，最後，還有伴隨他多年、形影不離的小貓姬姬（貓也是小女）的親密關系中見出，這些關系以前後持續的方式圍繞著他，滋潤著他的生命之田，並與他的藝術興趣一同構造起了他日常世界的主體部分，使他能夠盡享與身邊女性的情愛，及因此而或柔腸寸斷，或神采飛翔。我贊成一

位他的朋友以「俠骨柔腸」來描述米格爾張的性格特點，這一句式中的「俠」，可以理解為是一種道之俠，即有自己的信念主見，不與物爭，不從流俗，而能遵生齊物，自適無礙。

米格爾張是迷人，這首先在於他的儒雅氣格。我只見到過他晚歲的照片，著一中裝，微眯的眼神中透露出溫雅的微笑，從他中和、平坦與善意的表情中可感知到一副自足與寬裕的心體。或也正如此，在待人接物之中他始終能夠保持著謙和、溫良的姿態，比如雖然他一生參與過許多大片的制作，但從不以此自詡，而似乎僅將之看做一種本職的工作而已。另在一則他自己寫的小文《舐犢情深的啟發》中有這樣的描寫：「……我每次工餘上街溜達時，而且，多數去平民區，身邊總是多換些零碎硬幣，以便遇到上述的那些貧困的印地安人時，可以給他們一點微不足道的安慰。當然，每次他們從我手中所獲的數目遠遠較通常為多，當我看到他們回報我的驚奇還帶感激的眼神時，心中反而不是滋味，天哪！這一點點硬幣算得了什麼！我必須立即跑開，如果在他們面前多待一些時刻，淚水定會奪眶而出。」這就是多情而自謙的米格爾張！

米格爾張的迷人之處，還在於他的性格的「透明性」，這固然表現在他的日常為事上，也表現在他的文字敘寫中，比如他會不忌呈露各種「囧事」，寫愛欲時淋漓暢懷，抒私念時滿腹傾倒，甚至於在暴露一些小小的「心機」時也不隱筆墨。這似乎與他長期生活的環境有關，讓人感到伊比利亞的陽光正透徹地照進了他的心房，使陰影消遁，無跡可見。但是他終究沒有蛻變為一個西班牙人，從某些方面上看，這似乎也要歸功於張琴的出現，這個契機是重要的，正如我們所看到的，在張琴的感染與激發下，他又重新拾掇起純熟的漢文寫作，再次熾燃起了對中國的熱情，並在與華人世界的接觸中感受到了一種久違的溫暖，……幾

乎是沒有彷徨地，他就已經在向原來的出發點遊弋，並在精神上經歷了一場對故土的回溯之旅。也正為此，他沒有變成「米格爾」，而還是那個「米格爾張」，或可稱之為「地中海岸的中國雅士」。

從歐洲返回北京之後，熱心的張琴曾數次來電，邀請我得便至馬德里一遊，也以便能與米格爾張一晤面。然而這樣的時機終究未及來臨，這當然是我的遺憾，然對米格爾來說，命運所賜予他的這一多麗人生已足可讓其滿意與平靜了。

黃卓越　癸巳年初冬於北京

註：黃卓越，浙江臨安籍人，生於1957年。1988年獲北京師範大學文學碩士學位，1994年獲北京師範大學文學博士學位。現為北京語言大學人文學院教授、博士生導師、博士後導師。文藝學博士點學科帶頭人，漢學研究所所長，「BLCU國際人文講壇」主持人。北京師範大學文藝學研究中心（教育部人文社科重點研究基地）兼職教授、香港《亞太語文教育學報》國際咨詢委員、中國古代散文研究學會副會長等。曾赴近20個國家的多所高校訪問並作學術報告。

序

張琴

這不是一本純粹的死亡日記，也不是回憶錄，它更不是小說。它是由兩個帶有靈性的生命在陰陽兩界的對話，道出對痛苦與死亡的覺醒：「人都害怕死亡，但不幸的是，每一個人都要面對死亡。有人說，其實他並不怕死，他怕的是病痛的煎熬，怕的是孤獨，怕的是無法面對死後的未知。」

美國斯蒂芬雷文的《生死之歌》為我們打開了一扇死亡之大門：

> 我們生存在一個受著心靈制約，否定死亡的社會。正因如此，許多人在臨終之際悽惶不安。死亡跟性行為一樣，是個關上門悄悄談論的問題。
>
> 在全世界四十五億人口中，每年約有七千萬人死亡，四十五億人終必一死。
>
> 一天當中，全世界約有二十萬人死亡。

翻閱捲簾，書中每一粒文字，如泣如訴，浸滿了苦澀帶鹹的淚水。這宛如一個個活生生的音符，從出生到成長，飽含了人世多少滄桑多少悲情。從長江啟程，飛過西伯利亞，來到伊比利亞半島……眼前璀璨的陽光，自由的天地，我們總算明白今生活著

為了什麼。可惜歎之人生無常，曾經擁有過的風或雨，禍兮旦福陰晴圓缺，這又算得了什麼？

二十年前，她獨自飄零西歐，以書為媒，以筆為佐，結緣一段傳奇的婚姻。書中男主人為她留下一個如詩如畫的名字Laud，並終日與之夫君吟唱，共同飄遊在人類的長河裏，走進去再走出來，由切入到延伸；再由現實升空到幻覺進入夢中，一生都在尋找生命的真諦。不同的皮膚，不同的國籍；人類其思維、意識、價值觀的取捨，儘管存有差異，但在人的本性上沒有什麼兩樣。如果說有區分，那就是一個生命所斯之的背景，所生長的環境，所受的教育程度不一；在其悟性對人世的觀點上自然有迴異。難得可貴的是，生者在長達百日陣痛之後，清醒反思自身，為逝者為自己乃至為世人留下的真誠的懺悔。

該書通過現在時，過去式、穿針引線與書中主人心靈對話，以此詮釋主人翁半個多世紀一路走來，留下的點點滴滴，時悲時喜，是哀是悅，最終道出人類真性情。而讓我們，所看到的是品格決定了一個不朽的人……

視為序。

註：本書主角張寶清，西文名米格爾・張（Miguel Chang）。一九三一年五月三十一日生於南京，二〇一三年二月二十六日凌晨六點五十五分，因肺栓塞搶救無效離世，享年八十二歲。

目次
Contents

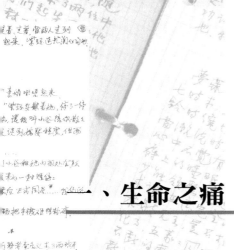

一、生命之痛

返鄉歸里

　　「中西友好協會」原本是一個西班牙左傾人士的組織，其首任會長即是西班牙共產黨黨員，後來變質為普通國際友好協會，其會址就在我馬德里住家附近，僅隔一條街，由於亡妻娥笳極為左傾，她的朋友中很多是西共黨員，每逢耶誕節和新年，她都和當時的西共秘書長多蘿萊斯·依芭如莉（Dolores Ibarruri）夫人互寄賀卡，所以，「中西友好協會」有什麼活動都邀請我倆前往參加。

　　一九七八年春天，我們接到「中西友好協會」發出「西班牙左翼知識青年訪華團」通知邀請參加，當時我獲悉此消息後雀躍不已，因為離家將近三十年後，終於有機會首次返鄉！於是一方面報名參加訪問團，另一方面即刻寫信給南京的大姐海玲報告此好消息，並告知九月預定到達南京的日期，希望她代為通知國內其他地方的兄弟家庭匯集該地，俾便一次能與所有的久別家人見面。

　　美其名為「西班牙左翼知識青年訪華團」，實質與一般旅遊團沒有什麼分別，由「中西友好協會」和「中國國際旅行社」共同策劃組成，西班牙方面的旅行社則是富有東方旅遊經驗的依伯若噴射機（Ibero jet）旅行社所操作，包括往返時間，訪華全程十五天，預定參觀城市有北京、上海、杭州、廣州及香港，那時香港尚未回歸，費用似較一般旅行社還便宜，很可能在華期間諸活動皆由「中國國際旅行社」給予優惠所致。

　　結果，我們的訪華團全體團員共計一百二十人，其中大半是思想左傾人士，真正的西共黨員卻寥寥無幾，各階層都有：大學

助教、記者、電影從業者、電視主持人、學術研究員、工程師、建築師、律師、企業家⋯⋯等等，此外，尚有幾位思想先進的年輕天主教神父。九月初，大隊人馬自馬德里乘西班牙依伯利亞公司班機赴弗蘭克福，轉乘德國漢莎公司班機直飛北京。西班牙人天性樂觀好鬧，訪問團一百二十團員同坐機艙，一路上鬧得天翻地覆，和一群日本老人旅遊團的靜穆成反比，弄得那些金髮碧眼的空姐簡直無法擺平。不過，西班牙男士是世界上有名的調情聖手，同時也用別出心裁的讚美詞，將日爾曼族的美豔女郎逗得眉開眼笑心花怒放，因此，十二小時無間斷的飛行，就在歡樂氛圍中度過。

我在九重天高空途中的心情，不言而喻，是那般地起伏不定，將近三十年，嚴格地算起來，離開祖國已有二十九年八個月了，這次首次返鄉，興奮和悲哀交織，說不清是甜是苦。上海桃園路弄堂口辭別母親，遠洋巨輪駛出港口黃浦江上的煙波浩瀚，雙座螺旋槳引擎的小飛機騰空而起，俯視香港啟德機場在海灣狹窄得像條小徑⋯⋯又一幕幕重映腦際。

漢莎公司班機準時在北京國際機場著陸，當我透過機艙小窗見到中國傳統挑簷屋頂的機場建築時，心潮愈加澎湃不已。數不清的「西班牙左翼知識青年訪問團」大隊人馬自機艙魚貫下梯時，中國國際旅行社早已派員等候迎接，為首是會說帶古巴口音西語的李永春，幾年後他被外交部派任中華人民共和國駐西班牙大使館領事，我們在馬德里舊識重逢交往甚篤。代表團團員一百二十人分坐六輛「老爺」旅遊車被送至王府井金魚胡同民族飯店安頓，途中經過綠蔭夾道的機場公路進入市區時，給我第一印象是人山人海，滿街流動如過江之鯽的自行車，媽呀！我竟然和老外一樣，從來沒見到這麼多中國人在一塊而驚訝不已。民族飯店是一座相當陳舊中西合璧的建築，聽說是解放後為安頓首次亞運

會運動員所建，只有飯堂裝置空調，客房一律使用風扇趨熱。由於我自小在江蘇安徽生長，從未到過北方，首次與老一輩的茶房們接觸，那地道的「京片子」──不是過去叫國語的普通話，使人聽了特別悅耳，尤其有一位負責清潔的中年女總管，說起話來，讓我記起小時看「清宮秘史」，宮裏的格格和宮女的清脆聲調。不過，那些年輕服務員的態度委實不敢恭維，終日板著臉，好像人家欠了他們什麼似的，隨後揣摩，很可能那般青年本來很有抱負，暫時不得已委屈為人服務而感覺不適所致。

我們的友好訪問，幾乎是祖國開放後第一個規模宏大的西方訪華團體，所以官方不遺餘力殷勤招待，一開始就把活動日程排得特別緊湊，我們在飯店剛卸行裝，尚未休息片刻，中國國際旅行社招待員便催上車，將我們載至一個大會堂，欣賞一部名叫「東方紅」的大型歌舞影片，座位好像是臨時安排的，每人座幾上備有一蓋碗「滾茶」，那年北京九月初的氣候仍十分炎熱，我是訪問團中唯一華人，因久居西歐，已失去飲熱茶的習慣，其餘的西班牙團員更不談，誰敢稍品那樣舉杯炙指的清茗，我相信該茶不是鐵觀音，定是上品龍井，可惜我們這班「老外」，卻辜負了招待者的盛情。片子的內容似乎是用歌舞來敘述解放中國的史跡，人民解放軍無論男女一律氣概激昂，臉龐都塗得紅紅的，載歌載舞沒得個完，經過十數個小時旅程的觀眾，再想竭力提神觀賞影片，怎奈眼皮不受大腦指揮，一不小心便合了下來。不知那歌聲嘹亮排場雄偉的巨片演了多久，一小時，兩小時，抑或三小時……？終於結束，大家打起精神拼命鼓掌，用以表達謝意。接著，一大群人又分乘六輛旅遊車到一家餐館，品嘗北京的特色佳餚「掛爐烤鴨」，我記不起那家餐館的名字，可確知不是「全聚德」，但味道同樣鮮美，一鴨三吃，吃得上十桌老外食客們皆讚口不絕。

我們在北京為時四天餘，走馬觀花曾經遊覽過故宮、天壇，爬上八達嶺的長城，欣賞過一場京劇，還敬仰到安詳的毛主席遺容，參觀了北京近郊的人民公社農場和一項極其偉大的防原子彈襲擊的工程，那是在市區地面下層四通八達的防空隧道和地下室，根據中國國際旅行社導遊的介紹，那是當年毛主席的手諭，為了北京居民的安全，在地下挖掘可達上月時間的避難所多處，並非通常的鋼筋水泥洞穴，而是竟達一公尺厚度的鉛壁，用以防止原子能輻射綽綽有餘。由此可見我們偉大的領袖是如何地愛民，和具有慧眼獨到的科技設想！

　　抵京的第二天晚間，娥笛和我被兒時的同學夏慶麟和二嫂的三弟丁良欣邀去晚宴，謂之「晚宴」毫不誇張，丁良欣的住所是一座老四合院的西廂房，他特別情商請得一名廚，為我倆辦了一桌不下十數盤佳餚的宴席，並且還包了餃子，以水餃和鍋貼兩式奉上，娥笛見了目瞪口呆驚訝不已，謂：連東道主我們客人和廚師在內，一共才七八人，怎預備了如此豐盛的宴席？我私下向她解釋，一來我們從小不但是同學，而且是遊伴，二來我們這麼多年沒見面，並且遠自西歐返華，正合乎中國的一句俗語：「有朋自遠方來，不亦樂乎！」——當然，我是用西語給她翻譯的，雖然她的中國話還可以，文乎文乎地，她就不濟於事了。同時我還用一句西班牙成語「Tirar la casa por la ventana」，意思是「將家中所有來招待客人」來形容中國人的殷勤待客。

　　離開北京前的最後一天節目是遊覽頤和園，垂柳間透迤著華麗的長廊，潔白的多孔玉帶橋，浮在靜謐的水面，湖光水色之旖旎，使一群西歐遊客歎為觀止陶醉其間。不過，是日驕陽仍舊高懸碧空，各人都是汗流浹背熱不可耐，突然間一人發現有賣冰棒的小販，自遠處徐徐走來，大家一窩蜂湧上搶購一空，旁處小販見有生意，亦從四方跑來，這群高等知識分子洋人顧不得形象是

否儒雅，互相推擠購買，有的竟一次搶購到四、五隻冰棒之多！

午宴在萬壽山逛清慈禧太后的聽鸝廳，東道主「中國國際旅行社」專為遠方貴客而設，旅行社副社長代表新中國官方向西班牙訪問團致惜別之意，訪問團則推西國家電視臺TVE著名主持人代表致謝詞，杯觥交錯，談笑風生，一場燕京訪問在情誼濃郁的氣氛中結束。

訪問團一行人次日飛滬，下榻在蘇州河彼岸的上海飯店，回憶抗戰勝利後，我在上海時的童年時代，該典型的「裝飾藝術」建築叫「百老匯大廈」，是美軍駐華總署，除非有特權者，一般華人不得輕易進入。我見到外灘自十九世紀末到二十世紀三十年代世界少有的寶貴建築群：「沙遜大廈」──現在是「和平飯店」，那時的海關大樓，中國銀行，匯豐銀行……等等依舊，只缺少了那座標誌性的自由女神像，黃浦江滾滾東流如昔，不勝感慨之至，我本無詩詞研究，觸景生情，遂賦舊調一首：

> 別時黃浦浩瀚，歸時雲煙迷茫，滬上景如常。
> 慈暉不見灑淚，不寐，不寐，故國人歸心碎。

因為我急於與家人會面，沒在上海留下，在上海飯店稍歇後，便與妻子娥筇「開小差」離團，乘滬寧線軟座趕赴南京。自車廂向外探望，雖然事隔將近三十年，景色似無大變，不由又即興記下心中感觸：

> 我回來了，
> 在滬寧線上車廂裏；
> 茉莉花茶清香嫋繞，
> 抽花窗簾飄曳。

夕陽一襲

染黃了水鄉田野，

群鴨池塘戲水；

農舍三三兩兩，

粉牆灰瓦疊疊，

閒灑在田疇陌阡。

我回來了，

在滬寧線上車廂裏；

窗外景色往後移馳，

城池座座消失眼際，

上海、蘇州、無錫……

一切均如昔，

只是蹉跎了

幾多歲月！

　　風追電馳，頃刻間列車已過鎮江，我的心跳頻率隨著靠近目的地而增速。當我們進入南京車站前的剎那，情緒已高漲到無可抑制的程度，滿腔熱血無限淚水，準備見到闊別數十年的家人時，放懷痛哭一泄積鬱。那時，母親早在一九五八年祖國困難時期仙逝，拋下大姐、大哥、二哥、小弟和遠在海外的我，一共五個小家庭分居各地生活，當我出國時，姐兄三人已結婚，尚無子女，如今他們四家，包括小弟在內，已子孫滿堂，而這次我和娥筠初次回國，卻未帶女兒書霓同行。

　　列車緩緩開進車站，我們爬在車廂視窗，切望立即在月臺上能找到家人，一秒一分種怎麼過去得那麼慢！很久很久後，我終於看到已姐姐為首的一大群家人，站在月臺上仰首探望著列車視窗，我連忙探出頭去喊道：「這裏，這裏！」他們立即齊將目光

投向我的視窗，繼而有人，我興奮得無以復加，根本分不清是誰幫我將行李搬下車廂，我隨後奔往那等候著我的人群，準備將姐姐、大哥、二哥、小弟一一擁抱號啕大哭，將多少年來的念情積鬱發洩滌淨，可是，當我接近姐姐他們一大群人時，不見他們有何騷動和反應，大約在一公尺距離處只得駐足停步。

「啊，寶清，你回來了！」姐姐和三十年前一樣，用她慢吞吞的語氣說著，形象卻非常明顯，曾經過無限滄桑，我相信，絕對相信，她內心定和我一樣翻覆著激情。可中國人呀！一個有教養的人，年深月久，被禮教的傳統習俗約束得在任何境遇裏，舉止必須穩重，不宜輕狂不顧一切，將內心感情像火山一般，將其岩漿盡情噴射出來。

「是，姐姐、大哥、二……」我只得將激情收斂起來，把多天來準備好的淚水吞下，平靜地回答了他們：「是的，我終於回來了！」

大姐，大哥，二哥都老了，我離家時他們方結婚不久，而今卻兒孫成群，小弟那時還在讀小學，當時不但在北京科學研究院任中國古代建築研究士，還為人夫為人父已多年。我嘛，年近半百才攜洋婦歸國與他們初次見面，怎不叫人心酸！

由於我預先將我的行程請代表團通知中國國際旅行社，請他們安排我在南京期間的交通工具，當然費用自理。結果，感謝他們殷切關照，為我和娥笛，還有讓姐姐大哥陪伴安排了一輛小轎車，為其餘家人，包括我們姐弟五人一輩、他們的配偶和其兒孫，總共二十餘人，另包了一部中型旅遊車乘坐，並且特在小轎車兩側插上寫有「貴賓」字樣的紅旗，所以在市區或近郊行駛時，交通警遠遠一見便吹哨開道，儼然什麼外賓要人來訪似的，一路行駛非常迅速，毫無堵車之虞，讓我們全族開了個洋葷，不知他人在車中的感受如何，至少我感覺是老幾？享受如是特權優

待，心中確實有點不安。

　　我們下榻處，聽說是過去國民黨時代的外賓招待所，似乎是抗戰勝利後的西式建築，房間設備雖有點陳舊，但十分寬敞，房外有中國傳統園林式花園，修竹倚假山而植，金魚遊弋於小池，中西合璧，倒別有一番情趣。每天晚餐後，晚輩們回旅舍安息，我們姐弟五人則留在賓館敘舊，滄海桑田，大家遭遇各異，不勝感慨之至，談到慈母仙逝時，姐弟們已泣不成聲，尤其是其中一人，臥病時既未侍側在旁，收殮時又不能歸國奔喪，其內疚和痛心之程度，不可言喻。

　　那次相聚時，我感到自身幸運，有機會出國深造，並且能在西歐安居樂業，我的較長姐兄，無論生活環境優劣，已成定型無可改變，況且年歲已長，惟有小弟尚在盛年，我決定回西班牙後，為他奔走設法赴西高就。結果，在一年後，尋得友人西班牙名建築師米格爾·費薩克願出邀請書，聘請他赴西任其助手。小弟原畢業於上海同濟大學建築系，在國內已服務多年成績斐然，出國就業本行，駕輕就熟，甚得上司欣賞，一待下來就十餘年。後來北京中央美術學院欲開創環保設計系，系主任必須由建築師擔任，小弟由是幸被聘請，未接受所有家人親友的留西勸告，放棄在西上十倍的薪金和每年兩次雙薪一個月帶薪休假的職務而歸國服務，支持他回國發展的惟獨我一人。

　　在南京的三天半期間，我們早出晚歸，馬不停蹄，足實遊覽了不少名勝古蹟。首先去了長江大橋，當時是新中國的建設偉績，大家在橋頭留影紀念。後來我們陸續參觀了中山陵、明孝陵、無梁殿、玄武湖、靈谷寺、莫愁湖，以及瞻園等處，那時，該園正逢修護對外關閉，特為我家開放，所以不似通常遊園者熙熙攘攘人眾擁擠，我一向對中國園林情有特鍾，藉此良機，攝取了大量珍貴照片，以備將來撰《中國私家園林》之用。對了，我

們還去了夫子廟和歷代文人騷客為之撰文賦詩的秦淮河，夫子廟周邊仍是酒肆茶樓遍佈，熱鬧非常。我們無意去雨花臺揀石，隨便在一家攤位花了二十元兌換券，選了一大把酷似瑪瑙的雨花石，如今還浸在一個盛滿清水的深底細瓷盤中置於案頭。秦淮河卻是一泓污水，往日的笙歌畫舫弦音清唱哪裏去了？過去的六朝興廢事，絕少有雅興之人再去閒談。

　　一九七八年中國剛對外開放，外國遊客尚不甚多，當我們一家人在路上行走或逛商場時，娥笛是眾矢之的，不但群眾所有目光都集中在她身上，有時還圍上來看她！記得一次，我倆在法國梧桐樹陰下的人行道上散步時，一個自行車上的青年為了回頭看「洋婆」，卻撞上粗壯的樹身。另一次，家人陪我倆逛「中央商場」，因為她特別喜愛熊貓，當她偶然看到一只有熊貓花紋的搪瓷面盆時，立即停腳欲購，但店員小姐卻告訴她，那是有缺陷的次等貨，禁止賣給外國遊客，但娥笛的脾氣很倔，非要買下那只搪瓷面盆不可，大姐於是出面和店員小姐說情……不知不覺間，我們被人群圍得水泄不通，阻礙了商場的營業。最後，兩位好心的保安前來解勸，趕散了人群，並且還說服了拘謹的店員小姐，終於將有缺陷的面盆賣給了一位執意的「洋婆」。這該是近乎三十年前的事了，我每次在家中見到那只有可愛的熊貓圖樣的搪瓷面盆，往事歷歷眼前，會使我有人去物存之感，悲愴不已！

　　歎時間之易逝，匆匆到寧，還沒敘盡離情，瞬間又匆匆乘午後班車去杭州歸隊，車站月臺上又是一番扣人心弦的辭別。娥笛和我直到鳴笛催客時才上車，不久後又汽笛長鳴，列車開始緩緩向前移動，我探出拉下的玻璃窗，揮手向月臺上的一大群家人告別，見到姐姐和二嫂揮著一隻手，另一隻手用手帕揩著眼淚，哐鐺，哐鐺，車身加速，家人和車站見漸漸縮小模糊……直到看不見時，我才回上座位，眼睛已濕潤了多時。娥笛安慰著我：「這

下總算圓了你的宿願，應該高高興興才好！」

抵達杭州時已垂暮，車廂方停，便聽到車站那廂歡呼聲齊起：「Bien venidos a Hangzhou！（歡迎蒞臨杭州！）」，我們還未弄清究竟是什麼回事，就見月臺上一大群旅遊團同伴正在起哄，車站中的中國人見到那麼多「老外」前來歡迎，都好奇圍上來湊熱鬧，以為來了什麼國際貴賓！

到達賓館後，在飯桌上大家關心問長問短，家中有些什麼人？數十年沒見面，重逢後感受如何？南京是怎樣的一個城市？西班牙人是一個非常熱情樂觀的民族，你和他們在一塊，無論在任何時間和場合，絕不會感到寂寞。當晚就寢，沒察覺被安頓的賓館是何等模樣，更未注意名稱為何？翌晨起床推窗一看，哇！好幽雅的景色，岸邊一片嬌嫩欲滴的粉紅花朵，下面襯以大小不等的圓形綠葉，寧靜的湖面上蒙著一片薄霧，我馬上意識到，我們下榻的飯店，正坐落在歷代墨客所歌頌的西子湖。

由於我夫婦倆曾在南京前後耽擱了四天，旅遊團在這期間已遊覽了上海和杭州的大部分名勝古蹟，那天上午是在杭州最後一項「遊湖」節目。每到一處，導遊用帶拉丁美洲口音的西語，給我們介紹和講解景點的名稱和典故，把「平湖秋月」照著預先發給大家的說明書介紹，這裏是：「El lago tranquilo bajo la luna otoñal」；到了「三潭印月」，同樣說到：這裏是「Tres pilones con el reflejo en la luna en el agua」；「蘇堤春曉」是「La primavera sobre el dique de Su」，「柳浪聞鶯」是「Cantos de las oropéndolas entre el oleaje de los sauces」……等等，將大家介紹得如墮無裏霧中，因為那是上午，晨霧未消，哪裏看得見秋月印潭？那時是秋天，他們根本意想不到蘇堤上的春天是何等模樣，東邊湖畔的確垂柳成蔭，況且那天沒有風，哪來的柳浪，更不聞一聲鶯啼。這不怪導遊正確地將那些被歌頌的景點名稱一字不訛

介紹出來，只怪那些老外沒有意境和想像力，同時也怪過去的文人賣弄詩情，硬找出幾個所在，用極其雅致的辭藻予以題名，過去聞一多，他就能把一塘飄滿泡沫顏色發綠的污水，描繪得美麗至極如綴滿珍珠翠玉的畫面。我們在日常生活中，也時常會遇到這種情形，有些騷客往往將一些事物美化得不可思議的程度。此外，也有些商家，會把他們的產品，用極美麗的辭藻將之推銷，例如：乾隆皇帝下江南在小酒肆打尖時，見到牆上紅紙黑字的菜單中，有一道極富詩情畫意的好菜：「金鑲白玉瓣，紅嘴綠鸚哥」，何不叫來一嘗，結果確是宮中從來沒有的一盤帶根的炒菠菜，再加上幾片煎黃了邊的豆腐！

　　為了能空航去廣州，我們仍必須先回上海，午餐後飛抵中國南方最繁華的摩登城市，所住的賓館名稱，日久已不復記，回憶中只記得那是座相當高的樓房，一切設備均很舒適，推窗可見對面馬路外的樹木青蔥湖面似鏡的大公園。還給我留下的記憶是，九月中旬廣州的氣候熱不可耐，幸虧房間有空調，用餐有冰水，否則不知如何待下。

　　我們在廣州的時間不多，首先參觀了孫中山紀念堂，那是一座中國傳統建築格式的新型建築，那時其左側一小部分正在維修，所搭的手腳架均用粗如碗口高二三十丈的毛竹竿，這下引起旅行團中幾位西班牙建築師的特別垂青，拿出攝影和攝相機不斷將此種特殊建材和應用方式攝取下來。

　　我們又去了黃花崗七十二烈士墓，導遊向大家介紹，那是遜清末年為推翻封建皇朝而犧牲的七十二位革命義士的墳墓。繼之，赴廣州農民運動講習所參觀，據說該所舊址原為孔廟，始建於明代洪武年間，相當於西元十四世紀後期，當然我們所見到的已被屢次維修和擴充。當初毛澤東在廣州主辦農民運動講習所就在該處，新中國成立後，一九五三年曾修復，周恩來為之題名。

我們進入參觀時，還見到毛主席當年所住的所在，那是一間非常簡陋的臥室兼辦公室，除了一張木板床，小木質寫字臺和幾張破舊椅凳外，別無他物，寫字臺上還放著幾張發黃的紙張，老式墨水瓶和沾水鋼筆，想必那都是後來佈置的「道具」。歐洲知識青年，除了一些右派極端反共分子，一聽到毛澤東這個名字便肅然起敬，認為他是二十世紀傑出的革命家，通常在一般大學生的房間裏，都掛有毛澤東和切・蓋巴拉（Che Guevarra）的頭像。記得早年和西班牙朋友到北非旅行，當我們進入摩洛哥海關時，示出那時我所持的中華民國護照時，移民局員警見到護照上有「Repúlic of China」的字樣，他們又和上次一樣，竟高高地伸出大姆指用西語說道：「Ah! Maozedon, un personaje excepcional!（啊！毛澤東，一個了不起的人物！）」

最後一天，「西班牙左傾知識青年訪華團」離開廣州到香港前，那時香港還未回歸，也就是告別中國前，中國國際旅行社中午在廣州「畔溪酒家」為我們餞行，那是一家環境非常綺麗的所在，二十世紀初的華南傳統建築，彩色玻璃鑲嵌窗戶的水榭飯廳，伸出在荷塘水面，臨窗俯視，下面荷花隨風搖曳，圓葉上晶珠滾動，不僅是西歐佳賓，連我目睹此景，也不禁陶然叫絕！據導遊介紹，「畔溪酒家」曾獲上世紀中國建築學會六十年代榮譽獎，實受之無愧！

第二天清晨，我們便乘火車赴香港，在途中路過一小鎮，我呼之為小鎮，因為一九七八年的深圳，確實一點也不起眼，後來在將近八年後，因返華拍攝美製片公司由陳沖主演之《大班》，再次經過深圳時，已大廈林立馬路寬闊，其繁榮景象雖然還比不上香港，但已具今日氣派之雛形。

抵達香港後，我們是自由行動，旅行團不安排任何節目，僅為我們安頓旅館，當我一見到旅館的名字：「美麗華飯店」，

立即砰砰心跳不止，將近三十年前的往事情景又浮現腦際，原來當年出國登機前夕所住的即是一家西班牙人開的美麗華飯店，但那時的規模不似如今龐大和豪華，同時我也不記得是否在原址易主修復擴建，一問之下，才知原來西籍老闆已作古，由其後代接手設立股份公司投資經營，現在的四星新飯店乃於一九七二年開業，想當年我支身離開祖國時尚是弱冠之齡，現已年驅半百，攜婦舊地重遊，歎時光之飛逝，有無限滄桑之感！

　　一旦安頓就緒後，大家便各邀夥伴上街溜達，商店招牌雖有英文，大多數均為方塊字各體華文，所接觸的也都是華夏子孫，他們所講的方言，我雖不懂，卻是和廣州所說的一樣，雖然過去曾經幾次途經香港無此感覺，這次不知何故，讓我感覺到步入另一世界。

　　娥笛和我邀了幾位在旅途中比較投契的夥伴，白晝去了鴨巴甸灣遊覽，見漁家密集的舢板，不斷招徠岸邊的遊客，忍不住，我們一行五人上船在港灣轉了一圈，大家對船娘的技術歎為觀止，她竟能在如罐頭沙丁魚的密縫中行駛自如，似入無「人」之地！晚間則登維多利亞山巔觀賞香港與九龍之間的絢麗海灣夜景，那是全球少有的景色，任何既到香港的遊客不可錯過的眼福。其餘的時間，大家都消費在逛商場購物和餐飲上。最使我們滿意的，要算到尖沙嘴林立的酒家和小吃店「飲茶」，那裏一籠籠小吃之鮮美和花樣之眾多，簡直不能使人置信！我們不在意便叫了一大桌，什麼小籠包蝦餃，鳳爪牛腩煲等等……不盡其數，和我們同去的兩位女藥劑師和一位生物系博士生，都對鳳爪特感興趣，問是用何種材料燒成，我將菜名用西語直譯了給他們聽，那是「Patas de Ave Fenix」他們絕不相信：「騙人！鳳凰根本是神話中一種不存在的祥鳥……」我只好據實以告，他們聽了以後感歎道：「中國人真是烹飪高手，竟能將雞爪，我們那邊扔掉的

廢物處理得如此鮮美！」

　　回程中，旅行團準備了兩個方案，其一是直接飛回馬德里，另一是在曼谷停留三天再回西班牙，願意選取第二方案者，只需補付在泰期間的住宿費即可，那是一個難得的機會，團中除了有些人因職務關係不便延長歸期，絕對大多數都不願放棄良機到泰國一遊。

　　舊名暹羅，的確是一個名不虛傳，富有神話性風情特異的國度，不但其宮殿廟宇的建築格式優美，即使路上的行人都似乎十分俊俏和風度瀟脫，由於是佛教國家，市區時常見到身穿鵝黃袍的僧侶持缽行乞，人們對他們非常尊敬，如在公車上遇之均紛紛讓座。

　　富麗豪華的皇宮是歐洲十八世紀型的古典建築，然覆以彩色琉璃瓦之多層重簷屋頂，並於建築群中部有印度斯堵巴（stupa）——也就是中國呼之為寶塔——模樣的高聳尖頂，尤為壯觀。皇家花園裏有很多盆載和人像石獅，顯然倍受中國文化的影響。無論正殿內部金碧輝煌的裝潢，和翡翠佛陀經堂的鎦金花紋極其精巧細緻，頗有印度風格，但其佛像和浮雕舞女等則純是古典暹羅型，但在群塔中卻有一座緬甸安哥瓦（Angor Wat）浮屠的複製品。

　　此外，我們還去了的露天集市，攤位均搭有涼棚遮陰，即便如此，炎熱如蒸籠，我們在裏面僅巡視一圈後，即汗流浹背衫褲通濕，甚至於頭昏腦暈不堪忍耐，真不知當地居民如何能習慣那樣高溫。

　　泰國境內多內陸河，最使我們感到新奇的是「河上市場」，無數店鋪蜿蜒架於河面，此外，還有數不清的小船，滿載水果菜蔬和其他家常用品在河上流動售賣，的確使西歐來東亞的遊客大開眼界，使之感到世界之大無奇不有。吾人坐井觀天，不知外界

天高地厚，正如《莊子》內篇「逍遙遊」中所說：「朝菌不知晦朔，惠蛄不知春秋。」尚且沾沾自得，豈非憾事！

　　首次參加訪華團回國，不克去家鄉探望親戚和祖墳，若干年後，特單獨返鄉由大哥姐夫陪伴到無錫掃墓，見到祖墳在市郊龍山半山腰荒草叢生土堆一塚，陡感無限淒涼。問及原由，陪我們前去的族侄說，前幾年突然受到政府通知，我家坐落在龍山山麓的一片祖上墳地，正在準備開建軍營區域，限時將之搬遷別處，否則即將夷為平地派用。當時留居無錫的家族經濟拮据，只得連忙將祖墳各朽棺中先人的遺骨揀出，向當地農家所屬祖借半山腰土地一塊，將之合併埋葬一處，堆上泥土是為墳塚。我聽了不勝悽愴，遂索紙設計祖墳圖樣，留下一筆美金，其餘姐兄和小弟均出資，由大哥等主持，在當地找工作隊，用花崗岩築成一座樸實，但比較像樣的墓地，立碑刻以所有被葬祖先殘骸的遺名。根據無錫風俗，稱租借墳地的農民為「墳親」，寓意租借墳地非物質交易，而是結為親家，承墳親好意，環墳地種植翠柏幾株，日後，我每次返裏掃墓，見翠柏成蔭，十分雅致，不負我姐弟五人對祖先和先考妣的一分心意。

　　因大姐在南京，大哥在安徽馬鞍山，二哥在合肥，他們均退休在家安享天倫之樂，後小弟自西班牙歸國定居北京執教，所以每隔幾年便回國探親時之路線是，先自馬德里飛北京，根據歐洲各國航空公司飛中國的班機航線不同，若是荷蘭航空公司，轉機處是安姆斯特坦，德國漢莎航空公司是弗蘭克福，法國航空公司是巴黎，義大利航空公司是羅馬……等等，前不久，芬蘭航空公司開闢飛華航線，不但其票價較其他歐洲航空公司稍便宜，況且允許攜帶行李重量較重，其轉機點為赫爾辛基，由於自馬德里飛至赫爾辛基的時間要比到其他轉機點約長兩小時，自赫爾辛基飛至北京的時間則減短，所以我最後幾次返華所買的機票都是開自

芬蘭航空公司。此外，必須一提的是我國東方航空公司的營業操作，我數次購買其定期往返機票，有權免費更換一次回程日期，可是當我依照規定在北京一星期前劃回程機票時，總是遇到意想不到的困難，說是我所買的是往返優惠機票已無座位，必須加付七百元人民幣補加升格機票，沒奈何，只得硬喪加付才能回家，最使我大惑不解的是，當我一進機艙時，同是經濟艙座位，不知有何升格不升格的分別，同時尚有很多無人空座！所不幸的是，偏偏讓我遇上三次此種困擾，唯一的辦法，只有杜絕與自己國家的航空公司交易，把錢讓給外國公司賺取！最奇怪的是，有一位和我同時回國的華僑女記者，一次同樣遇到需要加付升格的情形，但她比我聰明，直接到機場交涉，沒加付一分錢也照常登機無事。

還有一件使我左思右想不能獲得答案的事，就是在國內住賓館價格的問題。上世紀八十年代處，我單獨回國旅遊，無論在上海，或是在蘇州和無錫住三星級賓館，每天都付了七八十美元，後來為撰寫《中國私家園林》一書，又到蘇州待個把星期，那次我變得聰明了，預先請蘇州的一位友人介紹，住進蘇州新區距離遊樂園不遠的一家設備新穎的三星級飯店，普通間的標價是五百多元人民幣，竟給我打了個六折的折扣，算下來每天還不到三百元！如果我私自去住，他們肯定會照牌價收費。也許我在海外久住，把祖國的營業操作習慣忘得一乾而淨，僅記得在菜市或一般商店，可討價還價，殊不知與諾大的酒店，也可以獲得如此驚人的折扣。

過去我們華人和老外一樣，到處都要付比國人高出一倍的價格，不僅是住宿，即使逛公園覽名勝，門前都掛有明文規定的門票價格，外賓幾何國人半價云云。所幸多年前，政府已將此等規定撤銷，一視同仁，把華人視為同胞。

有次我邀娥笳再一道回國看看，她不愛旅途奔波，叫我單獨回國好了，好在我每次回去時間約在一個月左右，不能說太長，從馬德里飛北京，包括中點稍停，總需十四小時，如此遠途，在國內所待的時間如果太短，委實不格算。抵達北京下榻在小弟寶瑋家中，那是北京中央美院分配給他的宿舍，由於他的職別是正教授系主任，至少應該配給三房一廳的公寓住宅，但在離美院不遠的南湖渠宿舍，只有兩房一廳的單元，院方將他老遠自西班牙聘請回國服務——上世紀八十年代初，尚沒有「海歸」這個新名詞——不願虧待他，而分配給他兩套毗連的住房，他倒占了個大便宜，因為自身是建築師，便大興工程重新隔間，雖然所用均是普通建材，竣工後，倒是一個風格別致、相當寬敞的住所。那次我沒有去什麼地方遊覽，除了到南京、合肥和馬馬鞍山探望大姐大、二哥外，大部分時間均待在北京。於是便和定居北京的幾位中學時代的同窗聯絡相聚，他們似乎都是已離休的教授，夏慶麟曾在北京師範大學、馬自天在航空航太大學、焦明在中央戲劇學院執教，惟有我二嫂的弟弟丁良馨是舞蹈老師仍在授課。我們首先在航空航太大學教授宿舍馬自天家，然後在中央美院宿舍寶瑋弟家聚會，大談特談其往年舊事，一切情景歷歷眼前。

那應該是五十多年前的事了。解放前夕，我們都在安慶讀高中，當初趕時髦，自認為是前進分子，左派，喜愛蘇聯文學，什麼托爾斯泰的《復活》、《戰爭與和平》，高爾基的《母親》，屠格涅夫的《父與子》，還有，還有契訶夫的短篇小說，我只要逮到一本就抱住不放，廢寢忘食地啃著。至於中國魯迅的《吶喊》、《彷徨》和《阿Q正傳》，巴金的《家》、《春》、《秋》和激情三部曲《霧》、《雨》、《電》，自不在話下。因為是教會學校，我們所辦的壁報上，若有左傾極端的文章，立即被校方查禁。大家唱的是「四川茶館小調」、「奇怪歌」、「山

那邊有好地方」……等等。尤其是這最後一首的歌詞,我還記得
清清楚楚:

> 山那邊有好地方,
> 窮人富人都一樣,
> 你要吃飯得做工喲,
> 沒人為你當牛羊。
> 大鯉魚,滿池塘,
> 織青布,做衣裳,
> 大家歡樂喜洋洋!

　　其實,我向來不愛政治,只傾心於藝術,無論文藝、音樂、
繪畫、電影、話劇等活動。當時,有一批安慶登雲坡小學校友會
會員,想藉公演話劇為其母校籌集基金,找了一本陳伯塵的《結
婚進行曲》劇本,他們所以選擇該劇本的原因是,全劇演員只有
六個,而且,三幕劇的佈景僅是普通家庭的客廳和臥房,非常簡
易,全部設計出自我手,那可能是我未來在電影界服務美工的開
端。那時,安慶雖是安徽省會,卻是個小城,居民不到十五萬,
城中風頭出盡的青年,大家互有來往,而我,正是其中之一。於
是他們請我擔任劇中的壞蛋王科長,我欣然應承。男主角是馬自
天,女主角是護理學校的一位朋友,姓名不復記,其母是我後來
的二嫂丁紫芬,鄰居女教師是夏慶麟,門房老頭是焦明,我記得
他為了演戲,還犧牲了頭髮剃個脫頂。導演是正好路過安慶的方
熒。我們初見方熒時,哇!覺得這個導演好帥,高挑的個子,美
式軍裝,不但氣貌軒昂,而且待人和藹。當時,他自稱曾是抗戰
期間大後方重慶的話劇從業者。直到四十年後我返國拍攝美國影
片「大班」後到南京探親時,獲知他正在南京導拍「牡丹亭」,

大家重逢時談起舊事，才知道他當初是共產黨地下工作人員，被國民黨政府發覺而避難到了安慶。他知道我已在國際電影界工作多年而感到非常興奮，說將來若有機會，一定要和我合作拍片。

我第二次登臺公演話劇，劇本是曹禺的「北京人」，我在劇中的角色是，破落大家庭的孫兒曾霆，弱冠時便圓了房，媳婦頭暈想吐，我還記得當時的臺詞是：「吃塊八卦丹，不就沒事了嗎？」於是臺下哄場大笑。扮演我對場戲的小媳婦，也是校中比我低一班，風頭特勁的女同學柯慧能，大家常笑她取了個尼姑名字。扮演家主曾太老爺是夏宗學，聽說後來在上海做了電影明星，我回國時還自北京和他通過電話。丁良馨比我們小幾歲，在戲中演鄉間小孩小柱子。當時的劇團團長兼導演是孫祥凝，也是共產黨地下人員，藉演話劇為名拉攏知識青年。記得一天晚上，我們大夥正在對臺詞時，他從門外跌跌撞撞進來，被國民黨特務打得頭腫眼青。他目前在政府任職高官，我們在北京聚會時特別將他邀來見面，談起當年種種趣聞和遭遇，仿佛又回到了數十年前的安慶。

第三次登臺，仍是孫祥凝的劇團，劇本是曹禺著名話劇「雷雨」。我演的是周樸園的小少爺周沖。身穿白馬衫、白短褲、白球鞋，但腳上所穿的卻是一雙大紅襪特別顯眼，那是我平時上學時喜愛的服飾，孫祥凝說不要換，那正是周沖的形象。我演的周沖在戲裏初次亮相，氣急敗壞地從幕後衝到臺口，手中拿著網球拍，在腳跟敲了兩下，口中念念有詞，好不氣派！臺下捧場的女生們吆喝起來……

唉！那應該是五十多年前的事了，誰說往事不堪回首？我經常津津有味地沉緬在那些綺麗回憶中……

愛女之夭

　　書霓，我們的愛女，她的西文名字是Sonia，及笄之年亭亭玉立，長得漂亮可人，性格內向，酷好自由，同時叛逆性極強，先天也許是基因遺傳，後天是我們的開放型教育所致。因為，妻子娥笳（Olga）和我的性格就非常嚮往自由，表面上似乎都很平和，實際內心卻相當倔強，向來我行我素，不顧外界輿論，任何人很難輕易改變我們的主見。書霓和江青一樣，對挪威劇作家易卜生（Ipsen）的《玩偶家庭》特別欣賞，因為劇中女主角娜拉（Nora）嚮往自由，不願受家庭的約束，終於擺脫了傳統，奔向自己的空間。她和江青不同之處是終身不嫁，過著逍遙自在的生活，而江青則渴求權勢，做了毛主席夫人。

　　女兒高中畢業後，在馬德里大學傳播視聽學院讀了一年便厭倦了，自動輟學，從此過著無牽無掛的生活。她極愛倫敦，一去就是半年。在外自食其力，不需我們擔負她的生活費用。但是，有時經濟局促不能自給時，也會打電話回家求救，我們總是匯款至她所指定的銀行予以接濟。

　　書霓的放縱行徑使我們傷透腦筋，有時，娥笳埋怨我不是嚴父，對女兒管教太鬆。其實，現代西方社會中，自由概念已深深灌入孩子思想，你管教得越嚴，常常適得其反，他們一旦滿十八歲成年，或是經濟獨立時，還不是天馬行空遠走高飛，無須依賴他人，甚至於父母，選擇自己所喜愛的道路，至於是否生活得愉快，那是自己的事，不能抱怨他人。世間的「對」與「錯」不是絕對而是相對性的，此問題因時因地而異，過去的「男女授受不

清」，如今則在廣庭大眾互相擁抱或接吻不以為孽；世界大多地區是一夫一妻，然在阿拉伯國家一個男子允許娶妻達四女之多！此外，我絕對不能接受「人之初，性本善」之說，我認為這是「本性」問題，我不願把「本性」妄自劃分為「好」與「壞」，每人有選擇他生活方式的權利，只要在不侵犯和不傷害他人的大原則下，可享受個人自由。在我們親戚友朋多子家庭中——目前中國的獨子家庭例外，孩子所獲同樣遺傳基因，所處的環境和教育相同，結果，孩子成人後的境遇迥異，有的處境輝煌，有的則平淡一生；從另一角度來講，有成果的不一定生活得如願以償，反之，一事無成的倒逍遙自得，這要看個人的欲望而定。天下沒有任何父母不期望他們的子女將來過得幸福愉快，但絕不能把自己欲望，甚至於幻想，不顧子女的興趣，駕馭於他們的將來。當初，我們對愛女書霓的教育態度是，只能善導，不應該，事實也不可能強迫她去走我們所希望她走的路，只要是對她身心無害的選擇，都盡全力支持之。

　　一天早晨，娥笳在飯廳桌上發現書霓的一張便條：「親愛的爸媽：你們不要擔心，我出去過幾天，嚐嚐獨立生活的滋味，很快就會回家的。」她那時還沒成年，一個女孩獨自離家外闖，怎能教我們不擔心？她母親查看了一下她的衣櫃，只缺少了一個小旅行背包，至於衣裳，根本無法知道帶了些什麼，錢也不知帶有多少，我們立刻緊張起來，我一方面開車到距離馬德里附近的小村莊尋找，這麼大的地區，正如海底撈針，根本無從找起，不得不去警察局報案，將書霓的年齡和形象告知他們，至於所穿什麼衣裝卻無從知道，值班警員一一記錄下來，並留下我們的電話號碼，安慰我們不必擔心，他說每天他們無法統計有多少青年離家外出，當這些青年把錢花光時自會重返家園，當然也有例外，那是極少數，他們一旦有消息立即通知我們。我們無奈，只得每天

在家中望眼欲穿地乾等，一天過去了沒有消息，第二天也沒獲消息，直到第三天傍晚，我們聽到公寓單元門上鑰匙響聲，連忙跑去探望，果然是久盼的書霓回家了，她一臉恐懼，生怕我們的嚴厲申斥。愛女既然平安回家，再狠狠地罵也無濟於事，我們只埋怨她不顧父母的擔心，這樣一個年輕女孩單身外出，如果遇到什麼歹徒，出了事怎麼辦？她聽了這番警告，似乎心有餘悸，不敢再次輕易冒險外出。

通常認為混血兒有一種複雜心理（complejo）而感覺不自在，據我們的觀察，她不但不是如此，反而因為長得不中不西，人家都說，她在漂亮中另帶有一種特殊韻味，真可說人見人愛，到處備受歡迎，我們帶她參加外交酒會，或影劇活動時，很快便成為電視和新聞記者的獵影對象，因此她更加過得沾沾自得，放蕩不羈。

上世紀八十年代初，馬德里掀起一股新潮，名之為「銷魂馬德里！（Madrid me mata!）」那是馬德里青年承襲了過去的「嘻皮（Hippi）」浪漫遺風，不務正業，成天沉醉在音樂愛情之中，我們的愛女書霓是首都風頭忒健的佳麗，怎能不捲入如此新潮？他曾一度和四個女友組織了一個輕音樂樂隊，取名為「蓓蒂‧布（Betty Boo）」。（註）

她的第一個男友是我們住宅鄰區裏的優秀青年，名叫卡洛斯（Carlos），身高一米九，長得非常英俊，就像上世紀三十年代好萊塢風靡一時，早亡的華侖地諾（Valentino），他和書霓結識時，已在馬德里恭不魯登塞大學生物系畢業，又在地質系進修，特別儒雅浪漫，常給書霓寫詩，娥笳和我都很喜愛他，時常請他到家用午餐，我們駕車外出近郊兜風時也帶他同遊。可惜書霓的性格過於不羈，不能長遠伴守在一個安分守己發奮求學的青年身邊，他們交往了一年多，便友善地分道揚鑣了，即使他們分手

後，卡洛斯不時還來家探望，成為我家的座上客。

上世紀六十年代美國發動越戰，加州的反戰青年發出的口號是「崇愛，非戰！（Make love, no war!）」，「Speak with flower and music!」他們以愛、花和音樂來代替戰爭，以及用和平來創造世界的潮流，那些烏托邦的理想主義，席捲了歐美青年思想，那真是個不再的浪漫時代。誰說英國人保守，利物浦的「披頭」輕音樂，不！不是輕音樂，而是「新音樂」的崛起，不僅風靡了全球青年，對一般年齡稍長愛好音樂者，亦獲有最大的心靈享受。此外，在時尚服裝上的創新，也是英國的瑪利·鄺（Mary Quant），她摒除了舊觀念，為女性大膽設計出「超短裙」，讓她們修長的美腿可毫無遮掩地炫耀於世！這在時裝設計上是多麼偉大的突破，延續至今幾乎半個世紀，尚為一般青春活潑的女性所愛戴。那些以愛，以花，以音樂來取代暴力和硝煙，這可說是他們理想主義好的方面，但同樣在那個奇妙的時代中，他們成天無所事事，投入音樂和愛的懷抱裏的糜爛生活，再加上抽大麻，吸可卡因及注射海洛英為時尚風氣，由於使用L.S.D.神經麻醉劑來獲取快感，在那些從事音樂和繪畫的藝人的創作中，產生了所謂幻覺作用，於是一種新型虛幻而不可捉摸的神幻藝術（sychodelic art）問世，無論在裝潢服裝設計、海報招貼繪製等境地亦產生了極大影響。總之，那是一個五彩繽紛使人懷念的時代！可惜的是，在那股洪流中成長的年輕人，倍受了不可彌補的負面影響，對我們原本和諧的小家庭來講，也受到不幸的衝擊，因為書霓自認為是時尚前鋒，很快便加入了那項頹廢陣營。

一天早晨，娥笳在她房裏床頭小桌上，發現煙灰缸裏有燃物的殘跡和一根扳彎的小湯匙，糟了！她立即意識到此刻的女兒，不僅在抽大麻，況且已進入注射海洛英的階段！無論父母怎樣勸解，用各種方式使她跳出那個可怕的深淵，也無濟於事。因此，

我每接獲一部影片攝製工作時，總是向公司賣情面，把她拉近身邊充當助手，在我身旁工作時，她似乎減低了與毒品接觸的程度，但我不敢確定是否如此，至少不會像單獨生活那樣倡狂。可是，當工作一旦結束後，沒人在旁約束，相信她又恢復常態。

後來書霓又交了一個家庭很好的男友費爾南多（Fernando），最奇怪的是，書霓身材嬌小，身高一米五九，而費爾南多也和過去的卡洛斯一樣，是將近一米九的帥哥。他們相愛時，男友的父母已離異，父親是西班牙駐葡萄牙大使，居住里斯本，母親在西班牙文化部就高職，住在緊靠皇家馬德里足球俱樂場球場的豪宅大樓第十一層，在他家陽臺上可清晰看到球場。他母親很喜歡書霓，每當「皇馬」與另一勁敵比賽時，他母親總是藉口邀我們到她家用午茶，把純銀的茶具和糕餅擺滿全桌，大家邊吃邊聊，結果，忘卻了俯瞰球賽。

我們原希望費爾南多以愛情的力量將書霓自毒品的深淵中拉出，沒想到他們倆「志同道合」都是癮君子，所以才走到一塊。我們痛心的是愛女吸毒注射不能自拔越陷越深……。

一九九一年夏天，書霓和費爾南多到葡萄牙海邊度假，順便去探望住在里斯本近郊避暑勝地愛斯多里爾（Estoril）的費爾南多的父親。他們走後不到兩週，一天凌晨，突然費爾南多打電話給我們，說是書霓在海濱忽得疾病，他們連夜駕車趕回馬德里，現在書霓已住院急救。當娥筍和我火速趕到醫院時，書霓已被隔絕在急救病房，禁止任何人靠近，即使是最親近的父母，也只允許隔著玻璃窗在外探望。我們只見愛女遠遠躺在病床上，蒼白的臉閉著雙眼，鼻孔和臂膀都插上氧氣和輸管，那時我倆五臟俱碎，向醫生詢問情況，卻得不到明確答覆，他只曖昧地說很嚴重，盡可能設法急救，叫我們下午五點鐘在來，才可獲分曉。費爾南多和我倆只得在外面等候室耐性等待，抽空到醫院的咖啡廳

叫點什麼止饑，其實，在那種情況下，誰都感覺不到什麼饑餓，只一心希望時光快速飛過，能儘早獲得確實的治療結果。我們度「秒」如年，終於挨到期望的時刻，見醫生來到等候室，馬上擁上聽取病情報告，噩耗中終於從醫生口中吐出：

「對不起！我們已盡了最大努力，不幸她體質太弱，因『休克』身亡。」

「Díos mío, Díos mío!（天哪，天哪！）」費爾南多雙手掩面嚎啕痛哭起來。我也立刻淚流滿面，娥笳卻沒流一滴淚，無聲無淚也許內心更為痛苦……

心情稍平後，我問醫生書霓究竟得的是什麼病，竟使她如此迅速而去。

「Septicemia!（敗血病！）」他面無表情僅說了一個字，隨即轉身而去。

書霓的早亡是她自己所選擇，做父母的根本無能為力扭轉乾坤，只有徒自悲傷而已。她遊戲人生，笑世人畢生忙碌，到頭來還是免不了一死。她曾經說過，將一般人在世的年歲用一半時間過完，這樣可以生活得更濃縮，更愜意！由於吸毒身體日漸虛弱，終於染病無抵抗力而亡，那時才三十出頭。她不知引用哪個名人的話說過：「年輕時死亡，是最幸福的人！」至於她一生是否真正過得幸福，我們做父母的不得而知，但願那名人的話果真應驗在他身上。

如一朵枯萎的小花，娥笳、我、費爾南多和另一位女友伴著書霓的遺體送進火化場，任火焰將之焚成灰燼。次日，費爾南多捧著愛女的骨灰缸，問我們是否和他一道去葡萄牙一個美麗的海岸，將之投入大西洋，隨碧波而去，永與天地共存。完了，一切都完了，去與不去已無關重要，娥笳和我決定留在馬德里，不願和她作最後的道別。書霓，你知道你並沒有遠去，始終在深愛

你的爸媽心中作伴。如今，你的母親也撇下我而去，你倆又可相聚，乖乖地，不要和媽拌嘴，媽為了你傷透了心，很可能因此得了肝癌。等著，你倆耐性等著！我希望很快和你們團聚，雖然我是個不相信靈魂存在的人。

書霓的逝世給了我們致命的打擊，我是情感外向的人，當時傷心得肝腸寸斷，如今一想到她，還會悲傷不止。可是，娥笛始終是那那麼堅強，是否在背地暗泣過？多少年後，我見到書霓的一件浴衣，老掛在浴室門背後，我問娥笛是否可以洗一洗收進箱子，她似乎並不經意地答道：「就讓它掛在那裏好了，橫豎不礙事。」我突然明白，她心中不時不保持著愛女還在身邊！書霓的離我們而去，就像美國名劇作家阿爾蘇‧米勒（Arthur Miller）《一個售貨員之死（Death of a salesman）》最終一幕劇中，售貨員死後的孀婦欲哭無淚，喃喃說道：「你在世時常年不在家，如今我只好認為你又一次遠行，無歸程的遠行！」啊！書霓，你生前一有空便去倫敦久久不歸，現在你母親和我也只有當作你又離家去了倫敦，但不願設想你永不回家。

那時，把你看作掌上明珠的外婆，時常惦記著你，怎麼這麼久沒來看她，因為她老人家年歲已長，我們生恐讓她得到你逝世的噩耗經不起打擊，總是說你在倫敦過得很好，她便自我解嘲說：「過得好就好，否則會打電話回家的。」時間一久杳無音信，無法再瞞下去，於是，我們在耶誕節前，模仿你的筆跡給外婆寫了一封非常親熱的信，寄給你倫敦的朋友，請她寫上外婆的地址自英國寄出。外婆接信後，喜出望外打電話給我們：「我至愛的小孫女終於給我來信了！」直到她老人家瞑目時，還蒙在鼓中，哪知你早已先她而去！

過去，每當有電影公司聘我工作時，本是件興奮的事，後來對我來講，卻是個煩惱，接受還是不接受？往往使我們傷透腦

筋。因為每次我參加影片的準備和攝製多數在國外，即使在西班牙本土，也必須離家外出，一去就是數月半載，把娥笛一人留在家中甚是不忍。書霓的逝世，促使我們之間的感情更加深厚，兩人相依為命。從此我幾乎未曾外出工作過，即使有之，也僅是極短時間，由於我們定居在馬德里，而馬德里卻在全國的地理中心，距離任何最遠的邊境也不會超出八百公里，所以，當我在國內離家工作時，有時在週末還駕車，或乘夜車回家探望家室，雖然與娥笛相聚的時間不到一整天，如此的鵲橋相會雖然倉促，卻毫不感覺路途往返的疲勞，反而在周始復工時，心情上更加愉快和踏實。這段時期，我倆形影不離。雖是跨國婚姻，並且還是黃白異族，在不同的言語、思想、習慣上常年共同生活，已完全磨合無間，雖然有時在某些地方仍然會發生一些小矛盾，但只要兩情相投，處處為對方著想，便可相處得水乳交融。互相信任和彼此包涵，是確保婚姻不變的一個要素。婚後，她有時和母親到海濱或國外旅遊，我因工作不能相陪，或是我經常外出拍戲，公餘難免有諸多社交活動和異性接觸消遣，我均一一告訴她，她那方面也同樣毫不隱瞞地告訴我，我們之間從未因猜忌而發生過任何矛盾。例如在臺北時，我到花蓮等地尋找外景，到臺南拍戲，她留居臺北家中，有個臺灣企業富豪常遣車接她外出用餐和參觀，她均告訴我一切經過，我不但未曾介意，反而為她慶幸，這樣她才不致一人在家孤守寂寞。

概括而言，中外一致，我永遠不能理解，更不能接受，一個丈夫或妻子雖然還愛對方，僅為了某些欲望，拋棄家庭遠走高飛，美其名是為理想，實際上，他們之間的愛，遠遠比不上他們的欲望。那麼這對夫婦僅為履行契約而湊合，若以「純情」價值觀而論，就大為減色了。至於那些為權勢為利益的婚姻，更不屑一談。

誰知好景不常，娥笳終於在書霓離我們而去的第七個年頭患肝癌而逝。想當初我孑然一身來西求學，然後從事電影，兼建築設計，半個世紀中，雖不能講享盡榮華富貴，但也過得灑脫隨意，如今卻落得個鏡花水月一場空！

按：蓓蒂・布是上世紀三十年代卡通片中一個非常妖豔的交際花，書霓在樂隊中任低音吉他手，該樂隊雖然未曾上舞臺正式演奏過，但在馬德里輕音樂圈裏風靡一時，花絮小報上時有她們的消息和照片，「蓓蒂・布」樂隊所以能那麼風健，並不是她們的音樂超群，而是這一群時尚姑娘的美貌吸引了一般年輕人。現代姑娘們各有其個性，難於長久和諧相處，在馬德里出盡風頭一年後，便各奔前程，非常吸引人的「蓓蒂・布」樂隊也隨之霧消雲散。

七點二十四分

「今晚你就不要回家了，我們有的是客房，在我家住一段時期，天天有人陪著，待心情平靜些再回去。」若莎（Rosa）和她夫君艾爾奈斯多（Ernesto）陪我在殯儀館把火化手續辦完後，誠心好意地想把我接回家，不要孑然一身回家觸景生情更感傷痛。

「不，謝謝你們的好意！」我堅決地道出我的想法：「假如今我晚不回去，那永遠再不會有勇氣再回家去住，那是我的家，我們共同恩愛相守了四十年的家，雖然她走了，可是她的音容宛在，餘溫尚存，我就那麼忍心立即拋棄了那個地方?!即使再悲痛，請放心，我也會承擔下來的，因為，在我的心目中，她並沒有離我而去，時時刻刻我都感覺到她仍縈繞我的身邊……」。

是晚，的確不似往常，我拖著瀕緣崩潰的心身，一路像一具行屍走肉，在繁華的市區，有睹無視車水馬龍和穿梭不停的人群，世界似乎回到了冰河時期，死寂籠罩了一切，惟有映顯在眼前的，是她那張帶有病容平靜的臉，在安慰著我那破碎的心。

回到公寓，進電梯上了五樓。周圍怎麼是那樣寂靜，沒有任何聲響，哪裏去了所有的鄰居？我發抖的手拿著鑰匙好容易將自家單元的門打開，姬姬習慣在門後等著，我彎身下去把「她」摟進懷中，眼淚不由自主如泉湧出，滴在姬姬額上背上烏黑發亮的柔毛上，還滴在趴在我胸口的小爪上，「她」於是伸出淺紅的舌尖舔著苦鹹的淚水……

雖然房中的一切如故，可我卻意識到，這僅是表面形象，實質上已發生了不可還原的變化，從今以後在這裏，在任何地方，

我再也不可能看到你，再也感覺不到你的溫暖，天塌下來了，人間已不存一絲生氣。我拖著沉重的腳步，蹣跚進了臥房，連鞋也沒脫，抱著姬姬和衣倒在床上，衾枕上還存留著她的氣息，那已習慣了的醉心氣息！

神魂恍惚中，你又微笑著向我走來，伴著我回憶起過去美好，那一去不返的歲月：

聖保羅大學生宿舍晚會中的一見鍾情，大學城樹陰下的娓娓傾談，暑假地中海碧波中的戲水，北非蜜月旅行中的纏綿，愛女出世後的歡欣，夜間嬰啼，你推我拉地照顧不能成眠，馬德里近郊巴爾多河邊草坪上的野餐，乘豪華巨輪自地中海赴港臺的遠洋旅行，寶島阿里山和日月潭等處的遊覽，巴黎塞納河畔的漫步，里斯本白冷碉堡上向大西洋的遠眺，自布達佩斯駕飛艇順多腦河而上的抵奧，維也納歌劇院中芭蕾的欣賞……一幕幕歷歷眼前就像昨天。此外，不容遺忘的是你畢生最嚮往的中國之行，一九七八年，那是中國正式對外開放的第二年，那時是我離國從未回國的第二十九年，我們參加了「西班牙左派知識青年訪華團」回到祖國，遊覽了北京、上海、杭州、廣州各大城市，途中我倆還離團到南京與家人聚會，久別重逢悲歡交集，你不但見到了夫家親人，還觀賞了六朝古都的名勝古蹟：秦淮河的畫舫，明孝陵神道兩旁的翁仲，紫金山巍峨的中山陵，莫愁湖的蕭瑟湖水……。那些綺麗的情景，已是曇花一現！

母親早在祖國困難時代離我而去，愛女又在若干年前夭折，兄姐遠在國內都各有家庭安享天倫，惟有我獨自漂流海外，這大千世界中，已無使我留戀之處……痛定思痛，我突然自床上跳起奔向五斗櫥，將祕匭中的一把比利時出產的Velodog型小左輪拿出，將一盒子彈打開，心想只要把一小粒子彈上膛，閉著眼睛朝太陽穴一扳，一了萬了，我立刻就獲得了解脫，永遠不會再受到

無法挽回厄運的折磨……

　　就在那千鈞一髮的瞬間，姬姬跳上了五斗櫥，用那雙蜜色的大眼睛，一眨不眨地盯著我，「她」，似乎意識到有什麼可怕的事將要發生。就在這時，一個那麼稔熟的語音在我耳邊響起：

　　「我很快就要離開你了，不要悲傷，我們不是共同享受過一段非常幸福，而且不短的歲月嗎？為我，你必須堅強快樂活下去，找一個心地善良愛你的女人陪伴。我走後，唯一的要求是，你要好好地照顧我們的小姬姬，還有我心愛的室內花草……」

　　又一次聽到這番叮囑，我再也不能將子彈上膛為所欲為了，淚水重新模糊了雙眼，立刻將姬姬摟進懷裏，沒頭沒臉地狂吻著「她」，心想，設若不堪忍受你的永遠消失，為了自身的解脫而離開人間，姬姬將由誰來疼「她」，照顧「她」？「她」是書霓所領來家中寵愛的小伴侶，我闔家從來沒有把「她」當作異類看待。書霓永遠離開我們後，你繼續在「她」身上灌注了書霓和你的愛。每次當「她」出現在我的眼前，就如同見到了你們二人，每次「她」那一對蜜色的大眼睛注視我的時候，就好像你倆用眼神和我交流，姬姬已不是一隻普通的小黑貓，是我們一家寵愛的結晶，我如何能就這樣不顧一切撒手而去?!同時有句諺語：「先夫而去是福婦」，這樣也好，讓你去逍遙在一個無愁無慮的虛無縹緲境界，一切痛苦由我一個人來承受好了，我終於放棄初衷苟活下來。

　　馬德里的初冬，已涼意襲人。人行道上鋪上不少法國梧桐落葉，雖然清道夫的機動小車不時溜過。

　　「近來我怎麼感到這麼疲乏，沒走多少路就累了，找條板凳休息會兒。」你自言自語嘀咕著。

　　多少年來每天黃昏，你習慣上街溜達個把小時，這是你的

消遣，必做的運動。假如我有空閒，總是陪你散步一陣。我們可以上天下地隨意交談，讚賞著法國萊絲里・卡蓉在（Leslie Caron）在《一個美國人在巴黎（Un americano en París）》裏的芭蕾精彩演出；璜・瑪切基金協會舉辦的德國超現實派鼻祖馬克斯・恩爾斯特Max Ernst巨幅油畫的玄妙；早期倫敦伯朗斯布里（Bloomsbury）文人區中維琪尼亞・吳芙（Virginia Woolf）的新穎筆調。有時也惋惜著馬德里的春天短促，充滿雨水，讚美著天高氣爽的金秋，賜予世人可閒步市區或遠足郊外的享受⋯⋯藉那美妙的時刻，讓我們心靈交流，並享受健康有益的溫和活動。

「要不要去保險醫院檢查一下，這似乎不太正常，你過去不是這樣的。」

「沒什麼，可能上了年紀，所有機能都漸漸在退化了。過去上超市，幾袋東西一口氣就拎回家，如今，至少在半路上要歇一會兒。」

「你瞧！這怎麼可以。過兩天我就替你要個號去普檢一下，讓他們給你開點補藥，使身體健壯點不會壞事。」

「好吧！這次就依你。讓我來算算⋯⋯」你扳著手指計算了一下，繼續說道：「最後一次檢查到現在，已一年了。」

「你就是這樣不注意，每月交保險費，多檢幾次總比不檢查好。萬一⋯⋯」

「不是懶，我根本沒有什麼病痛，就是累一點，那麼頻繁去體檢幹嘛？」

「波爾達育（Bordallo）醫生，您好！」進了主治醫生的診室，我倆同時向他打招呼。

「你們好！怎麼這麼久沒來？」

「⋯⋯」我們說不出什麼藉口，微笑了一下。

「你們之中誰先檢查？」

「您給她看看，今天我不檢查。近來她很疲乏，做什麼小事都累。」

「哦！那麼先請您隨我到裏面來，讓我仔細檢查一下。」

主治醫生把你引進內室，我則在外室等著，護士在幾上拿了份雜誌遞給我解悶。我隨意翻著雜誌，僅看看圖片，那是本醫學刊物，根本看不懂。半響後，主治醫生把護士叫了進去助理。我自忖這主治醫生還真認真，檢查了這麼久還沒完。

又過了一會兒，主治醫生和護士相繼出來，隨著你也整理好衣衫走出內室。這時主治醫生遲疑了片刻，掩飾著臉上的嚴肅表情，和藹地對她說：

「檢查完畢了，請您先出去一下，我要和您先生說幾句話。」

我一聽到主治醫生如此吩咐，意識到病情的嚴重性，同時知道你的個性，無論發生什麼事，都不應該瞞著。

「對不起！波爾達育醫生，讓她留在這裏好了，她非常堅強，讓我倆同時聽取您診斷的結果，不管怎樣，我們會儘量承受下來。」

主治醫生還是遲疑了一會兒，才慢慢地對我說，似乎這樣讓你間接聽來，可以減少些壓力：

「您夫人肝臟生有腫瘤，根據方才檢查，很可能已影響到結腸。不過，在沒有更精確探測後，還不能完全決定其性質……」主治醫生盡可能減低病情的嚴重性。這時，房間裏鴉雀無聲，壓抑的氣氛使我喘不過氣來。最後，還是你極平靜而且慢吞吞地首先發言，眼裏沒有一點淚花：

「人嘛，總有一天會離開的，那是遲早的事。」

主治醫生聽到你這一席話，驚訝得合不攏嘴，接著，正視著

你把生死置之度外寧靜的臉，用極度欽羨的口吻說：

「我從業這麼多年，不知遇到多少患有與您相似病情的女士，無論是老少，當她們一旦聽到類似的診斷結果，便會呼天喊地，悲慟不已。瞧！……」他從寫字臺抽屜裏拿出厚厚的一大卷紙巾，「這是特別為她們湧泉般的淚水所準備的！」他歇了歇繼續說道：「夫人，我真敬佩您的堅強，您的灑脫！」

我站在一旁，聽到主治醫生儘量避免「癌」這個絕症的名詞，而用「腫瘤」來代替，如疾雷轟頂萬箭穿心，意識到不久的將來，我們朝夕相處的你就要永遠離我而去，眼淚如注奪眶而出飲泣不止。平常我遇任何困難都堅強對付，可是，這次卻變得那麼脆弱，不堪承擔這厄運的到來。孰知此時此地你是我至愛的唯一親人，一旦失去了你，世間萬物有何意義?!

隨後那段期間，醫院為她進行了各種應做的症斷，果然不出所料，大部分肝臟彌腫滿布黑點，並且影響到結腸，使之淤塞達十數公分，只能用藥希望截止敗壞，至於痊癒，那是根本回天乏術的了。由於缺乏醫學常識，並且聽說患癌症的到了晚期會感到非常疼痛。在馬德里發行的華文報紙上找到一位針灸中醫，據說他是天津中醫學院的教授，便全心把減除她可能感到疼痛的希望寄託在他身上。當時那位醫生每次的出診價格是西幣三千元，為了讓醫生更貼心，我每次多加了一千元，其實，加不加錢，相信醫生都會盡力治療的，那時我有一種非常特殊心理，似乎為了你的不治之症，越能多花費些，越覺得於心平安。

在家中針灸療程期間的同時，我還帶你去馬德里一家最好的如伯爾（Ruber）醫院治療，但你僅接受了一次化療，就再也不願回去治療。很坦然地表示：

「我已病入膏肓無可救藥，何必再受如此折騰，讓我平平靜靜地安度我最後的幾天吧！」

「……」我無言回答，你所說的確是實話。但我不時關心你，病患處是否感覺疼痛，最使我驚訝的是，你總是回答說，沒有任何病痛的感覺。話雖如此，我還是盡力想用其他方式為你治療，也許萬幸能得救，便請那位中醫開方醫治。國外根本沒有中藥可抓，僅在國人所開的百貨店中，能買到點無關痛癢的草藥，那是他們在進貨時，魚目混珠以調味材料所進口的，因為任何國家對藥材進口管制得非常嚴格。結果，還是那位中醫，不知哪裏替我們帶來了十服中藥，那是一九九七年年底的事：

鱉甲十克，丹參十克，桃仁十克，紅花十克，砂仁十克，蒼術十克，厚樸十克，陳皮十克，清夏十克，莪術六克，茯苓十克，赤芍十克，炒枳殼十克

我於是每天用瓦罐煮藥，用紗布濾藥，把黑色的湯藥倒在碗裏，然後用湯匙一匙一匙地餵給你喝。在這過程中，我的淚水從未乾過，流在面頰，滴進水槽，有時不經意滴在藥碗中。你皺著眉頭，耐性一口口將摻和苦的淚水的苦藥一併吞下……

十服藥喝完後，中醫說他將換方另開六服，但這時他所帶的草藥已用完，必須自國內用快遞寄來，那劑藥方是：

炒白術十克，厚樸十克，砂仁十克，陳皮十克，炒枳殼十克，清半夏十克，郁金十克，丹參六克，白豆蔻六克，菜菔子十克，茯苓十克，川楝子十克

我立即打電話給北京中央美院的寶瑋弟，叫他火速把藥抓齊寄來。你聽到後委婉地跟我說：

「這裏沒有藥，就算了，還要到中國去抓……」這時你已很

虛弱，連說話都累，頓了頓，繼續往下說：

「其實，再有什麼靈藥，也無法挽救我這個垂危的生命……這麼多天來，你餵我灌下了那麼多苦汁，我實在受不了，每咽一口就想吐。但是，看到你那般的真情，那般的愛，期望我能痊癒，明知一切都無濟於事，為了你，我忍受著人生的最後折磨，再苦，我還是會一口口咽下去的……」

你的話，一句句像利刃插進我的心裏，在那無可言喻無法忍受的疼痛中，我意識到你在瀕危的時刻中，還顧及我的用心，更增加了我的悲哀！

我倆就這樣相依為命地廝守在家中，等候著終於要到的那天。

你和往常一樣，早晨起床稍事梳洗化裝後，讓我扶著靠在沙發的一端，安詳地捧著文藝小說。你向來愛保持一個整潔家庭，過去的清潔工作就由我來擔負了，雖然我笨手笨腳，卻儘量把家打掃得使你滿意。除非必要上超市購買食物，我一刻都不願離開你一步，我們相聚時刻將是如此的短暫，想當初何苦一次又一次離家拍電影，數月半載在外，現在後悔莫及，沒有留在家中多陪陪你。妄想壯年時多存積蓄，兩人可不受經濟的壓迫安享晚年，誰知這些期望像曇花一現即將消失，過去的策劃都成泡影，反覆思之，我命之苦何其甚哉！

廿四日晚間聖誕夜，窗外街坊樂聲歌聲此起彼落：「平安夜，聖潔夜，萬象中，充滿光輝和寧靜……」人們都興奮地迎接一連串的佳節來臨。耶誕節過後，接著便是富美的新年和熱鬧的三王來朝節，尤其是兒童，他們都特別歡欣，穿著新衣拿著剛收到的玩具，到處亂蹦亂跳，大人看著他們的孩子嬉笑，也跟著歡樂不止。而我倆則在悽愴中默默相對無言，明知胸中有多少話和感觸要傾訴，就是不知從何說起，只能彼此緊緊握著手，用眼神來表達，說不完的悲哀和道不盡的愛。

悠長的佳節終於在樂聲嘹亮、人聲鼎沸中過去了，一切又恢復常態。

即使你的病情日漸加重，我們仍舊保持著同床睡眠的習慣。你要我將手心緊按在你肝癌患處，說是這樣會感到舒適和安慰些。我抱怨當初為什麼不去學氣功，假如學成氣功，或許可能將我的熱能通過掌心醫療她的癌症。不管是否有效，我每夜還是全心專注意志，通過掌心傳到她的患處，妄想用我執著的心和愛，將她自瀕亡的邊緣拉轉回來。

眼看你一天比一天瘦弱下去，像一隻蠟燭慢慢燃盡，我束手無策，叫天不理，叫地不應，身心瀕於崩潰。一夜，我摟著你那脆弱的肩膀，絕望地說著：「天哪！你叫我怎麼辦？怎麼辦？我怎麼捨得你就這樣去了！知道嗎？我曾是怎樣愛過你，現在和將來也是同樣地愛你，永遠，永遠愛著你！」你用手輕輕擦著我的淚水，那麼深情地安慰著我：「我也是同樣地愛著你，不要悲傷！」像慈母哄著孩子：「乖乖地，我去後，你要堅強樂觀地生活下去，否則，我在九泉怎能安息……」聽到你這番話，明知為安慰我而在掩飾自己的悲傷，我越發忍不住心底的悲愴，抽泣不止。

自發現患癌之後，你就向我表示直到不得已時不願住院，潔白的醫院雖然是一塵不染，有醫生和護士的盡心看護，比起自己的家，哪有我倆恩愛共同生活過的家，來得安適和溫馨。況且，我倆都意識到共同相聚在一起的時間已經不長，不希望有外人再來干擾，占取我倆一去不可複得的敘別寶貴時間。因此，你的得病更沒告知一般朋友，避免他們前來熱心探望。唯一知道的，只有我們的摯友艾爾奈斯多和茹莎，還有和我同來西班牙的學長鮑克俊兄。他們不時前來探望，關心你的病情和我們所需，以便隨時予以協助。

一天，克俊兄帶來一包西洋蔘給你補補身體，希望你能增加

一些抵抗力，那是他女兒特從美國帶來孝敬老爸的珍貴補品，他竟省下送來，使我感懷不已。但是，你的病情每況日下，再補也無濟於事，所以那包西洋參也就原封未動，後來還給他了。

中醫仍舊每天來替你針灸，西班牙主治醫生也到家來過兩趟，他們都清晰知道這是例行公事，癌症已普遍蔓延內臟無法剔除。我開始就意識到這點，所以要延醫的目的是減除你病患所引發的疼痛，因此不時擔心你會感到疼痛，問得太頻繁，你倒不耐煩了：「告訴過你，不痛就不痛，我不會騙你的。」聽你這樣說，我心裏才放下一塊巨石。此外，西班牙主治醫生曾經給了我們一小筒非常昂貴的止痛藥片，叮囑我假如她開始感到疼痛時，立刻給她服用，那藥片非常有效，說藥片是一位患癌病人逝世後，家屬贈給他讓他轉送給其他病人服用。後來，我一看那藥片筒上的標價竟達西幣兩萬多元！結果，不幸中之大幸，你始終沒用上，便物歸原主了。

時光怎麼流逝得那麼快，我們相聚的時日一天比一天少了，我要扭轉它，讓我們回到過去那些快樂美好的歲月！

眼見你那張原本圓圓豐滿的面頰漸漸地瘦削下來，太陽穴也慢慢陷下，前兩天日常起居，雖然需要我來協助，還能起床上浴室自理，如今不行了，真的不行了！連床也爬不起來，飲食都難以下嚥，怎不教我愁腸寸斷，心痛如絞！我一人在家實在無法再妥善照料你，不能眼睜睜看著你這樣離我而去！立即打電話給艾爾奈斯多和茹莎請他們火速來家，商酌決策。他倆夫婦到家一見情況，決定叫救護車將你緊急送往醫院。

一進醫院，值班醫生立刻給你打針輸液，不久後，你的臉色和精神漸漸好轉了一些，當晚我就留宿病房陪夜，若莎要留下伴我，我婉言謝絕了，我說，假如在醫院時間拖得太久，我吃不消時再接受她的好意。那是一九九八年元月十日凌晨的事。

翌晨，醫生又來巡邏檢查時，我問醫生你的病情嚴重到什麼程度，他盡可能安慰我說：

「我已獲有你們醫藥保險公司主治醫生的病情檔案，她能痊癒的希望，不瞞您說，的確微乎其微，但我們仍是盡力而為……」

「我早已心中有數，你是不可能得救的了。」沒等他說完，我打斷他繼續說道：「我的意思是，醫生，我求求您了！假如她實在無救，求您不要用藥物延長壽命，徒使她受到無意義的折騰……。」說到此處我忍不住嗚咽起來。剎那間，回憶起當年西班牙元首佛郎哥病危的時候，由於政治佈局尚未安排就緒，硬用藥物把他拖到數週後方任其安息，佛郎哥頭腦還清醒時曾感歎道：「我從未料到，想死竟如此困難！」同時，又想到許多家屬明知其親人已瀕死亡，卻硬用強性藥把他拖延生命，雖然他們渴望親人能在身邊多待幾天，情有可原，但這未替盡受折磨的病人著想，多麼殘忍！

「不要悲傷，人遲早有壽終正寢的一天，我很同意您的意見。雖然我們做醫生的天職是醫療患者，延長他們壽命，設若病人無可救藥處於極端痛苦之中，目前在西班牙，法律還不准許實行安樂死，但我們只能用消極方法，儘量減少其痛苦，讓他們安然逝世。請放心，行醫的準則倫理應該合乎人道。」

你在醫院裏所受到的照料委實比家中要好。早餐後，你把我叫到身邊，要我立刻回家一趟，把你的化裝包拿來，說是雖然臥病在院，不習慣蓬頭垢面見不得人，我聽了感慨萬分，籲唏！人之將亡，尚顧其容，不願給人留下不良印象！

住院後的第二天起，便絡繹不絕有中外友人來探望，你雖無力說話，還以頷首微笑一一答謝來人。若莎和黛萊更是一有空就來陪伴我們，看我疲勞得身心俱憊，堅決要來陪夜，好讓我稍為休息片刻，拗不過她們的好意，結果讓她倆來院輪流陪我。病

房非常寬敞，備有陪夜床和沙發，這樣茹莎和黛萊每晚來一人陪我，我們其中一人替換臥床休息，另一人就靠在沙發上假眠，只要病人有何動靜，立即可隨時照料。她倆的關懷使我終身難忘，尤其是黛萊，我在休息時，朦朧中感到她不斷來看我，輕輕替我整蓋薄毯，使我得到一種無可言喻的溫馨！

每晚，只要茹莎或黛萊抵達病房後，我便抽空離開醫院趕回家去，每次開門進家時，姬姬總是靜靜在門後等著我。我先清理沙盤然後餵食，等「她」慢慢吃完並將盆子舔乾淨後，我再撫愛「她」一會兒再回醫院。

住院後的第四天早餐時，非常稀軟的食品你也難於下嚥，只能餵些牛奶橙汁，甚至於喝那些流體食物都發生困難。

「不要再餵我什麼食物了，這些營養對我已毫無意義」你勉力地說著：「我口渴，給我一點水吧！」

於是我用吸管插入水杯，慢慢將水滲入你口中給你解渴。經過一番「折騰」後，你閉上眼睛休息去了⋯⋯

沒多久，醫生照例巡迴檢查病情，經過一番診斷後，他吩咐護士給你打了一針，然後告訴我們說，午後你將進入昏迷狀態，方才所注射的是輕型麻醉劑，目的是讓你感覺到非常舒適。接著叮囑道：病人雖然處於昏迷狀態，但腦子多少還有點清醒，叫我們切忌在旁大聲說話或悲哀哭泣，來侵擾她精神上的安寧。

當晚輪到茹莎來院陪夜，我倆默默在旁守護。有時，我們輕輕談著過去如煙的往事⋯⋯幾天幾宿來的殷勤看護，尤其是揪心的悲愴，我實在是招架不住了，茹莎讓我先去睡一會兒，人雖躺在床上，迷迷糊糊哪裏睡得著，腦中始終斷斷續續回憶著美好的過去，擔憂著未來沒有她的時日，一會兒憧憧出現了兒時的情景，一會兒離滬時慈母的哀切神情又映顯在眼前⋯⋯沒過兩三小時再也躺不住了，起身叫茹莎替換休息一陣。

病房中的燈光朦朧，我把單人沙發拉近病床，我要靠近你越近越好，似乎這樣就永不分離了！

起先，我眼睛一眨不眨地瞅著你，雖然滿帶病容，但仍是那麼娟秀，我暗自悲傷著，不久後，再也沒有機會端詳那張閉著雙目安祥可愛的臉，我不能旁顧，蹉跎了這永遠不再的寶貴剎那。繼之，顧不得醫生的吩咐，我伸手緊握著你那無力的纖手，我要通過掌心的熱，告訴你我會在你身邊，任憑你到何處，我的心永遠伴在你的身邊……

良久良久後，我又自沙發站起，把炙熱的嘴唇深情地貼上你的額頭，你的面頰，你的雙唇。「對不起！我干擾了你的安寧，我自私，我不願你就這樣淡漠地離開我，離開這個世界！我要你帶走我熱愛你的心，我永恆的愛！」

我正抱怨著時光消逝得太快，老天呀！讓我倆多依偎一些時間吧！突然間，我感覺到你纖柔的手在我的掌中有了反應，用力緊握，接著呼吸也急促起來，我連忙摟起你的肩膀，讓你稍稍坐起……

「怎麼啦？你怎麼啦?!」就在我急問的一剎那間，你停止了呼吸，頭，軟軟地倒在我臂膀上，手，也在我掌心鬆弛下來……此刻，我意識到你走了，你真的寧靜地走了！你把我的知覺，整個人帶到一個虛無飄渺的境地，我幾乎暈倒，絕望地叫著：

「若莎！若莎！她走了！她終於走了！」

若莎聽到我的呼喚，立即跳下床過來，熱情地吻著你的前額。我在激動的情緒中，下意識看了看腕上的表，那是凌晨七點廿四分。

在極端地悲咽之餘，感謝老天的安排，在她斷氣的時候，正輪到我在旁廝守，可讓她依偎在我的懷中安祥離開這個塵世，去一個再也沒有煩惱和痛苦的境界。

當天上午，我離開醫院，剛出大門沒走幾步路，她的形象始終不斷映顯在腦際，模糊的淚眼死死盯著手中她的死亡證明書，一遍又一遍讀著，的確清晰寫著她在一九九八年正月廿四日七時廿五分逝世，不！醫生，您錯了！您錯了！她是凌晨七點廿四分咽的氣，她沒有像您在死亡證明書上所簽的在世多活了一分鐘時間，這一分鐘呀！對我來講是一萬年，她能在我懷裏多伴我一萬年多好！……那時，我的神智是那麼混亂，毫無方寸，身軀也支持不住，只得跌跌蹌蹌坐到人行道旁一條石凳上，嗚咽得喘不過氣來，抬不起頭來，意識到過路的行人不斷瞟著我。幾曾一位老太太走近關懷道：「Qué pasa? Joven（怎麼啦？小夥子）」——我哪裏是小夥子，她的年齡不會比我大多少。——「……Qué ha pasado, puedo ayudarte？發生了什麼事？我能幫你嗎？」我繼續哽咽得抬不起頭來，僅能把手中的紙頭遞給她看，她老眼昏花看了看亡人的名字：「哦！是你的女兒？還是妻子？請節哀，此刻她在天上見到你如此悲傷，心裏一定不會平安。好好地去過活，你還年輕，還有一大段路要走……」她頓了頓，眼神投向無限遠處，沉湎在回憶裏，顫聲自言自語道：「他離我而去時，我也不是痛不欲生嗎？唉！多少年了，我還不是撐過來了。」說罷，充滿同情在我背上拍了兩下，不勝感慨地離去。

　　不知多久後，我沒法駕駛自己的「颶風型」半跑車，叫了輛計程車像木偶般去了殯儀館，辦妥了出喪火化等手續。根據西班牙法律規定，亡人必須在逝世廿四小後方可埋葬或火化，避免死者是「假死」，有「起死回生」的可能。於是殯儀館人員極其迅速地將她遺體化妝入殮，在將棺材運至殯儀館陳列遺體前，讓我作最後一次告別，我將顫抖的雙唇緊緊貼在你冰涼的臉上，久久不願分開，似乎多親一會兒，我和你兩人都可多得到一分安慰。那時我的心碎了，似乎聽到心被撕成一片一片的聲音。

馬德里Ｍ 30環城大道旁的殯儀館非常整潔和寬敞，門口花鋪中充滿五顏六色的鮮花。我深知你從來就不愛豔麗的大花朵，所欣賞的都是些淡雅不起眼的小草花，於是我挑選了一些雜色野花紮成小束，放在你覆在胸口的雙手裏，作為我最後的辭別心意。

　　殯儀館一進門是間美侖美奐的門廳，供諮詢等候之用。再進去是一排排連串的遺體陳列廳，那些陳列廳之間，是砌有花壇的狹長天井，一切是那麼淡雅聖潔，沒有絲毫陰森恐怖的氣氛。每間門外有號碼和死者的姓名，進門後是很寬敞的外室，內置沙發桌椅，供前來弔唁慰問的親友耽留。外廳的一隅，用巨大的玻璃窗隔出所謂真正的「遺體陳列室」，正面牆上有巨大的圓窗，自外向內透過玻璃清晰可見躺在石案上的亡人。

　　大概是下午，我身心疲憊神智模糊，無法估計時刻。摯友們陸續前來弔喪，濟濟一堂。淚眼朦朧中見到張琴也來了，不知是誰告訴她的。大家都含淚到「陳列室」前隔著玻璃向她說聲最後的「再見」。他們伴我很久，直到黑夜降臨才依依不捨離去。若莎和黛萊莎想留下陪我直到翌晨，她們說殯儀館中停了那麼多陌生屍體，生怕我恐懼，怎能讓我單獨在那裏度過漫漫長夜。

　　「多謝你們的關懷，有她在身旁，任何事不會使我恐懼，這是我倆今生最後的相聚，希望你們能夠諒解，讓我倆單獨相守一宵，以後再也不可能有機會了！」我婉言謝絕了。

　　下午前來弔喪的朋友委實太多，多少必須每每應酬一下，加上連日醫院裏照料的疲勞和心情的崩潰，頭暈得無法開交，只有步出室外，呼吸一點新鮮空氣。是夜，殯儀館天井上空的明月分外皎潔，冷光一襲映照著地上有機無機的萬物。我絲毫不感寒冷，繞著花臺漫步在石板地上。經過一排排連串的遺體陳列廳，想到裏面躺著的亡人，每個生前都愛過恨過，都有過富裕和貧窮不同的境遇，有的享盡榮華富貴，有的受盡坎坷折磨，無論是高

官顯爵，販夫走卒，到頭來都不是朝霜晨霧，瞬間化為烏有。試想爭權奪利挖空心思，投機取巧置產積資，終日奔波不能成眠，是否值得?!

最使人不解的是，徘徊在死屍之間，怎麼毫無陰森恐懼之感，莫非心已死，血已凝，外方周邊無法感染於我？

回到「陳列室」的外廳，玻璃圓窗的正面有張長沙發，我躺在上面隔窗凝視著裏面靜靜躺著的你，那微施脂粉娟秀的臉寵，就像熟睡了一樣，穿著潔白的純絲衣袍，是那般超凡脫俗，靜美得像一朵睡蓮浮在清澈的池面上。我癡情地欣賞著你那嫻靜的美，就和往日一樣，不覺時光的消逝……

不知不覺間，見到她從石案上起身，穿過玻璃圓窗微笑走到身前，我喜出望外，驚訝得無以復加：

「怎麼？你，你，怎麼你還……？」

「當然，我是跟你開個玩笑，傻小子！你想，我怎會離開你……」她笑得那麼俏皮和甜美。

「不過，你這玩笑也開得太過分了！瞧！把我害得這般模樣！」我正自沙發跳起，要摟她疼她，她卻隱去，撲了一個空，絕望之餘，看了看窗外尚未破曉，手錶上的時針和分針指在七點廿四分上。

自那以來直到如今，多少次我從夢中哭醒驚醒，床頭小桌上的鬧鐘總是顯示著七點廿四分！

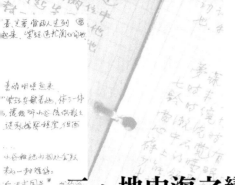

二、地中海之戀

你的愛，
似地中海狂嘯，
將我緊緊擁抱
我的情，
也被你挑逗得，
漲潮……

——張琴

書為媒

一九九七年三月，馬德里天氣已十分明媚和煦，不似往年的春寒料峭。

一個星期日早晨，「善隱園」裏分外熱鬧，原來正逢市政府所舉辦一年一度的「快速寫生」競賽，參賽者不限年齡性別和繪畫方式，僅對作品尺寸似有規格。只見鶴髮童顏的老叟和老嫗，方入中學的少年，以及大多數的成年男女「畫家」，均已分佈在公園中的每角落，選定地點放妥畫架，正在聚精會神作畫。有的是油畫，有的是水彩，也有用粉彩和鉛筆的，那是極少數。作畫的風格也各異，有寫實的，有印象的，也不乏寥寥無幾屬於抽象的畫派。

總之，以五彩繽紛洋洋大觀來形容所見，毫不誇張。

那天我獨自去善隱園赴約，幾天前我突然接到個電話：

「喂，喂！您是張先生嗎？」

「是的，我就是。您是哪一位？有什麼事嗎？」

「我叫張琴，是新聞記者，正在寫一本名叫《地中海的夢》的書，內容是記錄西班牙華僑華人的生活情況，聽朋友說，您是來西第一批留學生之一，我們能見面談談好嗎？假如沒問題，您看什麼時候合適。」

我一聽這位單刀直入的女士口吻，做記者的果然名不虛傳，要採訪什麼，立即開門見山毫無客套。我頓了頓才回答：

「讓我看看什麼時候有空……星期天好嗎？」

「哦！真謝謝您，打擾您的休息了！什麼時候方便？哪裏合

適？」

「上午十一點半，Retiro公園Menéndez Pelayo街第二個出口。您知道那條街嗎？」為了方便，我約她到家旁邊一百米左右的地方。

「沒問題，我對Retiro公園很熟悉，我常到裏面擺地攤。」

我聽她這麼一說，心裏倒嘀咕起來，我一向和國人圈子隔閡，怎麼做新聞記者還擺地攤？

我準時達到預約的公園門口，因為離家很近。沒幾分鐘，就見到一位中國女郎遠遠走來，烏黑的披肩長髮，圓圓的臉，小小的鼻，厚碩的嘴唇，好好一雙又大又黑的杏眼，卻掩在一副度數不淺的淡紫色鏡片後面。那天她的咖啡色齊膝裙、白襯衫，再披上一件米色的對開薄絨線外套，從穿著上看來，是一位樸實並帶書卷氣的女郎。她微笑著先開口：

「您是張先生嗎？我是張琴，對不起！來晚了，害您久等。」

「沒什麼！我也剛到不久。」

「我們找一個地方坐下來聊聊好嗎？」她倒爽快，沒寒暄就準備採訪。可能因為那天舉行「快速寫生」競賽，到處擠滿了人，我們好容易找到偏僻的樹叢中一塊空地，正巧還有兩條石凳，一條已被一對上年紀的夫婦占去，我們趕快坐上另一條石凳，張琴立即將索尼小答錄機打開，毛手毛腳好容易將它放穩在我們之間的石凳上，抬頭不好意思地笑了笑，又將採訪本翻開擺在膝蓋前，用微笑帶四川口音的普通話打開了話匣子：

「張先生，您可以……」

「你叫我米格爾好了，我不太習慣人家稱我先生不先生的。」我打斷了她的話，請她改口稱呼。

「這……這不太適合吧！」記者不太自在起來。

「沒關係，西方一向都這麼稱呼。」

「好吧！米……張先生，您可以講講怎麼會來西班牙求學的？」她還是一下改不過口來，我也不再勉強她了。

「我中學是在安徽，過去的省會安慶讀的，那座學校是西班牙天主教傳教士所辦……」

我們就這樣，開始了長達一小時有餘的採訪。過了幾天，張琴又約我見面，將採訪稿整理完畢讓我過目，看看有什麼地方需要糾正。

我們就這樣，開始有了來往做了朋友。

娥笳喜湊良緣

　　自從，接受張琴採訪之後，娥笳心裏上多多少少有些微妙的變化，偶爾關注一下張琴的情況。由於西方社會很有道德水準，禮節上不會過分的探聽他人私生活。或許，娥笳下意識的好奇為張琴日後進入我們共同的家庭，進入我生命中埋下了伏筆。這是後話……

　　一晚，娥笳和我不知怎的，想到請張琴到中餐館晚餐，但她單身一人，為何不打電話請我設計工作上的夥伴艾爾乃斯多做陪客，正好艾爾乃斯多的妻子回鄉去了，如此我們兩對比較熱鬧些。

　　那晚，張琴淡施粉黛，穿了一件淡灰色絲質連衣裙，曲線畢露，女人味特別濃，正如英語所稱：相當「Sexy」。一般中國女郎，雖然皮膚細緻身材窈窕，但胸部平坦無腰臀凹凸，在西方審美觀念中，缺乏成熟女性之風韻。當張琴一經介紹後，艾爾乃斯多即對其極生好感。席間杯光交錯談笑風生，餐畢，西班牙「紳士」自動提出，願駕車護送張琴回家，張琴單獨深夜與西方男士同車，似有難色，遂向我示意。我告訴她請放心，兩人均是我友，接受艾爾乃斯多伴送無妨。

　　次日，張琴打電話來說，昨夜我的西友在送她回家前，曾邀她去他家稍坐，喝杯咖啡，在他家對她非常殷勤，照顧得無微不至。我笑著對她說，那是西方「紳士」的圈套，幸虧你沒陷入，不過，你放心，有教養的他們，絕對不會做出你不願意做的事，假如你心甘情願就範，他們則求之不得？隨後即將此事置之一笑不復提起。

說實話，初來異國的中國同胞，大凡如同張琴一樣，都會從低層奮鬥開始，到找到自己的人生目標這樣一個過程。但是，類似她勤奮和毅力真是少有。我們認識後很長一段期間，她租了一間簡陋的小房間居住，清晨一早去Tirso de Molina廣場區採購項鏈呀、戒指呀、玻璃紙壓呀什麼一些Made in China的小商品，──因為那裏是馬德里市內中國批發商最集中的地方，有點像尚未城形的「中國城」，一進入該區的五、六條縱橫狹窄街道，服裝、首飾、電器、小五金、鐘錶、鞋包⋯⋯等中國批發商行林立，滿街滿地堆滿紙盒廢物，往來所見也全是華人，現被西班牙官方改為步行道，強制衛生調整後，比較以前清潔多了──一旦採購完畢，立即乘地鐵到鬧市大街的人行道上擺地攤做起個體零售商來，由於選物眼光准，並且口齒伶俐，每天幾乎將全部商品賣淨，所獲三、五倍的純利相當可觀。中午，趕回家做點簡單飯菜或是麵條充饑，啊！飯後半小時的午睡是生活中，再忙也不可或缺的享受。之後，又急忙趕著去市立語言學校上課。

　　張琴的思想非常快捷靈敏，尤其對社會問題的分析高人一等，但是在語言學習上卻無法得心應手，說慣了四川鄉音，到如今連「N」、「L」、「R」三個字母的發音都無法辨別，這可能是習慣方言發音的問題，一般中國人不能分出「L」和「R」區別，主要的原因是，中國方塊字中不存在羅馬字母中「R」的捲舌顫音，像西班牙語中的「RR」雙重捲舌顫音更是無能為力了。此外，安徽和南京，以及有些其他地區，「N」和「L」沒有分別，南京人竟把自己的「Nanjing」念成「Lanjing」。還有，中國人一概將「R」讀做「L」，政府官方將地名和人名的正式譯音有問題，例如：義大利首都「Roma」為何不譯為「若馬」而譯為「羅馬」？當今的美國務卿「Rice」為何不譯為「瑞斯」而譯為「賴斯」？諸如此類的例證不勝枚舉，難怪西洋人常

以此嘲笑國人，編出很多笑話。

從學校出來，她又馬不停蹄去採訪華僑華人各階層人士。

晚間則在昏暗的燈光下，伏在床邊坐在地上整理白晝所記錄的資料，撰寫其處女作《地中海的夢》。

由於擺地攤的經營有方，她把攢下巨大資本，和一名華僑合股一家電訊業，那是擁有多數電話分間的門市部，經過一家國際仲介電訊公司，提供一般民眾打國際長途電話，其費用遠較客戶直接用手機或座機通話要便宜得多，如此，他們的利潤是向國際仲介電訊公司的付出和前來打電話收費的差數，每月結算下來所獲的盈利相當可觀。況且，該門市部還經營中國錄影帶租借，多少還有另一筆進項。在此期間，張琴一心想到把丈夫和兒子接到西班牙一塊生活，當時，由於她沒有合法身分，請朋友幫助發出邀請，可是兩人來西入境申請卻被西領事館無情拒絕，使琴闔家團圓的美夢化為泡影。她於是專心投入電訊公司的業務，等待下次機會。

敗也蕭何？成也蕭何？或許這就是我們所說的天有不測風雲人有旦夕禍福。

張琴與人合股經商所不該者，是將事業和情感混為一談。張琴天生多情種子，過分信任合股人，將營業帳戶不分彼此，合股人中之一無須兩人簽字，任何一人可隨便取款，當張琴終於得到合法身分，四年後回國探親，歸心似箭，把產業統統交給一個並不深刻瞭解的合夥人。在家鄉待了三個月後重返馬德里時，發覺在她探親期間所收到的營業額，和共用之銀行存摺上近百萬西幣的款項已空空如也。她受騙後來我家徵求意見，——那是一九九九年的事，妻子娥笳因肝癌亡故已一年餘——問我如何處置善後問題，並稱，某次曾與合股人在地鐵相遇，合股人攜兒同行對她視之如路人，不予理睬，敘述經過時嚎啕大哭，痛苦得如喪考

姚，當時我才發覺張琴和其合股人之關係，不僅限於商務，已大量付出情感代價，果不所料，最後合夥人竟然又從張琴那裏白白拿走兩百萬西幣，以讓出電話公司由張琴經營，那次失足乃賠了夫人又折兵。

眼前既複雜又棘手的問題，張琴不知怎麼解決，無奈情形下，她和合夥人只好暫時商定，各守半個月的店，每人平攤公共費用。那時她仍然住在店內。

在此期間，常邀我去她那裏走動散心，該電訊門市部面積不大，臨街前廳約五米見方，左側有電話分間四間，右放大小兩沙發和咖啡矮桌，供客人等待之用，廳底有放滿錄像帶之長架，前面置櫃檯，供收銀和租借錄像帶之用。張琴自早晨九點鐘起，直到次日凌晨一點鐘始終守在櫃檯後不停工作，即使用餐或上衛生間，也都匆忙為之，生恐有客進來打電話無人照顧。

櫃檯右側可通內室，裏面不見天日，更無通風設備，僅放一張單人床和一套小書桌及椅子，再進去就是廁所和淋浴設備和電爐、碗盞架及小桌權充廚房，兩者之間掛布簾相隔。我見到那種起居環境，倍感心酸，但張琴卻是一個非常樂觀豁達的女性，能擁有自己的小天地不但心滿意足，還十分自豪，因為那是她不依靠旁人，獨自辛勞奮鬥所獲的成果！她見我鰥居無人照料，有時特別燒了回鍋肉什麼的四川家鄉菜請我午餐，這樣的熱心人，怎不叫人感懷！

我們交往已有一段時間，彼此間比較熟稔，一天，我冒然向她表示，我的公寓住所雖然不甚寬敞，自從女兒和妻子相繼去世後，有的是空餘房間，一切設備談不上豪華，但環境相當舒適溫馨，何不搬到我家居住，大家也可作個伴，張琴本性就非常爽直，毫不猶豫便興奮答道：「好哇！什麼時候，什麼時候？」其實，我們之間僅僅是朋友，並沒有發展到過於親密的關係。

有天晚上我與朋友約會回家很晚，當打開大門，看見張琴頹喪地坐在門廳裏的臺階上。滿臉淚痕，非常吃驚問道：「發生了什麼事，怎麼沒先打個電話？不然我也不會這麼晚回來。」

　　進門後，張琴才把事情原委告訴我，她沒有辦法回到那塊曾同甘共苦而被欺騙的地方待下去。當時，她舉目無親，沒有一個投靠落腳的地方。那時已是凌晨，自然而然留她在家過夜。突然記起家裏什麼都沒準備，這個野姑娘，──不，不能稱她為姑娘，那時她已是為人妻為人母四十出頭的人啦！怎麼說來就來了。

　　「對不起！這房間許久沒人住過。等我打掃乾淨，把床鋪被褥預備妥當再進來」

　　「沒關係，我曾經當過知青，上過山下過鄉，什麼地方都可適應！」

　　這時她幫我把過去女兒的小房間準備就緒後，我們互道晚安各自就寢。第二天，張琴悄悄起來竟然沒有盥洗，也沒有打擾我便離開了。其實，我根本沒有睡著，與一個年輕女子同在屋簷下，心中自然有點不安。

　　我的公寓坐落在馬德里偏東的中心市區，張琴的電話門市部卻在西北邊緣，相距至少八、九公里，而且那區居民很複雜，摩洛哥、西非、拉美各地的以免都有，等她放工已凌晨一點多鐘，公車和地鐵都可能結束了，那麼遠的路叫她如何來？時間已久，左想右想，唯一的辦法，只有每夜去接她回家歇宿。

　　每夜兩人到家後，隨便談一些日間所發生的瑣事，便各自盥洗一下回房安息，臨睡前我會像對女兒一樣在她額頭輕吻一下祝她晚安，這是多年來我所保持的西班牙習慣，即使對一個比我年輕二十五歲的異性朋友也如此。後來我見她梳洗時沒有睡袍，就寢時沒有睡衣，便試問她在不在意穿我亡妻留下的衣衫，意外地

她竟毫不嫌棄，立即接受了我的建議，她的單純和毫無成見，越發使我對她產生了極佳印象。

我們就這樣相處了好長一段時日。相信沒有一個人會相信，孤男寡女每晚在一個屋簷下過夜，而未發生任何親密接觸和超友誼關係。我的西友艾爾乃斯多對我們的「循規蹈矩」相處非常詫異，時常問道：「Todavía no la has llevado a al huerto?」這句話直譯是：「怎麼你還沒有將她帶進菜園嗎？」意譯是：「你們之間怎麼還沒發生關係嗎？」我總是微笑著回答：「還沒成熟，還沒成熟！」我不知道張琴對我的為人如何看法，至少我的人生準則是在任何情況中，絕對不願占異性的便宜，我是人，有情欲是天經地義的事，但是我認為男女兩性的結合，當在雙方感情到達沸點的時候，也就是，當相互的愛戀到達無可再增進的程度，兩人才融為一體，那是最美最純潔的至高境界！

一天夜晚，還沒到去接張琴的時刻，突然接到她的電話，說是那晚電話線路不好，不願繼續乾等下去，而且，想早點回家洗個熱澡，問我能不能提早一小時去接她。一旦抵達公寓開門進家，她迫不及待地卸了裝，把浴缸放滿了熱水，一頭鑽進浴室把門關上，開始，我聽見裏面水聲嘩嘩，繼而靜了下來，毫不誇張，足足三刻種後，才見她滿面豔麗紅光，身上裹著薄薄的絲質睡袍，豐滿的胸部上，凸出高聳的兩點，我正在欣賞著一個少婦挑逗性的美時，她那一雙水汪汪的大眼睛，也一眨不眨地注視著我，猛然間我的心跳頻率邊增，血液沸騰，再也控制不住感情衝動，情不自禁拉起她的雙手，使她更加貼近，誰知她的睡袍無意間突然鬆開，一對渾圓的豐腴乳房呈現眼前，我感到血管如火山般即要爆發，隨著炙熱的四唇接觸，她遂張口猛吮著我的舌尖……不知多久，我倆陶醉在甜蜜的熱吻中！她抬起雙臂，緊緊環繞我的頸項，我則一手摟著她的纖腰，另一手撫愛著她柔軟的

乳房，慢慢移進臥室，放倒床上，頃刻間衣衫被扯脫殆盡，曖昧的燈光下，一具曲線美妙的凝脂玉體橫呈，自頸肩、酥胸、柔腹、直到腳尖，我吻遍了她的全身，她吁吁地喘著氣，扭動著身軀，夢囈般斷續喊出：「夠了，夠了！……」迷茫，昏眩，我倆飄飄然欲仙，比翼雙飛在九重天際……

她將我帶進第二個春天，她的青春熱情使我槁木重新發芽，她的進取活躍洗滌了我的萎靡不振，豔陽天再度為我展開，我獲得了新生！

從此，我倆無愁無慮喜戲在伊甸園中，彼此體味著美好時分，於是賦詩幾首以志情懷：

〈其一〉

床第間，月光
似輕紗一襲，
覆蓋著我裸體橫呈。
你緊緊地依偎著，
撫愛著，瞅著我。
曖昧地夢魘著：
這是你畢生
最美的一瞬。

〈其二〉

你在我高山上蕩漾，
緩緩劃過平原，
又進入了濃郁的叢林；
我被挑逗得
再也等不及。

你向我射出

一支丘比特……

〈其三〉

夢寐中，

一隻溫柔的手，

自絲被下探進，

遊蕩在我的胸際。

睜不開朦朧的睡眼，

意識到

又是一個醉心的纏綿……

　　琴——從此我改口叫她琴，這一聲深情的呼叫。誰想到，娥
笛臨終前，竟然是她湊合我與琴的美好姻緣……

　　馬德里的早冬通常沒到雨季一向明媚，清晨淡黃的陽光透過
紗簾射進廳堂，把全廳映照得分外明亮。你和往日一樣，梳洗完
畢，斜靠在面對窗戶的一端，一隻手上捧著那本永遠讀不完的小
說，姬姬習慣地依偎在你的身旁，你用另一隻手輕輕撫摸著那漆
黑光亮的柔毛，那是多少天來難得的一幅安祥畫面。當我自廚房
端出一杯熱牛奶，一薄片擦好奶油和果醬的土司麵包，以及一杯
鮮橙汁放在咖啡桌上，你把小說放下準備早餐……今天的氣色似
乎比前幾天好得多，先喝了半口牛奶，咬了一小口麵包慢慢地嚼
著，仰頭望著站在對面的我微笑了一下，似乎要講什麼，但欲說
便休，繼續你的早餐。我將杯盤收拾到廚房還沒清洗完畢，便聽
到你的呼喚。

　　「過來一下！親愛的，你覺得張琴這個人怎樣？」

「沒怎樣？人蠻爽直，就是有點傻呼呼的。」突如其來的發問，使我未加思考隨口答出。

　　「哦！傻呼呼的，這就好，太精明的人不好處。」

　　「你問這幹嗎？」

　　「沒什麼，沒什麼！不知怎的突然想到她，隨便問問而已。」

　　我心裏嘀咕著，你問張琴幹嗎？我們和她沒有什麼深交，僅僅見過幾次面，哦！另外還和艾爾奈斯多一塊在「大運河」吃了一次晚餐，張琴為撰寫《地中海的夢》在「善隱園」訪問我時你又不在場。

吾為伊人憔悴

與琴交往以來，她對我可謂是信任有加，無話不談，在我面前總是竹筒倒豆子，甚至於最隱私的那一部分也毫不留情對我訴說。一天，她告訴我，她和丈夫兒時在一個大院長大，婚姻是母親一手促成，談不上有什麼真的愛情基礎，結婚年齡已到，結婚就結婚吧！如此便了結一樁沒有感情的人生大事，但是後來所生的孩子，究竟是親生骨肉，怎能不愛？自從來西後，日夜惦念著孩子的冷暖和學業，因為電訊公司是自己的，似乎打國際長途電話不要錢，一有空就撥幾和國內聊天，帳單一來，每月自己的電話費就是十幾萬西幣。

今生，琴最為牽掛的就是兒子，無論她作出什麼樣的選擇，對與錯，得與失，在她腦海裏第一個理念就是為了兒子。兒子的不理解，甚至於令她傷心至極，琴是一個敢作敢當的女人。無論結果怎麼樣，最終她獨自吞下那顆苦澀的橄欖。長期以來亦是吾最為當心放不下的……

關於琴和孩子間的一個插曲：

一天，琴告訴我，她的孩子再次想到西班牙，只因這次過了法定成年年齡，我是否能幫助她辦理證件，以家庭團聚的名義將他申請來西，我當然全力以赴促成他們母子團圓。不久後琴的孩子果然順利抵達馬德里，我們在家中特為他準備一間舒適臥房，開始幾天大家融融樂樂儼然一個美滿家庭，琴每天忙著不歇，為孩子燒這個吃買那個穿，綻開笑容。可是好景不常，孩子說過不慣西班牙的生活，吵著要回去，琴被他鬧得不可開交，母子相聚

不久，孩子又打道回府，空歡喜一場。

　　幾年後，琴念及孩子想得發昏，又要我為她孩子以歐共體名義申請來西，我對琴的要求，只要合情合理，不超越法律和道德的範疇，都盡力而為。結果孩子再次來到馬德里和我們住在一起。這次，他在西所待的時間較長，幾個月後又吵著要回國，琴被他拗得沒有辦法，只有再放他回去……如此她孩子在中國和西班牙之間反覆往返四五次，目前還在馬德里，但和母親鬧翻未在家居住，不知何時再欲回國。琴本來是一個性情非常強硬、不對任何勢力屈服的女性，可是一做母親，對孩子就失卻個性。我畢生沒有見到過一個母親為孩子做了那麼多，在他面前是一次又一次委曲求全。同時，在這件事上，我怎麼也是如此將就琴，她每次要求我幫她將孩子申請出來，從未拒絕過她，可能我心中認為促成母子相聚，是件善舉，多積點陰德，來日在閻羅王面前有個交代。

　　琴所經營的業務外，又加上一項為僑胞服務的專案。因為在西班牙打工的僑胞，今天在馬德里做跑堂，明天到巴塞羅納做倉庫搬運工，沒有固定的通信地址，很多人叫家人或朋友把信件寄到琴處，當他們有空時來取，琴的此項服務僅收極低微的手續費，為無定居地址的僑胞減少了很多麻煩。有些人還把掛號信都寄往她處，請她代為簽名收下，我得知此事，連忙勸他停止該項服務，尤其不可代人簽字收件，人心不可測，誰知信件或包裹中藏有何物。琴的為人，一方面心腸太善良，說是如果取消該項服務，會替海外國人增加很多不便；另一方面，她的脾氣特別固執，任性無羈，一經選擇要做的事就是碰死南牆也不回。

　　一天夜晚，我在家中看電視消磨時間，等會兒再去接琴回家。突然接到警察局打來電話，問我琴的護照和居留卡等證件是否在我處，同時說能否去警察局一趟，有話需要諮詢。我接到此

電話，立即意識到琴出了什麼事，迅速駕車趕到指定的警察局。一問之後，果然不出所料，由於琴在收到一封自泰國寄來的掛號信，而且收信人是她的姓名，當她正在簽名時，突然自店外沖進幾名便衣員警，連人帶信送去了法院，當即打開裏面卻是四份假護照，兩本是日本、另兩本是韓國的。罪證俱在，遂將琴逮捕押進看守所等待起訴，員警將我傳去的目的是打聽琴的確實身分和她與我的關係，同時告訴我他們已指定官方免費律師為她辯護，我若是有私人律師，則可撤銷官方律師，但必須付出一些費用。

翌晨，我不願省錢，為了表達心意，特請了一位認識的女律師安娜為琴釋保，我們同去法院，據說，琴當時已從馬德里拘留所被轉送至法院臨時監禁室待審，為了琴被監禁頹喪的心情，我寫了一信，請女律師安娜帶進監禁室交給琴，至少讓她放心，有我盡全力在外為她奔走：

　　琴：

　　　　自從昨夜知道你被捕，當夜便去警署將你的互助和居裏證交去，並且作了認識你的經過和天籟公司的營業範圍，我僅說是電話和電傳，曾聲明代收發信件，此項警方沒有記錄。

　　　　昨晚整夜都在想你在警房裏的寂寞不能成眠，今晨一早又去警局自動為你做翻譯，他們認為我是你的朋友而拒絕接受。

　　　　午後遂找一位早年認識的女律師來辦理你的案件。電話中，警員稱逮捕你的罪名是「偽造檔」，我確知這是冤枉，你根本未曾涉及此事。

　　　　這封信的主要目的是要你放心，由於無法與你見面安慰你，所以才這樣讓你知道，無論在任何環境裏，我會全

心全力支持你，我愛你，絕不會放棄你的。即使傾家蕩產也不會讓你受罪。

但願法庭能判明事實，你是無辜受到牽連，很快就能恢復自由更好，否則我也會將你釋保出來。琴，耐性一點，我揣想你這次的遭遇，很快就會澄清，我每時每分每秒都在伴著你，將來我們還要同享好好的歲月。真想你，不要著急悲怨，過幾天我們又可會面了，我要你每天每夜都來家陪我，我要全心照顧你痛你。

這幾個字是在律師樓寫的，草草不一，詞不盡意。深深地吻你，擁抱你！

清

十月廿八日午後七時

注意：法官問你時，你一定要說實話，不要隱瞞任何事，我知道你的所作所為不在刑事罪之例，至於你的居留證不可工作，或不能住在店內，均不是罪名。

琴被捕的第三天一早，我又去法院等待安娜斡旋釋保的結果，良久後，安娜出來興奮地告訴我，一切手續辦理妥當，雖然琴的罪名是製造假護照幫兇已成立，根據西班牙法律如不能及時開庭，在被捕後七十二小時以內必須釋放自由，吩咐我耐性等候，雖然不知何時，但當天一定可和我同時回家。

我只得把車停在法院外坐在裏面等候，一小時、兩小時……過去，直到中午仍舊沒有絲毫消息，於是，我走出車穿街到對面咖啡館胡亂吃了個三明治，喝了杯咖啡牛奶權且充饑，憂心忡忡，根本無法進餐，同時有生恐我離開法院的片刻，琴被釋放出來。沒奈何，只有瞅著法院前廳牆上掛著的時鐘，一秒一分一小

時極慢地過去，我本是極有耐性的人，這次遇到琴的無辜遭遇被監禁，我失去了方寸，簡直無法克制內心的煩躁！

從早晨十點便來到法院，直到午後七點半，天已黑了，還不見琴的形影。心中的焦慮不可言喻，只有前去向法院的司閽查詢，所的的答案是，半小時前當天所應該釋放的都已離開法院，這一下我可傻了，我怎麼沒有看見琴出來？是否我一時疏忽，沒有看見她夾在人群中出來？於是，連忙駕車趕到琴的店中探望，好在法院距離琴的店不遠，不到十分鐘便抵達，當我將車停在店門時，可不是嗎？安全鐵柵已經拉上，見到琴已疲憊不堪地坐在前廳沙發上休息。啊！老天有眼，我親愛的琴，終於無恙回來了！我迅速上前擁抱著她，捧著她那憔悴的臉狂吻起來。

雖然未向法院付出分文保證金，琴已順利被釋保出來，兩夜一天被關在拘留所的折騰也夠受的了，可是，事情還沒了結，不知何時還得開庭審詢，人贓俱在，判決的結果如何不可預測。這是一件能影響琴日後在西班牙何去何從的大事，我和琴商酌後，不能隱瞞家人，由我出面寫封信給她的妹妹張虹，比較直接向父母告知原委為妥：

小虹：

這樣稱呼你，不會見怪吧！是你姐姐琴讓我如此叫你的。

認識你姐姐，已是兩年半以前的事了，當時她正在撰寫《地中海的夢》去採訪我時結識的，這寫她一定已告訴過你了，我們有緣相識，是上天的賜予，見面交談後變非常投契，後來我亡妻在世時，亦曾經一道去晚餐過。自從我妻子去世後，她心地善良，見我鰥居孤寂，便時常來家走動，慰問我照顧我，如此奠定了我們之間的永恆友誼。

由於我年歲長她很多，她也想得出暱稱我Pappy。真的，在我妻子去世後，我心如死水形如槁木，世界上的一切對我都失卻了價值，感到沒有繼續生存的必要，是琴，她給了我心靈上的慰藉，把我從絕望中拯救出來，予我以再生的欲望。

　　至於我是怎樣的人，她已在「地中海的夢」裏多有介紹，我的生活和愛好都是沉緬在藝術領域中，當然，文學也在其中之列。你的琴姐特好寫作，非常有才氣，文筆簡練，無浮華辭藻，實是巾幗中難有的一支筆。我倆有共同言語和興趣，在一起有說不完的話，往往談到深更半夜，也不覺時間的快逝。承她器重，常將她過去和最近的作品給我欣賞，讓我發表管見。由於她的作品內容大多是敘述過去童年的遭遇和感觸，情感真實描繪細膩，讀之猶如探測了她的心靈深處，並瞭解她的過去一切，使我感動不已！沒想到僅在四十左右的年華中，竟獲有這麼豐富的經驗，但也嘗盡那般枯澀的人生。天公實在太不公平，為何會給她身心上如此百般折磨。她現在還年輕娟秀嫵媚有為，在人生旅程中才走了一半，我從此要盡全力彌補她過去的失落，讓她有個愉快的未來，在她人生真義中找到自我！不要為斗米折腰。

　　可是正在此時，她由不幸遭遇到一項無情的打擊，我認為有向你們敘述的必要。就是上週末，她電訊公司屬下的代收信件專案中出了事，警方發現在寄給她代收的信件裏，有封藏有四份假護照的掛號信，便以「偽造文書」罪名把她拘留。我得知消息後，星夜趕到警署為她分辨並做證明。次日聘請律師處理此事。結果她被監禁兩夜一天后，在法院預審定案，認定她有偽造檔或參與此案的嫌

疑，暫時保證釋放，日後正式開庭由檢查官控訴和判決。好在原來警方所頒限廿四小時內驅逐離境令，已被律師上訴暫免。在她被拘留期間，我兩夜不能成眠，亦無法與她接觸，直到第三天預審後，律師告知無須繳款釋保即可自由，我才放下心來。聽到這個可喜的消息後，我在法院門口整整等了九小時半！前一天下午，為了安慰她，我曾寫了一張便條，請律師在第二天早晨到法院時暗遞給她，讓她知道無論在任何不利景遇，我會始終支持她，永遠不會袖手旁觀，因為大家都知道她是無辜，被牽連根本無罪，當她接到便條後，好在心理上有所依靠，怒至於感到孤獨被棄。所壞的是法律無情，在寄給她的信裏有偽造護照，雖然你姐姐全然不知信中封有何物，證據已在，只有日後正式開庭時，看律師如何為她辯護了。

這案件的發展可能性有二：

一、幸運被判無罪，這似乎很難，或判決有罪，那麼我們再上訴辯護。

二、判決有罪，可能被驅逐出境。我們會上訴免刑，由於案發展非常緩慢，在此期間，我會盡全力予以照顧。

至與律師法庭等費用，請放心，由我私人來擔負，雖然我並非富有，但為你姐姐我絕對不惜解囊（之前，法院已安排免費律師）。此外，我相信法律公正，絕不至於冤屈無罪之人，她定能安度此關的。

你的琴姐已給我看過你的照片，希望有一天能榮幸見到你本人。專此　祝
康樂！

米格爾　上
一九九九年十一月三日於馬德里

自從發生這樁意外事件後，我勸琴放棄電訊營業，因為她不但開店沒有營業執照，還有她所持的工作拘留證上的職業，明明寫著是「家庭服務員」，根本不允許務商開店，此外，西班牙法令禁止任何人在店鋪裏居住，即使是店主也不例外。根據上述三項犯規條例，設若有人檢舉，隨時都有被封店的可能。不過，西國警方對此等違規事宜，通常閉一眼睜一眼，只要不販毒，不逼良為娼，不偽造文件，不發動恐怖事件……等，一概不甚過問。曾有一個市政府警員，常到琴的電訊門市部和她聊天，並請她外出「喝咖啡」，琴是非常敏感的人，她不想得罪這位身穿筆挺制服的警員，因為他負責的區域就在附近，自然對她的安全有利。所以每次都是以上班脫不了身為由，沒有接受那位警員的邀請。

　　結果，琴終於接受了我的勸告，將店轉讓給一個美籍拉美人，安心在家從事她畢生最嚮往的專業——寫作，直到最後實現她的作家夢。雖然如此，「偽造證件」的案子尚未了結，她一直在提心吊膽，不知該案的結果如何？之前，我們的女律師向我們建議，因為我有西班牙國籍，如果我們結婚成為夫婦，將來在審判時絕對有利，可是被琴拒絕了用此方式來賺取審查官的同情。

　　兩年後，琴終於收到正式開庭的傳票，我也接到赴法庭作證的通知。在指定的日期和時間前，傳我們去法庭開審。當時，琴剛回中國幾天，在東北的哈爾濱火車站，與部隊服役的兒子準備同返四川，我不得不將此消息告訴遠在萬里的她，同時通知律師安娜請求法庭更換開庭日期。

　　數月後，我們又收到正式買庭的傳票。那天一大早，琴和我便去了法院，片刻律師安娜也匆匆趕到，她安慰我們說，她會盡力為琴辯護，況且她的未婚夫也是法官，所以同行間都熟悉；然後補充說，法律就是法律，人情起不了很大作用，為自己留了個後路。我倆聽了，尤其是我，對任何事只看事實，對人家所說的

態度是「他人姑妄言之，我姑妄聽之」，不至於有多大心理上的影響。

馬德里首都法院規模很大，裏面有好多間小型法庭，我們在指定的法庭門口沒待多久到達預定時刻便被傳進。裏面根本沒有像電影上所看到的那種威嚴氣派，這樣也好，心理上消弭了很多壓力。一進門只見全廳牆壁都用淺褐色木板覆蓋，儼然一間寬敞的辦公廳，兩側有幾排長凳，是為聽眾、原告、被告以及證人所設。法庭正面有張法官長桌和座位，後牆掛了西班牙國王璜‧加洛斯一世的肖像，兩旁豎立著西國國旗。右側有張較小的桌子和座位，是為檢查官所備，左廂有同樣桌椅，是律師的座位。在法官台對面有一套小桌椅，當原告被告和證人被喚時，便上前就座接受審詢。

首先檢查官──那天是一位女檢查官──控訴琴的「偽造檔」罪，要求監禁三年，並罰款西幣一百五十萬；然後我們的律師起立，拿著一份預先準備好的辯護詞，像小學生上講臺毫無表情地念將起來。

然後，琴先被喚出，隨之是我。法官向我們審問，只許他問，我們除了回答「是」與「不是」外，根本不允許你多說一個字。法官提問了一系列員警早已問過的問題，我們先後一字不訛地照答。最後，法官宣佈審問完畢，吩咐琴在家靜候判決書。據我估計前後不到一小時，所謂的正式開庭審判就此結束，說句實話，關係一個人的命運處決，就這麼毫不徵詢當事人的前因後果和發展細節，如此「草草」了事，心中頓起一種莫名的失望。

不到半年，我記得清清楚楚，一個明媚的初春早晨，信差送來一封需要簽收據的法院函件，我填上身分證號碼帶琴收了下來，情不自禁蹦蹦心跳不止，不敢立即叫琴來看來信，獨自來到臥室將信打開，我自認為西文程度相當綽約，可是那封公函中很

多法律術語還不太瞭解，但函中的內容卻懂得一清二楚，當時，我不敢相信我的眼睛，重複仔細閱讀了多遍，當我確實認定，那是一封通知琴已被判無罪，況且又無任何記錄在案的通知後，立即跑出房間大喊起來：「琴，快來！琴，快來！」，琴那時正坐在電腦前非常投入地寫作，聽到我在客廳喧嘩，不耐煩地答道：

「什麼事呀？那樣大驚小怪！」

「來！你快來看呀！」我等不及跑進書房，把法院通知的內容立刻告訴了她。於是，我們兩人擁抱著狂吻起來……一樁原可避免的麻煩罪案，總算獲得西班牙公正法律給了琴一個圓滿的判決！

醉生夢死遠離塵埃

　　二〇〇〇年暑天，琴欲返四川江陽探親，邀我同去，乘機可將我給她爹娘和姐妹們認識，被我一口拒絕，理由是，在瀘州有她自己的家，家中住有她的丈夫和孩子，我以何種身分去見她的家人？多麼尷尬！於是，我向她提出一旦她正式離婚，再和我結婚後，我便可名正言順以她丈夫的名義，去她家鄉拜見泰山太母，不知他們能否接受我這個「黃香蕉東床」？

　　也許我在西歐定居的時間太久，當地的人文習俗和人生觀，對我發生決定性的影響，而對現今多數出國的華人行徑不能明瞭。無論丈夫和妻子的家庭觀念，通常有一種非常不可思意態度，根據我親眼所見的事實，親身所歷的經驗，他們千方百計遠離家庭到外謀生，很輕易就和異性同居，賺了錢後還不斷往國內匯寄，維持著一個名存實亡的家庭，甚至於一旦有機會，便不惜付出辛勤所得的報酬，購買昂貴的機票回國探親。丈夫拋棄妻兒，妻子拋棄夫婿和子女遠走高飛的最終目的究竟為何？國外賺錢的確比國內容易，但無論從事任何企業或商店，毫不誇張，每天十多小時的工作，一年三百六十多天幾乎沒有節假息日，無時間外出散心，更不可能融入當地社會，我相信他們的身心定會感到無限的孤寂，所為何來？使我這個笨拙的頭腦無法想通。

　　自從琴走進我的生活，生命重新活躍富美，突然間她回鄉探親，又讓我陷入孤寂的深淵，無從剔除的思念之情，賦章聊以寄意：

〈其一〉

月到中秋分外俏，
芙蓉帳裏度春宵；
蜀琴初彈鴛鴦譜，
幾曾銷魂不知曉。

莫道嫦娥冰雪貌，
怎比儂姿萬般姣；
似水柔情訴不已，
那怕蟾蜍即時消。

〈其二〉

思卿終夜卿不見，夢牽魂縈未成眠；
音容宛在床第間，輾轉無策扣心弦。

姣軀適中玉琢體，介於環肥燕瘦間；
胸酥阜聳迷離處，凝脂漢白潤且膩。

美目盼兮秋波逸，均乘相配巧玉鼻；
牡丹本是雍容貌，梨花下顎忒相宜。

姿倩態美如水柔，蓮步輕盈風擺柳；
舞起婆娑霓裳曲，鸝囀鶯啼繞梁久。

嘴寬唇碩華貴儀，顴高頰廣性剛毅；
南陲粉黛顏色減，北國佳人怎相媲？

幻夢魂銷意未已，春宵恨短金難啼；
轉側衾枕孤無伴，人去樓空妄太息！

　　新拉開帷幕的二十一世紀，琴終於出版了她的處女作紀實文學《地中海的夢》，琴為寫此書來採訪我，使我們有緣相識，繼而達臻熱戀的階段，該書實是我們的月下老人。因此，當《地中海的夢》問世一年後，我們便開始結婚應辦的各項手續，諸如各人的身分證和出生證明、琴的離婚證、我前妻的死亡證，尋找兩位證婚人同到馬德里市政府戶籍總署登記，預定舉行婚禮地點和日期……等事宜。

　　在我和琴結婚之前，周邊的很多親友都好意勸我，這是人生大事，必須三思而後行，他們告訴我許多華裔留學生，尤其是美國，在國外學成而且獲有理想職業後，年歲當然不小，遠遠超過男大當婚的年齡，有些人不願娶洋婆為妻，其中原因我們暫不予討論，他們立即在國內請親友物色或登報徵婚，甚至於親自專程回國尋找對象。有的幸運馬到成功，有的經過一番周折後，大多數都能如願以償，興高采烈，攜帶既貌美又年輕的國色天香嬌妻返鄉。——此鄉非彼鄉，而是久居的異國他鄉。開始時燕爾新婚，過著甜情蜜意的新生活好不幸福！無須多久，新娘已成家庭主婦，人地生疏言語隔閡，不能融入當地社會，而且國外生活條件也不似想像中那樣美好，思鄉之情陡增。年長多歲的丈夫為了憐愛嬌妻，莫內何，只得聽從她的要求，將親人自國內接出，首先出來的當然是泰山泰歲，繼而大小舅或大小姨，再後來怎能把侄兒女留在國內，先後一連串都來到家中同住，一大家和和融融樂趣橫生！時間一久問題來了，這也怪久居洋人世界的「黃香蕉」忘了本，不能適應中國大家庭生活方式，失卻了當初小倆口的親密環境，況且正常的經濟條件也不允許如是負擔，弄得華裔

學者或博士走投無路⋯⋯當然，這僅是一個例證，回國討老婆的大有人在，不竟然如此。

同樣在西班牙也有類似的事件發生：主角卻是一位中國天主教神父，他在我抵西的第二年來到馬德里，那時還是修士，在馬德里修道院攻讀神學結業晉升為神父後，一直為教會服務。後來在馬德里國立語言學校中文部教漢語，多年後升任中文部主任，年長退休，享有豐厚的養老金，遂置產安居。雖然神父是方外人，每天做彌散祈禱外，亦有感到寂寞的時候，況且也希望能支持家人改善生活，遂將其侄女接來西班牙，一方面可將之培植成才，另一方面，在生活瑣事上亦稍有照料。誰知侄女來西後，一連串都把家人接來，無形中形成一個家庭整體，融融樂樂，反把做神父的伯父排擠一邊，難怪他感歎道：「好好過著清淨的生活，為何自尋煩惱增加一份負擔，到頭來，仍是孤家寡人一個！」唉！既然是出家人，把生命奉獻給神，就在虛無飄渺中進入昇華的境界多美！

還有，另一個使人聽了哭笑不得的故事：中國有位娟秀的少婦，在國內已婚並有幼兒，出國深造時與其年長的洋導師「相戀」而與其國內「髮夫」離異，繼之與洋教授締結良緣，取得外國國籍，藉洋丈夫的社會地位和影響力獲得體面職業。沒多久後，跨國婚姻的一對主人翁因「性格不合」而離婚。這位外出深造的少婦一旦在異土紮根，便回鄉與曾經離異的老公重婚，將幼兒——這時可能已是少年，一併帶上，闔家和和融融在國外「繼續」享受起美滿的家庭樂趣。可憐的是那位洋教授，到頭來恰似鏡花水月一場空。此非虛構，而是千真萬確的真人真事！

我聽了諸如此類的勸告，雖然感謝他們的善意，卻沒接受，還是執意要和琴組織「忘年家庭」。後來，我曾在巴黎出版的《歐洲晚報》「情感世界」欄目裏看到一篇文章，說是有幾種女

人不能娶回家，不看則已，一看之後，媽呀！琴的德性竟占了報上所說的一大半。

一、洋娃娃型：她雖然不像報上所說「一臉孩子氣」，內心從褒義來講，十分「天真」；若用貶義形容，則是「幼稚」得無以復加。常在無憂無慮做自己所喜愛的事外，喜歡多管閒事助人為樂，往往弄得焦頭爛額不算，反而遭到挨罵。

二、情緒化型：她從小獨立成長，生性好動，如天馬行空不願受羈，也許因為屬猴，就像齊天大聖一樣，成天心猿意馬奇招百出。感情豐富易變，說笑就笑，所哭就哭，好在無心計，任何事講開了事，即使受冤受屈，也不常耿在懷。

三、自戀型：她永遠自滿快樂，自己的永遠是世界上最好的。的確如報上所說：「膽大，虛榮心強，為所欲為」，好在把事弄僵，自有我為她收場。不過，她從未藉「招搖闖騙」而獲取知名度，她目前所享的，都是自己奮鬥所爭取獲得，因此非常自豪。這樣與她共同生活比較愉快，總比一個成天繃著臉，怨天尤人要好得多。

四、女強人型：她毫無「小鳥依人」般的溫柔，對人對事都是那麼剛強，開門見山單刀直入，遭遇困難時，從不向任何權勢低頭。雖醉心於自己的事業，但也未把夫婿置之不理。高興時非常溫順，光火時雷霆萬鈞，會將「川妹子」的辣勁發揮得淋漓盡致！

假如照上面種種標準來考慮選妻，那是交易，哪有愛情存在？丘彼得也不至於蒙著眼睛亂射箭。只要有愛作基礎，互相包容，憂喜同享苦樂與共，否則婚姻是經不起考驗的。別瞧琴那樣傻呼呼的，生起氣來杏眼圓睜，相當唬人。但心地善良，性格爽

直，最重要的還是我倆相愛，任何障礙都可用愛的力量來排除。再有一點，我的年齡與她相距很大，做爸爸綽綽有餘，每當她蠻橫不可理喻時，只當大人不計小人過，一笑置之，稍過片刻也就平靜無事。

假如，有另一套準則來嫁丈夫，我肯定是第一個不合格的人選。別從表面來看，我似乎和藹可親，甚至於有人還說我溫文儒雅，其實，根本不是那回事，我的缺點多如牛毛，思想怪誕得出奇，短期不露馬腳，時間一長便難於隱瞞。世無完人，你果真有機會和一位完人相處，那是世間最痛苦的事，你這也不是那也不是，什麼都是他對，無形中你就低人一等。如果夫婦倆都有缺點，就無須哪一方面去將就對方，相互包涵和容忍是再公平不過的事了。

揚州八怪吾也怪

鄙人不敢與揚州八怪爭奇鬥豔。我只是希望自己能成為一個不正常的傢伙。通常,用「不正常」形容詞來評論是貶義,若有人這樣批評我,我會非常得意,因為,我認為「正常」是「平庸」的代名詞,瞧!哪個著名的科學家、藝術家的行經是正常的?例如,春秋時代老子的《道德經》、揚州八怪之一鄭燮的六分半書、貝多芬的絢麗「田園交響曲」、畢卡索立體派的代表作「阿維娘小姐」、高迪的摩登潮流建築「聖家堂」……等等,都出自一群怪傑不同凡響的構思,假如他們和普通群眾一般正常,怎能創出使人意想不到的不朽之作?

琴終於果敢跳出這個死角,毅然終止了她二十年的無愛結合,選擇了離婚和走上生命的新旅程。她所以走出這步,一部分原因是,當她獲得居留證,有權申請家屬來西團聚時,立即叫丈夫來西,意外卻被拒絕而感心寒,導致了她果斷離婚的決定。

我們決定在本世紀初的耶誕節前夕締結良緣,儀式是在我們曾經初次見面的馬德里「善隱園」中,市政府專為公證結婚所設的禮堂舉行,我們毫不鋪張,未請任何人觀禮,僅有兩位摯友證婚而已。我倆不愛循照一般慣例,新娘穿白色禮服和戴婚紗,新郎穿黑上裝灰條褲的禮服來舉行婚禮。結果,琴穿了一件藏青絲絨旗袍,當然頭髮整理了一下,面部也稍微輕裝淡描了些,說實話,要比那些濃裝豔抹的新娘有品位得多,這也許是情人眼中出西施的緣故;我下身則是條深色西褲,上身穿了件胸前有金色團花的寶藍唐裝,兩人衣裝和色彩倒也調和,並且還十分雅致。

喜宴設於市區一家豪華中餐酒樓，所請的中西好友僅二十餘人，均是琴熟稔的媒體人士和我的電影和建築界的好友。我們為了排除國內的送喜儀舊習，藉以彌補結婚費用，更不願參加婚宴者破費，賓客如能撥冗前來赴宴，對我們來講已是最大的榮幸，故此在請束上特別注明「謝絕禮品和喜儀」，如此，大家在飛觴醉月，喜慶的氛圍中歡度了我們「新婚燕爾」的良宵！

我們的蜜月旅行有是一椿出乎常規的舉措，通常蜜月旅行都在婚禮以後，而我們卻在結婚之前，原因是我們既將舉行婚禮定於耶誕節前幾天，並且琴希望能到名勝古蹟冠全球的義大利一遊，待婚後再去，氣候不但寒冷並多陰雨，不宜外出遊覽，所以我們在初秋隨旅遊團到義大利作為時八天的提前「蜜月旅行」。

義大利航空公司的班級自馬德里起飛，兩小時餘便抵米蘭，遂赴市區遊覽。天高氣爽的清晨，滿街已是車水馬龍異常熱鬧，由於行程計畫僅在該城待留半天，必須盡速參觀經典文物。首先我們去了舉世聞名的主教大堂（Duomo），該建築於十四世紀中葉的哥德式鼎盛時代開工，歷經五百年方完成，因此有的門面卻摻巴羅克式，但其整體，尤其頂端各面高聳雲霄的尖錐，仍保持典型的哥德式，是全球哥德式建築中的瑰寶。穿過主教大堂廣場便是十九世紀所建的艾瑪奴艾萊（Vittorio Emanuel）商場，為了取光，其屋頂均以玻璃覆蓋，氣勢雄偉，不愧為歐洲工業發展時代的鋼鐵結構傑作。

午後向威尼斯方向進發，途中在維若那（Verona）歇足兩小時，藉以參觀莎士比亞名著《羅密歐與茱麗葉》中女主人翁的故居。慕名去的遊客摩肩接踵擁擠不堪，這座十三世紀留下的民居，設想是當年名門旺族的府第，但並非雄偉堂皇。臨院的二樓伸出一座小陽臺，想必就是羅密歐攀登上去和他情人幽會的地方。其實，莎翁當初僅僅選取早年卡布萊蒂（Capuleti）和蒙德

基（Montecchi）兩家世仇子女相戀，繼而造成悲劇結果為主題而寫的故事，多處情節均為虛構，連他本人在撰寫該劇本時，從未到過故事的發源地，至於那座古老民居是否嫡系茱麗葉‧卡布萊蒂的世家都成問題。有趣的是，院中豎立一座茱麗葉的全身銅像，遊人搶先與之攝影留念，茱麗葉的面貌娟秀身材婀娜，但均稱的乳房卻被摸得光滑發亮，殊不知那些「多情」的遊客居心何在？

傍晚時分，我們抵達威尼斯的近郊旅館歇宿。翌晨去水城乘遊艇在長達四公里的大運河遊蕩，兩岸林立的古建築、美侖美奐的聖馬可（San Marco）廣場和教堂盡收眼底。上岸後，我們在被譽為全球最美的聖馬可廣場露天茶社，享受了聞名於世的義大利霜淇淋，不知是否因為麗人陪伴環境優美，一切感受均倍覺怡情。

夕陽西下，水天緋紅一色，琴與我首先在河畔酒家晚餐，飯後沿岸漫步，這時天已垂黑，水上汽艇燈火在水上劃過，如天空流星，貢朵拉船夫的抒情歌聲委婉抑揚，置身其中宛入仙境。

繼之，向義大利文藝復興搖籃的佛羅倫斯上路——這是依照英語音譯，義大利語該是費任栽（Firenze）。途中經過巴都阿（Padua）小歇，順便參觀了一座十三世紀初的古教堂後，便直接到建築中力學瑰寶「斜塔」的所在地——畢薩（Pisa），斜塔週邊各層建細柱券門非常特致美觀，該圓塔開工於十二世紀初，直到二百年後才結束。高度達六十米，頂點到塔根的垂直差距竟達五米，可見其傾斜度之巨委實驚人！由於地質緣故，傾斜日鉅，為防止倒塌，已用巨鐵索在傾斜反方向將之拉住。

在佛羅倫斯下榻於「地中海飯店」，是全程最舒適的旅館。琴向我耳語：「這是我畢生最奢侈、最愉快之旅！」我答稱：「只要我一息尚存，願盡全力讓汝無愁無慮，快樂過著你最喜愛的寫作生涯。」

佛羅倫斯是全程中的旅遊重點，我們在那裏待了兩天有餘，

因為該地是義大利文藝復興的發源地，所以到處都是藝術史中經典文物，此外，各教堂和博物館中的珍藏藝品，真是美侖美奐應接不暇。最值得一提的是，在聖十字（Santa Croce）教堂中，存有義大利文藝復興巨擘遺體石棺，米蓋郎基羅大師的石棺也供奉於斯，當眾人到此石棺前，都肅然起敬。

由於風雨和污染能使大理石侵蝕，所以許多露天雕像均系複製品，例如在藝術學院門前米蓋郎基羅代表作之一的大衛雕像也是複製品，原作都被珍藏在博物館和文化機構內。

到終點站羅馬的途中，經過西艾納（Sienna），那座小山城古樸典雅饒有風味，絕大多數的建築都是十二到十六世紀留下的古物。最有特色的是，古城中央的「賽馬場（Piazza del Campo）」，每年一度，身穿中古服裝的騎士，跨上彩批的駿馬，揮著家族的彩旗，在廣場賓士競技，可惜我們無緣逢上，否則亦可大開眼界矣。

在羅馬的兩整天是自由活動。琴和我除了遊覽了必看的古蹟：鬥獸場（Coliseo）、狄托門（Arco de Tito）、大競技場（Circo Máximo）、羅馬市政區（Forro romano）……等等廢墟外，最主要的還是樊蒂岡（Vaticano）教皇國中的聖彼德教堂，站在貝你尼所設計的橢圓形回廊中央，仰望米蓋郎基羅的巨大無比的教堂圓頂，氣慨萬千，使人震撼不已！

在羅馬市區有座十八世紀新古典格式的特萊威噴泉（Fontana Trevi），它之所以聞名於世，據說遊客在那裏背著噴泉將硬幣投入水池，便能再次回到該處。

最後一天清晨，旅行團集體到Fiomiccino機場，還是搭乘意航班機飛回馬德里。當飛機慢慢上升時，遠遠望見羅馬被旭日照耀得恰似鍍了金，一股惜別之意不由湧上心頭，遂輕輕哼出用意、英、西、法語說「再見」的惜別歌曲：「Arrideverci Roma! Good-bye, Adíos, Au-Revoir!」來辭別那座令人畢生難忘的古城！

五尺男兒被紅顏折腰

　　我們婚後的感情愈加增進，一來因為琴徹底放棄了原有家庭的關係，當然，她對兒子的眷念和關懷永未間斷片刻。二來，她心靈上有了踏實的歸宿，雖然婚約僅是一張紙，不能保證未來的變化，但如今我們至少是名正言順的夫婦，在法律前有保障，出入在社交時身分也比較明確。

　　還是那句老話，我比她年長多歲，我們之間的感情比較複雜，像師生、像朋友，像父女，其實是夫婦。因此琴在寫作時或初稿完畢時，常讓我預先過目，新書出版前讓我校對；生活起居方面她卻照顧我得無微不至，由於琴年輕，我們同去超市買菜或旅遊時，她總是搶著提比較笨重的包箱等物件，這在西方是一個反常現象，通常都是男人為女士服務，常使我十分尷尬；而我對待她則憐愛得無以復加，在任何事情上，只要不違背道德和法律的大原則下，她說什麼要什麼，都儘量滿足她的願望。要夜間的星星，我會上天為她折下來，要美豔的瑪瑙翠玉，我會上山為她開採，要鮮紅的珊瑚，我會入海為她打撈……可是，諸如此類的珍寶，琴一概不稀罕，她所要的是我對她的的關懷，我的愛。在數不清的興趣上我倆有共同言語，往往晚上就寢後，我們擁抱著撫愛著談到深夜，有時直到次日凌晨兩三點鐘，我們互相傾訴，有說不完的話。在我這方面要感謝老天，記憶裏，一生未受過多少折磨，一帆風順至今，向她所描繪的都是些絢美的過去和綺麗的童年。琴則不然，通常，她所敘述的坎坷平生比我要多，由於生活的時代和環境不同，她雙親加上姐妹七人一家九口，當父親

被批判遣做苦工，報酬微薄，母親無力贍養諾大家庭，將她姐妹分送各地親戚家過活，因此琴的童年是在河南老家度過，青年時代，又下鄉當知青，這些遭遇後來在她的《田園牧歌》中，用生動樸實的筆觸，描繪得非常感人。在她親口向我娓娓闡述時，有時難免潸然淚下，我會及時吻她的面頰，用舌尖舔乾她微鹹的淚水來安慰她。

另一角度來講，與琴共同生活，徹底改變了我的人生。之前，我的亡妻娥笛是西班牙人，我工作時的夥伴都是歐美人，我活動的範疇是西方世界，即使有時也參加過中國使館和僑團所舉行的活動，那是微乎其微的極少次數，在西歐半個世紀一來，幾乎和中國的傳統文化完全隔絕。自從結識琴以後，她的執著進取沖淡了我的踟躕頹廢，她的毅力豪情，消弭了我的懶散淡漠。見到她日以繼夜地無間寫作，不斷向華文報章發表各式文章，每一兩年出版新作，感染了我恢復寫作的興趣，因此，不時亦撰文在報刊披露些理念和觀點，設若琴未走進我的生命，我絕不會有執筆撰寫這本回憶錄的開端，人生觀也因她擴充了新的視野。

畫眉深淺入時無

洞房昨夜停紅燭，待曉堂前拜舅姑。

妝罷低聲問夫婿，畫眉深淺入時無？

　　結婚後的次年，琴和我終於雙雙回到她的出生地，同時也是她父母姐妹的家園──四川江陽，所幸「醜女婿」首次見到丈人丈母和大小姨，他們都似乎都沒有失望，對我表示十分好感，予以熱烈歡迎。繼爾三日一小宴五日一大宴，招待得我實在招架不住，況且，在三複天的那些火鍋、回鍋肉、怪味雞、豆瓣魚、擔擔麵、泡菜……等，為我江蘇人來講，哪樣不是麻辣得進不了口！還好，在濱江路下麵沿長江的鮮魚攤販酒家的脆皮魚，和江浙的糖醋魚相似，還有不加作料的白切肉、不加辣的「豬兒粑」和各種餡的「抄手」，均是非常可口的佳餚，否則在全國聞名的正宗川菜家鄉度假兩月，體重起碼減低兩三公斤。

　　江陽的確是座美麗的酒城，當你一進到它的地盤，立即會聞到「老窖」酒廠散出的芬芳酒香，百子圖、濱江路，都是夜晚休閒散步的絕妙去處，那裏茶館酒肆、咖啡關館音樂廳林立，無須進入其區，遠遠即可聽到悠揚的樂曲和清脆的麻將聲。

　　當我一跨進這座城市就愛上了它，人口不稠密的清潔安靜，長江和沱江在那裏匯合，清晰可分辨一混一清的分界線。凡是有河流橫貫的城市，有它特殊的風姿，如塞那河之橫貫巴黎、泰晤士河之橫貫倫敦、多腦河之橫貫布答佩斯、達荷河之橫貫里斯本……雖然它的繁華還不能和上述都會媲美，愛清靜的我，卻希

望在那裏有個落腳點。我本欲在北京花家地購置一所價格百萬餘非常漂亮的公寓住房，到了江陽，琴帶我物色到環境極佳，面臨長江的電梯樓房，其價格僅合北京所看到的僅四分之一，我不加思索立即將之購下，作為送給琴遲到的婚禮。那套躍式樓房面積有一百五十餘平方米，三房兩廳，兩浴，一廚，為我們夫婦兩人十分寬敞。可惜中國出售的新宅均是所謂的「清水房」，無法立即搬進居住，只得等回馬德里精心設計後，次年專程到江陽施工裝修。這樣也有它的優點，可讓屋主照自己所愛的風格設計，我們所選的是微帶「裝飾藝術」意味的直線條設計，摒除一切無須有的浮華裝修，爽朗明快清潔俐落，連所有傢俱都特別設計，用香樟實木訂制與全局配合，融為有機化整體；牆上則掛以從西班牙帶去我的抽像油畫和一些歐美博物館世界名畫展海報。此外，根據琴的意向，在不下五十平方米的大廳一隅，安置了一座吧台，壁架上放上了很多國產和世界名酒，那些不同品牌式樣各異的酒瓶，不失為美妙飾品。由於該單元位於第十三層，捲簾遠眺，半廂城廓江景盡入視野，好不心曠神怡！

一個暮色將垂的傍晚，我們和親朋在江畔小吃，閒情逸致逍遙至極，遂索紙筆，即興將感觸記下：

美酒飄香笑聲高，
荔枝桂圓爭風騷；
長沱兩江匯流處，
魚鮮酒醅姣娃笑。
驀抬頭，
月上柳稍，
流連忘返神魂銷。

罷了，罷了！
天上人間，
何容再找？

有一陣蜀中多雨，連日淅瀝不停，不宜外出遠足，心底悶得發慌，等得片刻雨歇，外出散步觸景生情有感：

雨細霾低無限愁，
長劍難斬心底憂，
閒踏黃榔葉上游。
一籌莫展，
一籌莫展，
思悠悠。

釀盡長沱兩江水，
醉臥窖底君莫愁，
人生能享幾度秋？
壯志未酬，
壯志未酬，
待從頭！

我們既然在江陽有了落腳點，每一兩年必回國省親和旅遊。由於我弱冠離家赴歐，國內僅到過江浙和安徽的少數城市，中國疆域之寬闊，有遊覽不完的旖旎景色和習俗各異的民情風光，我是婦唱夫隨由琴選擇旅遊路線，計畫每年到一個地區觀光。重拾兒時未了卻的大好河山之夢遊……

伊住長江頭，君住長江尾

琴斯之江陽住長江頭，君斯之南京住長江尾。

一年，聽說綺麗絕倫的三峽，為了解決民生問題和提高生活水準，政府欲在該處建造工程極其浩大的水壩，將宜昌上游水面提高一百七十五公尺，我們揣想果真如此，將來的峽面肯定增寬，兩岸的山巒自然也因之變矮，絕會失卻原有的雄偉氣魄；於是，琴和我立即赴重慶自朝天門登游輪沿長江而下，船至瞿塘峽前，兩岸山勢開始陡峭，繼而懸崖削壁、淺灘急流愈甚，蔚為壯觀。夜泊白帝城，讓遊客攀板梯和石級而上，我遂憶及李白的七言絕句《早發白帝城——下江陵》中所詠「兩岸猿聲啼不住」。翌晨，江輪繼續順水而下，我一直側耳聆聽，並舉目仰望兩岸山林，的確有時看到似有猢猻數隻跳躍林中，但從未聽到一聲猿啼，很可能自唐代至今，一千多年間，喧囂的人們和江輪，早把猿猴趕跑，如今我們無法再看到它們的蹤影和聽到它們的啼聲了。

途中經過酆都，琴和我租了計程車盤旋而上，鬼城中殿堂樓閣非常巍峨，地府閻殿中，黑白無常牛頭馬面，青面赤髮的差役，個個猙獰凶煞，十二層地獄中各種極刑，應有盡有。琴和我看了那些五彩繽紛的泥塑雕像，不但毫無恐懼感，反笑世人怎會跟從此等愚昧迷信！

船至巫峽，遊人上岸改乘小艇進入小三峽，支流水色遽變碧綠，清澈見底，風格無大三峽險峻，但愈加秀美！然後經西陵峽至宜昌大壩，亦是夜晚，壩上正在日夜趕工，燈火鮮明。江輪進入水閘，然後放水將水為降低再駛入下游長江，饒有趣味。使我

記起過去在上世紀六十年代初乘遠洋巨輪，自法國馬賽起碇橫渡地中海後，穿過蘇彝士運河再入印度洋時，也曾有過如此經驗，但不知怎的，感受沒有這次明顯，可能因巨輪噸位過高的緣故，致使旅客不能感受到輪船所浮的水位之升落。

進入江西省境經過廬山時，江輪不能不停讓旅客上岸，一看廬山真面目，這座自古到今，已被文人騷客寫盡詠盡的群巒，當然有它的迷人之處，不過我們像趕集似的在半天工夫裏，匆匆忙忙能欣賞到什麼？只能在那裏留影幾張，將來與親友閒談時說道：「我也曾到過廬山」而已。不過，那次我們倒攝下過去人們從未談到的一張奇景，那是最近一位記者發現的，在某處某一角度遠眺五老峰，簡直就是毛主席的側面頭像，這樣看來，毛主席真是中華天朝的真命天子，否則如何會將其側面剪影亙古萬年留在秀麗無比的廬山!?

當江輪途經岳陽時，約停泊兩小時，讓乘客上岸參觀市容和登岳陽樓遠眺洞庭湖煙波浩瀚。再順水東駛經安慶蕪湖直達南京，中途未曾在任何碼頭停泊，我們在船上起居共花費五天五夜方抵目的地。當江輪靠岸時，遙見姐夫胡章南與其子蔚嵐已在碼頭等待。那次我們放棄在空中乘飛機，在陸地乘火車或長途汽車的用意，是乘遍國內的交通工具，在水上乘船到達南京省親，同時可觀賞舉世聞名水位尚未增高的三峽風光。

姐姐和丈夫住在南京草場門兒子蔚嵐家，他們為琴和我在鄰近找了個招待所住下，假如不外出參觀，早晚便到外甥那裏用餐，藉此敘舊。我每次回國都會到南京轉一圈，所以那裏的名勝古蹟瞭若指掌，琴從未到過江浙，於是我便為她做起導遊起來。如果外甥蔚嵐有空，我們也邀他帶媳婦董玉陪伴暢遊「江心洲」、逛夫子廟、光顧大排擋，原來我對小吃的興趣，遠遠超過整桌宴席。在此期間。蔚嵐還陪我們去了距離南京城較遠的棲霞

山，那裏的寺院中有座十世紀南唐時代所建的舍裏塔，系用石料仿照木結構而築，五層塔簷之間雕有石龕和佛像，讓我們能欣賞到非常精美的千年文物，實是幸運。

在南京待了五六天，我們便乘滬寧線火車赴滬，但每到中間名城，決不放棄遊覽的機會：到鎮江，嘗肴肉上金山寺看看當年法海和尚鎮壓白娘娘的所。到揚州，遊「瘦西湖」和「個園」，少不了還去「八怪博物館」，可惜裏面無論金農或鄭板橋等大師的墨蹟都是影印複製品，有點煞風景。

到無錫，我們首先去了寄暢園和惠山公園，寄暢園是我對江南園林中特別賞識者之一，不但其佈局疏密得宜，並且借景錫山龍光寺之寶塔為背景而巧設庭院，實得天獨厚外，還具慧眼。提到錫山，使我幼時聽到先父提過的一副有關無錫的佳句對聯：「無錫錫山山無錫　平湖湖水水準湖」。惠山公園依山構成，佈局則以山勢起伏轉折為主，尤為有趣，登「雲起樓」舉目眺望，全無錫景色盡收眼底。半山並有甘泉，譽稱「天下第二泉」，先父諱「馥泉」，不知是否因此而取名？

琴遊蠡圓和黿頭渚首次欣賞到太湖的浩瀚煙波，歎為觀止！我前次去了漢城、唐城，還有拍水滸電視劇的水寨，這次我們沒去，我告訴她那些佈景搭得非常虛假，用材也簡陋之極。離開無錫前，我曾帶琴到祖墳掃墓，同時探望一下墳上的狀況，是否有無損害，同時也讓琴看看張家祖宗埋葬的地方，至少她也算是張家的一員。

抵達蘇州，虎丘和園林是不可或缺的景點。談到中國園林藝術，必須提到與世界園藝有別者，是「疊石」這是術語，通常稱做「假山」。為中國造園三大要素之一，因為一是花木池魚，二是亭臺樓閣，三是調劑於上述二者之間的疊石。我是極其醉心於自然生態者，對「假山」此詞不太喜歡，由於一概對「偽造品」

有成見。我認為尋找和選擇千姿百態如藝術品的奇石，來緩和與點綴自然的花木池魚和人為的亭臺樓閣，是別具匠心的設計，如鄭板橋在其書房前栽上疏竹幾竿，旁置頑石數枚，是如何富有畫意的境界。如「環秀山莊」和「獅子林」以石為勝的假山，如果說是「巧奪天工」，如果說是「玲瓏剔透」，如果說是「罔如迷宮」都言之有理，若就美觀理念而論，在一廂疊懸崖削壁，或淺灘石磯，不障礙園景宏觀頗有效益，若抵於廳堂前遮掩視線天日，則不敢苟同。愛石，是中華民族特有情操，後傳至高麗日本。甚至於古時奇章之嗜石，不以其可遊，而以其可伍，是以生命與石矣。北宋米芾呼石為兄，繼而下拜，是予石以人格矣。彼等所愛所敬之石，不是假山，而是天地靈氣結晶之頑石！

即使沈三白在其《浮生六記》卷四「浪遊快記」中謂：

> ……吾蘇虎丘之勝，餘取後山之千頃雲一處，次則劍池而已，餘皆半藉人工，且為脂粉所汙，已失山林本像。……城中最著名之獅子林，雖曰雲林手筆，且石質玲瓏，中多古木，然以大勢觀之，竟同亂堆煤渣，積以苔蘚，穿以蟻穴，全無山林氣勢。

最後，他還謙遜說：「以餘管窺所及，不知其妙。」由此可見凡仿自然人為者，多不可取，可能我也是和沈三白一樣，管見所及沒有欣賞那些假山的意境。

此外，我每到蘇州，不會錯過品嘗那裏所烹飪的「松鼠桂魚」的機會，不知怎的，在別處吃到的那道菜，就是沒有蘇州的地道。

抵達上海，那裏有摯友吳繼聰女士陪伴到城隍廟溜達了一圈，品嘗了那裏的小籠饅頭和湯包。但是，那次沒有吃到地道的

「生煎饅頭」是件憾事。我對友人常謂，在記憶中我認為最好的美味，如今回鄉再品嘗時，並不覺得怎樣。惟有無錫的「八寶飯」、蘇州的「松鼠鮭魚」和上海的「生煎饅頭」三樣食物百吃不厭，走遍全世界，對我來講，從來沒有任何食品比得上它們鮮美。

逛霞飛路——不，如今換了路名，是淮海路，遊外灘，是我倆獨自行動。過了黃浦江到浦東開開眼界，琴要登「東方明珠」欲窮千里目，我沒有陪伴，我不太喜歡「東方明珠」的造型，那些球形和那些粗柱的組合是那麼不協調，當然這僅僅是我個人的觀點，見仁見智，不能作準。對國內一些豪華住宅也有著同樣感受，我們曾去一座出售的住房大樓時，室內裝修還可以，只是大樓進口門廳的設計和裝潢俗不可耐，仿法國路易十六的沙發，木結構白漆上的金色花文和線腳是用金漆塗描，而不是用金箔貼制。此外，牆上掛了一幅西方宗教內容巨畫，看上去就有點不對勁，走近細看卻是張相片複製品。況且，那些公寓的售價簡直唬人，竟高於歐洲。

琴一旦回國，總有那麼多事需要處理，在國內一待就是好幾個月，我嘛，在國內多待幾天，不知何故，就是不習慣，成天想回西班牙。多少次我自中國回西班牙時，很少同機而歸，不是在北京就在上海分道揚鑣，她飛江陽，我飛馬德里。通常，琴總是較我提前一兩個月自馬德里回中國，同樣遲一兩個月返西班牙，我獨自在家生活上毫無問題，附近超市里各色用具和食品應有盡有，還有多種熟食，我經常一兩星期都不「開夥」，照常過得自由自在，除烤牛排外，都是冷食，冷莎拉和冷湯是我經常的頭道菜。不過，她每次離家前，總怕我受饑，包了大量餛飩和餃子放在冰箱冷凍就緒，以便我隨時食用，就差了做張大餅套在我頸上，以防我成為餓殍。

琴有一顆無限愛心，她自二○○○年起，便不斷將售書所得幫助國內貧困學童，不管自己是否勝任，還付出很多精力和時間，多少影響了一些我們正常夫婦生活，對此我並不在意，反而對她更加賞識！琴在西班牙發起「奉獻愛心──圓孩子一個夢」讀書工程，向諸多好友募捐了一筆款項，與河南豫東一座鄉村小學聯繫，以西中文化交流名義為他們創辦了一個圖書館，捐贈了三千多本兒童讀物以及她所寫的書，並且還定制了書架、書桌、板凳。舉行開幕典禮時，當地政要縣紳和兒童家長踴躍參加，鑼鼓喧天爆竹齊鳴，熱鬧異常！目前，她又在發起什麼助農建設活動，為雲南「愛滋病」再生廠購置醫學書籍，似乎已募捐到相當數目，她的這些「慈善活動」我通常不大參與，僅掏腰包贊助少許，意思意思。

　　琴不計在國內或其他國度，每次旅遊後，便日以繼夜不斷將遊覽心得，以遊記或散文方式詳盡記錄，然後整理成書。她自處女作《地中海的夢》之外，至今已出版了《異情綺夢》、《浪跡塵寰》、《田園牧歌》、《天籟琴瑟》、《琴心散文集》諸書，其中有的還出不同版本和西文譯本，平均每年都有新書問世。她並且還到中外各地親自參與首次發行儀式並簽名售書，將所得悉數捐助發展國內貧困兒童就學事宜，於是各地方媒體為之大肆讚許，因此，琴的知名度與日高升，無論在馬德里還是四川瀘州市政府外事辦主任的宴席，電視臺文教節目的採訪，河南開封、洛陽藝文協會，以及北京香山的文人活動所發的請柬和邀請函上，封面抬頭都是「張琴女士暨先生」，於是在國內我成了名副其實「婦唱夫隨」的附屬品，這對我來講毫不耿懷，我會心甘情願在幕後支持她成功，出人頭地。

華夏之源泉

　　中原乃華夏文化的發源地，琴之所以保留著自然原始的秉性，與這廂文化是分不開的。可惜的是多少人早已，喪失了人性的根本。

　　一年，琴到老家開封舉行其著作發行儀式，由於我從未到過中國中原地帶，遂陪她同去，順便可欣賞華夏文化發源地河南陝西等省的名勝古蹟。

　　抵達開封，我們在河南大學外籍教授招待所安頓妥當後，隨即去附近的通許縣翟崗村，那是琴在中國困難時期被送至老家安度童年的所在。那天正逢雨後不久，朋友送我們的車開到村口，只見泥濘不堪的狹窄小道不肯開進，我們只好脫鞋一手拿著，一手提起褲腳，如履薄冰般一步一步選地而行，幸虧村子不大，頃刻便到琴的「啞巴叔叔」家，那是前有小院內分三間的農村平房，小院的右端搭棚是放置農器的雜屋，左前角則是茅廁，正如琴在她《田園牧歌》中所描繪的一模一樣，不過比我想像中的環境要差得多。琴和她叔叔嬸嬸沒談多久，留下一點人民幣聊表心意，然後和鄰近鄉親寒暄一番便離開了那個日夜懷念的村落。琴感歎著：「這個小村，自我離開至今已三十餘年了，怎麼沒有任何改善？」

　　我們在開封熱鬧地將新書發行儀式結束後，即開始豫陝之遊。有時參加旅行團，有時私包計程車，後者較貴但自由得多，每到一處不受時間的限制。那次所到的旅遊重點，在河南省境內。

開封的佑國寺鐵塔，十一世紀初宋代慶曆元年所建，系八角形浮屠共十三層，被稱之為鐵塔，其實非鐵而是用磚所造，由於全部用鐵色琉璃磚覆面，看起來猶如鐵造。

洛陽的白馬寺離城不太遠，被稱為華夏第一寺，現今的寺院已是明朝洪武年間所重修者，根據該寺史所載，漢明帝時，有西域僧人名摩騰竺發蘭者以白馬將佛經載至當是的鴻臚寺，為紀念白馬千里迢迢將佛教經典載到洛陽，遂將該寺取名「白馬」。

洛陽的龍門石窟是與蘭州的敦煌、大同的雲崗、天水的麥積山、重慶的大足等石窟齊名，諸崖洞佛龕中的雕像，我最欣賞的是唐代奉先寺的九尊雕像：計本尊佛、兩側脅侍菩薩、迦葉、阿難、金剛、天王等，每尊表情特性化，尤其是中央的本尊Vairochana大佛，面貌莊嚴智慧、溫厚和藹，是初唐將西域傳至中原健陀羅Candara佛像嚴肅表情轉變的特徵。例如，觀世音Avalokitesvara菩薩在印度諸佛中原是男性，傳到中國，由於慈祥為本，聽眾生之音而被化為女性。當我見到那些佛像時，似乎久別的好友重逢，因為，早在畫冊和記錄片上，不知會了面了多少次。

嵩山的少林寺，是印度高僧達摩Bodhi Darma在西元第六世紀初從海上東度到中國闡釋佛教教義，並始創禪宗的所在，此段歷史通常鮮為人知，但聞名於世卻因其武功所致，況且，近來少林武僧不僅在國內，尚在全球各地表演，美其名是發揚中國武術，宣傳效果赫然，不管在國內外都掀起少林武術熱潮，結果嵩山少林寺練武廳容納量有限，只得在附近多設武館授武，聲名大振。自另一角度來看，出家人變成入世武師，況且，佛教禪宗的修身特色是禪定頓悟，滌盡塵世七情六欲，淨化心神以備來日圓寂進入涅盤境界。

當我參觀少林寺的五百羅漢堂時，設有籤台，如果要知道你的前身為何，只需拿張籤條，根據籤條號數開始，挨著一尊尊羅

漢去數，數到你的年齡數，你就是那尊羅漢的轉世，然後再到簽台向和尚索取解簽，看運氣好壞「捐獻」香錢。我認為遊客參觀一處名勝或古蹟，這些文物固然需要維護，收門票至情至理，如藉迷信來誤導「善男信女」，此風似必杜絕。

最後，我們還意外獲得一項難得的機會去唐僧玄奘家鄉觀光，古時叫偃師，現今是洛陽縣東部的陳莊，因為唐僧俗姓陳名褘，出家後法名玄奘。該處所幸尚未開發為旅遊勝地，故一路保持鄉村風味，狹窄鄉間路旁，均是回民住宅，其特點是每家都將門頭高建，裝潢得富麗堂皇，有的除漢文外，尚有回文聯區，非常美觀。為紀念這中國第一位留學生和佛學博士，在其家鄉陳莊修建紀念館——不能稱之為廟或祠堂，僅是一座三間大的廳堂，中間供奉玄奘坐像，壁上有自其離開大唐前往西域，途經各國到達天竺習經，並取經返天朝的故事繪畫，還好，未將同行護衛的孫悟空、豬八戒、沙和尚三弟子一併畫上，否則會減低其莊嚴的歷史性，但是，若以旅遊觀點著眼，肯定更能引起遊客的興趣。根據目前國內旅遊事業的傾向，很可能有朝一日，會將上述最吸引人的三位傳奇「人物」添進畫面。

陝西是春秋戰國諸侯紛爭地區，所遺留下的文物古蹟是我國之冠。到了西安，首先前往瞻仰的便是風靡全球的秦始皇冥軍「兵馬俑」，毋容饒舌，一見之下使人震驚得汗毛直豎，歎兩千餘年前古人技藝之高，氣魄之雄偉竟臻如是境界！

再看到長安市慈恩寺的大雁塔與大薦福四的小雁塔，兩塔均用磚料仿木構建築建造，方形，是唐代建築物樸實雄偉風格。相反，構想中的秦陵內部，幾曾花費鉅資，建成那般花裏胡哨如兒童樂園般的場所，實是設計上的極大敗筆，居然還自豪將之展予國際遊客，想我數千年文化之精華，竟以如此幼稚粗拙方式顯示，我十三億人口文明古國的藝術底蘊何在，真為我旅遊業汗顏！

最令人不解者，由於發展旅遊，只要逮到一項歷史典故，便別出心裁製造景點，居然在陝西臨潼東面，據說即是當年項羽紮營的新豐鴻門，虛構了一座簡陋廳堂，還畫了大幅壁畫，顯示項羽邀劉邦赴會的鴻門宴上的景象，甚至於滑天下之大稽，還杜撰了一份宴席的菜單。

巴蜀滇貴之旅

　　今生，沒有想到與四川會結下一段姻緣，而且時值晚年才遇到琴，想必很難去到西南邊陲，觀賞到那裏的自然生態景觀。每次回瀘州探親，我們都從容到四川境內各景點溜達一翻，諸如立石、堯壩、福寶等古鎮，這一些曾去了都江堰、三星堆、峨眉山、大足石窟、樂山大佛……等旅遊勝地，從外省踏進四川，你立即會感覺到別有天地，我們尚有很多旖邐美景還沒見到，甭急，有的是時間，別忘了那裏我們有家，隨時隨地無須折騰，就可做兩三天旅程節目的遊覽。我最嚮往的是，去拜訪那些憨厚可愛的動物瑰寶——大熊貓。

　　去年，也就是二○○六年夏天，我們完成了盼望已久的雲貴之旅。

　　雲南麗江的古鎮已被榮譽納入世界人類遺產之列，石板窄街，古典店鋪夾道，若非裝潢耀眼，商品花裏胡哨，把原來古樸鄉土氣氛摧殘殆盡，的確堪稱現代鄉鎮中少有的瑰寶。我最不能接受的是，緊接古鎮進口，就是車水馬龍極端喧囂的鬧市，和古鎮中的擁擠不堪的人海連成一起。為何不將現代的繁華與格調淳樸的民間集會中心隔開遠離，將百年前模樣保存下來，讓工作於現代化都市的居民有個探幽的境地？

　　同樣在麗江附近，有個名叫束河的古鎮，裏面老區民居街道雖經整修，但多少還保持原有鄉鎮面貌，漫步其間，會剔除一切由城市喧囂所產生的煩惱。即使所擴充的新區規劃和建築，也模仿過去風味，絲毫不感格格不入，小溪穿鎮而過，楊柳岸酒肆商

鋪林立，斯晨抵達那裏，濛濛細雨遊客稀少，我們疑是身處世外桃源。

最後值得一提的是，貴州赤水旁的丙安古寨，它和上面提到過的四川境內的幾個古鎮石立、佛寶、堯壩一樣都保有古風，是政府主管明智有品位，還是沒錢開發？

丙安古寨所以叫「寨」，因為它位於旁水的一塊巨崖之上，無公路可通，只能藉河道抵達，攀緣石級而上，現今為了居民方便起見，已架有索橋通行。當初紅軍四渡赤水就在此地，山寨同其他古鎮相似，只有一條石板長街，所有民居幾乎保持原樣，其中尚有當年紅軍駐紮該寨的總部，供遊人觀賞，據當地居民稱，為了更能吸引遊客，系後來所佈置，當年根本子虛烏有該紅軍總部。

至於石立、佛寶、堯壩幾處，雖然已漸成旅遊點，居民仍和過去一樣照常生活，並未因遊客而破壞舊日的古樸。石立的百年酒窖，佛寶的典型巴蜀穿鬥結構建築，尤其是堯壩，其鎮容保存得非常完美，曾經在這座古鎮中，還拍過一張非常有名的影片——《大鴻米店》。此外，據說該鎮還是名電影導演凌子風的故鄉，歷年來，他不遺餘力保持了古鎮的古樸面貌。不似幾年前，我們曾經住過幾宿的蘇州水鄉周莊和同裏，那裏如同雲南麗江和大理附近另一座古鎮一般，商賈氣氛太濃，將古鎮原有的簡樸幽靜取代無遺。

有文化底蘊的民族，才會珍惜他們的文物和古蹟，假如一件經過歲月洗禮的文物，它的表面呈現著斑斑滄桑痕跡，那是非金錢可以獲得的美感，若將之磨洗乾淨，或塗上顏料，使它煥然一新，那便把它和時光流逝的關係消除殆盡，這件文物哪有應有的價值可言？發展旅遊固然對國家和民生經濟有密切關係，試問，將過去文化所留下的歷史面貌，無從再現地予以摧毀，是否值得？

三、尋覓天堂的鑰匙

〈關於愛〉

一夕

天愛上了海

可是空氣把他們阻隔了

他們無法相愛

於是天哭了

淚水落在海裏

即使不能相愛

天也要把靈魂寄託給海

從此

海比天藍

愛的演繹

　　親情是命數中註定的，情愛是由緣而結慢慢培養起來的；從個體生命到小家庭，宛如滄海一粟，最終匯成大海；一個國家一個民族正是這樣誕辰的。

　　完美的愛應該是大愛。

　　二〇一三年二月二十六日（陰曆正月十七日）凌晨六點五十五分，吾所愛戴的夫君米格爾‧張永遠離開了這個世界。在痛失夫君、父愛、尊師、摯友之後，原本已經對外公佈封閉內心世界，在百日「守孝」不再書寫一個文字。可在短短幾天時間內，收到來自世界各國文學朋友們的祭奠和安慰，吾受之動容，人在活著的時候，總該好好活著，不為自己，而為那些愛你的人。

　　吾將化悲痛為力量，將書寫「百日祭文」，以此緬懷米格爾一生對藝術對人生完美的追求，以及留給世人偉岸的身軀，高風亮節淒美的故事……

　　三月一日下午從公共郵箱空間裏，看到了歐洲作家協會朱文輝會長在二月二十八日，寫給全體文友，對吾夫君米格爾的懷戀和追憶哀悼文章。同時在「文心社」也看到了這封發自蘇黎世的祭文，以及各位文友對夫君的哀思，還有對吾的安慰。除了感動並發自內心的感謝之外，我沒有一絲心情一一回覆各位。

　　之前，吾已經做好打算，在「百日守孝」時內，封閉自己內心世界，不再書寫一個文字，並在博客裏公佈了這一資訊（還是

不相信夫君離去而去坦然面對現實）

　　四天三夜，吾逼迫著自己能看到夫君，尤其是晚上多麼渴望在夢中見到他，可是什麼都沒有。我的心坎宛如被插上一把匕首疼痛不絕，食不進，寢不安，沒有一點點心思想去做什麼。幾天來，朋友來家陪伴，但等她們一一離開，我獨自徘徊在房間裏，真不知道自己究竟要去做什麼。想必，夫君之所以未入夢沒有回家來，一定是自己那些地方做得不好，留給他不少遺憾，心中發出一百遍懺悔，以及對夫君的負荊，是啊，生前沒有好好照顧他。

　　今天凌晨吾終於夢見夫君回家來了，與平常一樣他進到廚房早餐，我馬上拿起手機一看，正好是二月二十六日凌晨六點五十五時夫君離世的時間。那一瞬間，吾心一下釋懷得真不知道是悅還是泣，躺在床上哭喊著：Papi，你終於回家來了，你沒有拋棄我，更沒有離開這個家，今後我們還會在一起彼此不再分離！從那一刻開始，我似乎又看到了生活的希望，心靈深處又有了新的寄託……之後，壓抑窒息多少天的情感頓時化為一股力量：馬上起床打掃衛生，像以往一樣清理好房間，餵好兩隻可愛的小貓，等待著吾Papi在新的一天一如既往生活在這溫馨舒適的環境裏。隨後的日子裏，我將書寫「春寒料峭二月風」，告訴世人吾夫君永遠是一個值得尊敬的好人！因為有那麼多好心人在緬懷他！

日誌・春寒料峭二月風

假如眼淚
真能搭起通天的梯
假如思念
真能鋪成上天的路
我們希望藉此步入天堂
把您再帶回家來

有一種懷念
無限時間的提示
有一種眷戀
像種子一樣紮根發芽；
有一種情愫
永遠對父母雙親而生；
有一種心情
只有悲傷才會產生愛；
有一種愛
緣於給予生命的父母；
有一種地久天長的東西
那就是永恆的懷念，
流在淚裏
藏在心中！

Papi，在西方是孩子對爸爸的稱呼。不知從什麼時候開始，被西方人通用。意味的是，在西班牙家庭裏妻子可以跟著兒女稱呼自己的丈夫為Papi。在這裏之所以提到這個暱稱，自從米格爾進入吾的生命中那天起，對他這樣的稱呼十五個年頭來從沒有改變過。它不僅含蓋了前妻與女兒對他的牽掛與思念，加之吾自幼沒有得到父親多少愛，在吾的生命中已視他為生命之父，最重要的是把他視為精神之父！

二〇一三年二月二十一日

Papi，一周前，我們在北京朋友安娜家，度過了一生中最幸福歡樂的大年三十。那晚，麻將席很遲才散，這是你留給朋友們最後的一個畫面。

除夕的傍晚，房間裏的燈火璀璨溫馨，朋友們逗樂尋開心：Laud，來親一下米格爾。我沒有一點羞澀，勇敢撲向坐在沙發上的你，對著你左右臉頰飛吻起來。朋友們似乎還不盡興，再次起哄。我上前又給你一個熱情的擁抱和親吻。

Papi，在這之前我們的生活如同地球上所有人一樣居家過日子，少不了世俗的油鹽醬醋，直到二月二十六日你徹底離開這個世界，我們這個家算是徹底傾圮下來……

二月的馬德里乍寒乍暖，儘管每天陽光明媚，但冷空氣一直持續不下。

晨，我幾乎每天都是這樣，起床之後，開始打掃衛生，餵好兩隻小貓。十時之前離家去游泳或外出散步（隔天）。今兒破例晚出，一直待在書房處理日常事務，因為12時15分，Papi要去醫院看病。

十時已過，我離開書房朝著樓上邊跑邊叫：「Papi，你什麼

時間去醫院，我晨練後去醫院找你。」

臥室沒有應聲，衛生間半掩半開，只見你一攤爛泥般斜躺在浴缸和臉盆之間的空隙處，聽見你嘴裏發出輕微的呻吟。

「Papi，你怎麼啦？別動！」我急忙蹲下用大拇指死死掐住你的人中穴位。

你似乎很平靜：「洗漱之後突然感覺頭暈，慢慢試著去依靠兩邊障礙物支撐一下，因力氣不足即爾倒下。」

「Papi，你暫時別起來，腦子是清醒的嗎？你捏捏我的手。」我想用這樣的方式來傳遞你的知覺究竟如何。

「Papi，叫救護車！」

「暫時別叫！」你吃力用冰涼的右手捏捏我的手，顯然完全是清醒的。多年來你時常發生頭暈現象，最早那次是二〇〇八年，我們在回國之際去南壽山探視父親的墓地，可就這一次的忽略，為你生命留下了隱患（當時入院僅檢查頭部忽略了血管）。

事後多年，你再度出現頭暈現象，身邊有人或無人時，你稍微休息片刻即恢復正常。我們每年在私家醫院履行常規檢查之外，你身體只要有一點不舒服，就會在臨近的國家醫院就診。可醫生一直沒有給一個科學的解釋，為何會發生頭暈現象？Papi，你總是很樂觀，說自己高血壓控制很好，藥僅僅服四分之一；牛皮癬頑疾是多年無法醫治的，皰疹痊癒之後多少還留有餘痛，但並不影響正常生活；近年來出現血小板減少，但藥一直沒有中斷過（似乎系藥物綜合症反應）。

根據美國權威醫生透露，連續服用西藥七年，會導致人類肌體功能衰竭……

Papi，想想看你服用西藥何止十年？這綜合性病症的出現又怎能避免？

年歲已高供血不足這是常有的，動脈血管裏會不會有什麼問

題？周而復始的常規求醫檢查也沒有診斷出什麼結果。就這樣一次又一次的相信醫學，最終還是錯失醫治讓你的生命走向死亡。

虛驚一場後，我攙著你慢慢起來，讓你重新躺回床上：「Papi，看病還有一個多小時，你先休息一會還來得及。你等著，我下樓去端杯蜂糖水來。」片刻之後，我重新回到你的身邊：

「Papi，喝點蜂糖水暖暖胃。」你勉強喝了兩口：「我休息會，陪我去看病。」

我下樓來到書房開始搜索網路，想查查頭暈究竟是什麼原因造成的，眼花繚亂的資訊，哪條才適合Papi頭暈起因？愚昧無知總是行使在我們日常生活中，我只好選擇一條偏方：用醬油紅糖煮雞蛋，連服十三天可以治療頭暈，我似乎看到了希望，Papi吃了一定會好起來的。

我把煮好的醬油紅糖兩個雞蛋端上樓：「Papi，趕快趁熱吃，我在網上查到的藥方。」

「翻胃不想吃。」。

「不吃點東西怎麼行？來我餵你」你有些勉強喝了兩調羹湯說：「別餵了，再吃就要嘔吐啦！」

我放下碗，用手摸著你冰涼的額頭，你對我說：「把東西端下去吧，休息一會去看病。」

離看病時間越來越近，Papi想試著穿衣慢慢下床，未想到，你再一次跌倒在床頭和牆壁之間的空隙裏。我回到臥室你的身邊，看見你捲縮一團：「Papi，你別再強撐了，快叫救護車，都是自信倔強害了你啊！」

我用先前的方式再度試測，你依然是清醒的。我慢慢用自己的身體支撐著你肥胖的軀體緩緩移動躺回床上。

「好吧，這次我聽你的。」

我從樓下書房取來移動電話，跑回臥室把電話遞給你，終於

撥通了急救中心電話。你放下電話對我說：

「急救中心馬上派就近醫生來，看看情形再決定下一步。」

半小時左右，Papi的公療主治醫生提著公事包來到家裏，檢查之後說肺部有炎症，血壓僅78/49，並開出診斷書遞給我，眼前什麼都看不懂聽不明白。Papi一定聽明白的，既然是炎症就沒有多大關係。醫生說醫院還有病人，他馬上回去叫救護車，讓我們把診斷書帶上。醫生離開的時間，差不多是Papi事先預約就診的時間。

我每天都會把家中三個衛生間打掃乾淨，主臥室衛生間打掃之後，我回到Papi身邊，幫助把襯衣褲子襪穿好。窗櫺遮掩著窗外晨光，室內很溫馨我說：「Papi，這次住院好了以後，我帶你回國去看中醫，身邊好些朋友得了絕症都治好了。就不信治不好你的病！」

「那，我才不幹啦！就為看病？隨便還行。」對你的倔強十多年來我是一點辦法都沒有。一切聽其你自主，你時常告誡要學會尊重！

我張口結舌還是把想說的話甩了出來：「Papi，對不起，想問你一個問題……」

「沒有關係，我會說真話。你又不是不知道我最喜歡聽真話。」

我還是有些糾結：「如果在你彌留之際，除了我之外，你最想看到的是誰？」

為什麼除了我之外？對這樣的問話自己都覺得怪怪的，心中有些梗塞，壓根就沒有想到過與死亡有什麼關聯。

你眼睛潮濕紅暈起來：「母親。可惜她等不及了，已經說好要把她申請出來住些日子。她死得太早啦，才55歲啊！」

眼淚隨著你的眼鏡框淌下，我用手輕輕擦拭著你的熱淚，繼

續聽你講：「1958年，母親來信說身上浮腫，大哥哥也出現這樣的情形，是因為缺少糖油所致。我去林連水（浙江華人）那裏打聽，如何把東西寄回國內，因為他與中國做貿易做得很大。後來買了白糖，花生酥寄回家，沒有想到竟然都收到了。」

「可後來大哥哥，二哥哥也被牽連進去，政府說這不是把中國的黑暗面暴露給西方嗎？哎，我的家人在不同程度上都受到了……母親最終還是沒有熬過去，她等不到那一天啦！」

Papi突然轉入另外的話題：「即使現在我要走了，也沒有什麼遺憾，對你所安排的都安排好了。我走了以後，你怎樣去折騰，我也管不了啦。」

Papi知道我的德性，身邊留不住錢財，手上有點錢總想救濟這個救濟那個。你對我說過，救濟不救貧。還說：「我不自量，什麼事總往好處想，從不計後果。所以，你永遠都是開心幸福的。」

我當時聽到你說這些話，以為與往常一樣無時不在提醒我「未雨綢繆」。怎麼也沒有想到，這是你生前留給我的最後叮囑。亦是你最為擔心，在朋友們面前提到最多的話題。再有，你始終視我為長不大的孩子，生前把我託付給身邊好友，等離世以後……

安娜，北京人。你們認識二十多年了，她在SEGOVIA有一家經營中國絲綢的店鋪，那櫥窗是你設計的。後來成為朋友，你把自己心愛的畫送給安娜，這是非常難得的，因為你把自己的作品看成自己的孩子，一般不會輕易給任何人的。

我沒有中斷你的談話，那想你的話題來了個180度的大轉彎：

「安娜，她心底很善良，儘管我們之間對文學，對藝術溝通有些差異，但我還是非常看重她。目前她的婚姻狀況，切忌不能與大家庭住在一起。尤其是西班牙男人，他們的自尊心極強，預

防以未來……」

「Papi，要不要告訴安娜？」我的傻勁在朋友圈裏被公知的。

「千萬不能，這是私人問題，她非常聰明，在西方生活了那麼多年，應該明白。」

「既然是好朋友，為什麼就不能說真心話？」

「朋友也應該有分寸。」你躺在床上，與以往一樣在敘家常。

只聽你把話題轉到Sara身上：「無論學識還是秉性，她都是很優秀的，我以一個長者極力想對晚輩栽培。未想到的是，一個心境悟性如此高的女子……或許因……她今後真得能幸福嗎？」

「婚姻是男人女人腳上的鞋子，穿上合適不合適，只有自己知道。」

哈哈，我都快成哲學家啦！你總會在朋友面前誇獎我悟性很高，當然也不回避我的短處。Sara，來自四川的留學生，四年來她在我們身邊，你毫無保留把應知的一切傳授給她。有時看到你們在一起探討甚歡，難免不心生嫉妒……

Papi你上面提及到的三個女人，我知道，是在你生命最後比較瞭解接觸時間比較久的異性，除了愛妻之外，也是你常放在心上的兩個女人。

一聲長鳴，救護車開到家門口。開門那一瞬間，空中飄著細雨，多少日子以來一直是這樣，並夾帶著涼涼的寒意。

我提上早早準備好的必需品，先下樓來到廚房把事先做好的早餐慌忙倒進嘴裏，心理上已做好準備對Papi的護守工作。

救護車上的一對年輕男女慢慢把Papi從樓上抬下又抬上車，我為你戴上二〇一二年我在開封助鄉村活動時，特意買的一條你非常喜歡的有紋路的棕綠色圍巾。

你像往常一樣：「家裏沒有錢，有時間取點回來。」

「你放心吧，身上還有百元」，我們上了車。你在救護車上

還和救護員談笑風生。

救護車一陣風似的馳出我們曾經一塊生活了整整十三年，居住過的安適寧靜小鎮。兩邊杏花張著笑臉，誰能想到你那麼依戀的小鎮，這一走竟然成了永訣再也沒有回來過。

20分鐘後，你被直接推到搶救中心。醫生對我說，家屬不可以進去。並說兩小時檢查完，讓去候診大廳等著。

Papi，你離開我坐在輪椅上被推走那一瞬間，我為什麼沒有想到給你一個擁抱，哪怕是是給你一點愛的暗示也好。

候診大廳坐滿了就診的人，我不斷拿出手機看時間，這一分一秒走得真慢！我突然感到胸悶，想嘔吐、似乎喉嚨裏有一塊痰堵在那裏，想吐又不敢吐，用右手捶著胸口，把紙巾捂嘴上吐出口痰。

奇怪的是，居住西國近二十年，幾乎沒有看到西人每天都在清理喉道，國人的喉道似乎永遠是垃圾場一樣，每天不清理乾淨難受。

「請問需要水嗎？」我有些吃驚抬頭看著一年輕女子遞上水。

我非常感激：「謝謝，不用了。因為我剛剛吃過柳丁。」

MIGUEL CHANG的家屬。我急忙起身跟著醫生來到急救中心走廊另一處辦公室，女醫生告訴我Papi的病情，需要住院繼續觀察，後來再說些什麼就不明白啦。此刻我多麼希望護士緩緩推著Papi向我走來，可是眼前根本沒有你的影子。醫生讓我進去，我心裏咯噔一下，眼淚突盈而出。

對不起，我聽不明白。我馬上打通安娜的電話，醫生顯得有些無奈，最終還是接過手機。

我知道，Papi今天晚上是回不了家了，但絕對沒有想到，二〇一三年二月二十一日午間13:30左右，我們雙雙離開住家，你再也沒有回到這個曾經溫暖幸福，又曾經有過風風雨雨磕磕絆絆

的家，撇下我獨自而去。

醫生帶著我穿過一道道長廊，經過三道大門，兩邊病房基本住滿了人。急救中心大廳裏，混合著醫生護士的辦公桌，夾雜著十幾張病床，與中國急救中心完全不一樣是綜合性的。

我見到Papi躺在最後一道門角第二張床上，身上蓋著白色的床單，鼻子、胸腔、手腕上全是被搶救的管線，液流緩緩輸進病體，體外一根導尿管延伸到床欄下的塑膠袋裏，看見是血尿我驚訝起來。

「Papi怎麼樣？這小便怎麼有血？PORFAVOR輸完了。」我用右手朝著醫生那邊求教，醫生根本聽不懂我在說啥。

「這樣也好，進來一趟又全面檢查一次。」你淡定笑了起來，「醫生說是導尿。怎麼來，怎麼去。別干擾醫生正常工作。」Papi制止我的多疑。期間，你依舊樂觀詼諧幽默與醫生和護士笑談。

護士換上兩袋液體離去。Papi看著液體說怎麼輸得那麼快？

我生怕誤事，又叫醫生。Papi道：「他們既然這樣做，有他們的道理。西班牙醫生自尊心很強，他們自己職權範圍的事，是不喜歡他人插手的。」

「我會關小點的，父親住院時，中國醫生都是讓家屬控制輸液快慢流量的。」

「哎！中國早期一些老的微妙的禮節在文革都被破壞了。學會尊重是最基本的。」Papi，在這生命的最後，你想到的竟然不是自己，而是西方的禮儀。

晚上20:30時，探視時間到了，家屬一一被急救中心醫生叫出門外。

「Papi，你好好的。對了，把手機留在身邊，明天我再來看你。」晚上22時，我打去電話問候你，你說沒有什麼彼此晚安！

二〇一三年二月二十二日

　　早晨9時，我從家裏打電話到醫院，Papi在電話裏吞吞吐吐想對我說什麼：「還是一會見了再說吧。」我不知道究竟發生了什麼？

　　「Papi，你說嗎？」

　　「昨天晚上，中國人竟然跑到醫院來推銷產品，病房裏全被撞空了。」

　　「這不可能的事啊？」我似信非信回應著。即刻聯想電視上播報，近期西班牙政府又一輪檢查華人批發市場，發現大陸的「仿製」名牌。看來，這樣的糾結一直困擾著他。

　　「算了，一會見面說也不遲。」後來幾天裏你反覆出現幻覺，當時根本沒有意識到這是每個生命即將走到最後都會出現的徵兆。

　　午13時，我在醫生帶領下進到病房，看見你頭上戴著氧氣罩，雙手抽血被抽得發腫，發青、那一刻我心裏很難受。你見我來到身邊，取下氧氣罩，臉發紅看上去明顯很累，血壓一直徘徊在130/97之間，一會又降到90多。

　　儘管這樣，你還是吃力重複著：「中國人到醫院來推銷產品。」

　　當時我氣憤，覺得這是一件不可思議的事情。這醫院怎麼就成了市場？西班牙人竟然能接受這樣的事實？

　　你對我說：「醫生護士全都看熱鬧去了，折騰到凌晨6點才回來。沒有利益，他們是不會這樣做的。為了一點蠅頭小利，這些西班牙人竟然喪失了職業道德！」

　　你情緒很激動，心跳過快，臉被漲得通紅。雙目很渾濁似乎

看不到一點光澤望著我繼續：「中國人進來推銷產品，以中國年為理由，也不是藥品，醫療器材，怪哉！當時很氣憤拒絕拍照。並告訴那些人，不允許把私人錄影，作為背景出現在鏡頭裏。我認出Carlos，我們曾經在一家國際電視媒體工作過的西班牙男人（在你離世一周年Alicia帶他來家祭奠你）。還嚴肅告訴對方我們認識。對方連忙躲閃回避視線離開。」

醫生發現Papi臉通紅，呼吸困難，叫來護士把氧氣罩從新給罩上。事後，你吃力又對我說：「兩件事要交涉你，一，我的病不要告訴朋友，大家都不容易。再說他們來醫院看我，我還要應酬很累。二，中國人來醫院推銷產品的事不要對任何人提起。我們管不了那麼多啦！」

Papi繼續：「這醫院來來往往那麼多人，看我這個樣子真難受。如果能像姐姐哥哥他們那樣很快就離世，也不要遭受那麼多痛苦了。」

半小時的探視時間很快就過去了，醫生在一旁催促我離開，我淚水在眼眶裏打轉，依依不捨離開了Papi病床。

二〇一三年二月二十三日

醫院晚間探視時間20時，Papi擔心離家遠來往不方便不讓我去。今晚，我要給他一個驚喜，坐上19:44時公車，車到急救中心門口是不停的，離車站還有一段距離。眼看探視時間已到，我對司機說明其意，司機為我開了綠燈，這對循規蹈矩的西方人來說，他們的善待，更體現了人性化的自然。

我匆匆忙忙跑到Papi身邊，看樣子比上午略好些，但臉色被氧氣罩得發紅，額上濕濕的，呼吸還是有些急促，胸口起伏很快，我用棉紙巾沾水給他清洗口腔擦去汗。

「我很累。」Papi抬起左手在我臉頰上輕輕撫摸一下。

「Papi，你儘量少說話。」我用手抓住你的左手，輕輕拍打你的胸口，以示安慰。

「我想出院，你做好出院的準備，讓nadia（烏克蘭朋友）開我們的車來接我回去。」

其實，很不樂觀，並不像Papi想像的那樣就可以出院。

我回避Papi，對醫生說：「等他病好一切正常再出院。並問醫生，那麼多病房為何不可以安排入住？」

我不太明白醫生在說什麼，沒有病房？或許再說目前米格爾的情形，是不能轉到普通病房的。可是，我是多麼渴望Papi轉到普通病房，一是病情好轉了，二來我可以天天廝守在他的身邊。這些僅僅是自己一廂情願罷了。

探視時間已過，我必須儘快趕到車站，經濟危機下，周末班車減少沒有夜班車。我握著Papi的手，慢慢惜別讓兩隻手逐漸分開，宛如電影裏放映的特寫鏡頭……

車站沒有一個人，偶爾從醫院走出少許幾人，他們徑直下了地鐵，或朝著自己的停車方向走去。在這人煙漸稀的夜晚，我感到非常孤獨，腦海裏念及著Papi如何度過這漫長之夜。那個時候，也沒有把死亡與之聯繫起來，我期盼著280路公車快點把我拉回家，明天早點來醫院見Papi。

這一等，足足等了兩個半小時，天空中風聲嘯嘯，寒氣逼人，我用圍巾把嘴堵上，害怕感冒加重一時又好不了。此刻，我真想跑回急救中心留守在Papi身邊。我不得不跑進地鐵大門內，雙眼瞅著黑夜下公車的到來。我下地鐵準備坐一站下山，再打計程車回家。地鐵年輕保安明白我意，將塞進的五歐紙幣抽出，讓我跟著他上地鐵，邊走邊打電話聯繫出租公司，並說明我所處的位置。

回到家已是23時。看見兩隻小貓已等候我的床上，我擁抱著牠們，臉頰淌下冰涼的淚水……

二〇一三年二月二十四日

　　一早，我就等候在大廳，時針還在12時，醫生叫著米格爾的家屬，我急忙上前接過一張轉普通病房的通知單，房間號是A26（難道是巧合，Papi離世日期也是二十六日）。那一刻，我拿著通知單，興奮朝著上百米長的走廊盡頭跑去，尋找到A26號房間，可裏面空無一人，我著實被嚇了一跳，心臟似乎掉落地上。我轉身朝著急救中心跑去，離探視還早，保安竟然沒有阻止放我通行。

　　Papi，我來了。你身上蓋著白色的床單，上面放著不少紙張，那是醫生開出的轉病房證明。

　　「醫生一早為我清洗，說讓轉醫院治療。」這話似乎聽起來有些不對勁，這裏好好的，怎麼要轉醫院？其實，Papi重複的幻覺是越來越勤。

　　13時左右，醫生推著Papi，我拎著裝有衣物的塑膠袋緊跟著進了病房。房間很寬敞，整潔乾淨，還帶有洗澡的衛生間。

　　「真好，幾天沒有洗澡了，一會好好洗個澡。」我邊收拾東西放進櫥櫃，邊對著病床上的Papi說。

　　「剛才醫生打了招呼，這裏衛生間僅病人使用，要用去外邊。洗澡你回家去洗吧。」當時我楞了一下。

　　病房裏，家屬不再受時間的限制，醫生叮囑病人暫時不能進食。Papi，你身上被輸液和氧氣管線交叉纏繞著，呼吸還是很困難。

　　Papi突然指著牆對我說：「隔壁有人在說中國話」。

「沒有聽到啊!?」我不以為然。

「你的耳朵不管用。」

「Papi，那有什麼中國人，除了我們兩個，這醫院全是西班牙人。」

「你回去把我的拖鞋和睡衣，還有那件帶有紐扣的汗衫拿來，等我好些就可以在房間裏走動了。」

午時兩點，我告辭Papi，回家吃飯之外還得照顧兩個小貓。如果知道他留世時間也進入倒計時，這個時候我完全可以不回去的。小貓餓一餐也沒有什麼關係，可我為什麼還是離開病房，離開Papi啦？看見人被推進病房那一刻，我們似乎都看到了希望，再過幾天就要出院啦！

16:30時，我從新回到醫院Papi的身邊，整個長廊非常清靜，靜得可怕！

看上去，Papi情況基本上穩定下來，呼吸起來還是很累。

Papi我回來啦！你似乎睡著了。

兩個月來，我重感冒斷斷續續一直沒有好，吃了西藥過敏，從耶誕節到新年期間，Papi每天開車帶我去看急診，我拼命喝水，這個辦法很奏效。

我坐下握著你的手，腦子裏重播著，今生在醫院伺候過三個男人，最終送走了父親，送走了我的褓姆，壓根沒有想到會送走似尊師父親般的夫君，又想起你曾經對我說：「有一天，你總會後悔的！」

是啊，這些年來，我的自私自我與粗心，不僅忽略了對你的照顧，有時以犧牲親情去行使什麼公益事業。朋友也對我說，那是國家社會的事，中國那麼大你能拯救得完嗎？

Papi，你今生是唯一瞭解懂得我的人。知道我的身世，從小寄人籬下在外，尤其是開封老家給予我們家庭無限的厚愛，才使

我們家庭沒有支離破碎。為了感恩那些曾經救濟過我們，幫助過我們的好心人，該是我回報社會的時候了。所以，犧牲了你我的最愛！可是，面對忠孝卻是難以兩全啊！隨著時間的消弭，Papi似乎理解我的行為，只是默默地承受著別離的痛苦，期待著我歸來獲得小別之後相聚似新婚而興奮激動！

如果說家書抵萬金，那麼再多的銀子也是買不到後悔藥的。人類啊，總是行走在不經意間和懺悔中。

護士一兩小時來看一次，尿液也是她們來換，相比之下，病人家屬比較輕鬆一些，至少還可以偷閒打會盹，我簡隔時間用紗布浸濕為Papi洗口腔，擦臉，每當這個時候，他總是抬起沉重的左手在我臉龐上撫愛以示謝意。

後半夜，我感冒加劇給護士要了一粒藥，喝了三大壺熱開水，感覺明顯好多了。

就這樣，熬過了入病房的第一夜……

二〇一三年二月二十五日

新的一天開始了，直盼望著Papi早日康復回到家修養。

多少天來，Papi時常在夢中，又在現實，進入幻覺的時間越來越頻繁。

「等我病好回家，一定把在醫院發生的幻覺、夢、現實寫出來，真是太奇妙了」。

你宛如對我講故事一樣：「幻覺的感受與現實不一樣，比方說身邊有三隻小貓，有兩只是摸不到的，有一只是可以摸到的。摸到的是腦中記憶的，摸不到的幻覺。」

你非常清醒，生命已在陰陽兩界的十字路口徘徊，只是本能的依戀又折回現實中。

午時10:10時，我離開醫院回到住家，去銀行在Papi的帳戶上取了三百歐元。未想到的是，櫃檯上的年輕主持竟然授理了這件業務，他們幾乎熟悉所有的客戶，自然對我們老夫少妻不陌生。當然，對方沒有懷疑過我的身分，要我在取款單上簽上米格爾的名字。這就是對方嚴重失職了，那時也沒有細想拿著錢離開了銀行。一周後，Papi離世不在世間了。我再次去銀行取錢，是大廳熟悉的女子，她話外之意知道你與米格爾是夫婦，但這不是你的名字，被她果斷拒絕。

　　回到家裏餵過小貓。一周沒有洗澡我邊熬稀飯進了浴室，午餐之後還是迫使自己小休了一會。

　　15:30時，終於盼來285車次，這趟車只開在醫院山腳下，我徒步小跑到醫院。

　　一進門，Papi就說：「醫生讓我轉醫院，我也對醫生講了要出院，醫生說病還沒有好那能出院。」

　　我走出病房問護士，護士說不清楚去問醫生。但她們似乎也知道Papi出現了幻覺。回到Papi身邊，他兩眼盯著天花板：「上面有中國字，看見了嗎？

　　「沒有看見啊!?」

　　「你把眼鏡給我。似乎也看不見，好像是投影。」

　　「Papi，是什麼字？」

　　你有些不耐煩起來：「要看得見就知道是什麼字啦！」

　　你在最後的彌留之際，完全進入了幻覺中，這不是好的信號。二月22號，我從醫院回到家，還是情不自禁打電話告訴五妹，米格爾住院的情況。妹妹在電話那頭特意提醒我，病人出現幻覺留世時間不多了。可就在那個時候，我也不願意接受現實，面對即將失去可親的人。

　　人啊，有時總是自欺欺人，愚昧無知。那個時候，如果懂得

人在彌留之際，需要人終關懷。總該認真去對待親人多給點臨終安慰什麼的。

三月二十一日13時半，米格爾被救護車拉到Coslada急救中心搶救。三月二十四日12時左右，醫生把米格爾轉入普通病房，通知單上寫著房間A026，這個噩運的數字與米格爾離世日期正好是一樣的。當時，我們還想著有了新的轉機，終於脫離了危險期，不然醫生是不會把病人轉到普通病房的。遇此情況，中國醫生一定會告訴家屬，病人沒有搶救的可能性了。按照國人宿命論彌留之際讓親人回到家中，與家人廝守片刻也是幸福的，家中也好準備後事。可西方醫院，除非病人家屬知道自己的親人時間不多了，主動請求醫生回家，一般不會私自勸說家屬把病人帶回家去的。或許醫生早就知道米格爾留世的時間不多了，所以把米格爾轉到普通病房維持正常護理（西方醫院一般不再人為搶救）。

直到目前，米格爾沒有喝一點水，也沒有進一點食。三月二十五日下午17:30時左右，護士推車送來晚餐，兩份組餐，一份麵包，一份優酪乳，一小杯牛奶，看上去色香味都很不錯。那一刻，我想著Papi能進餐很快就可以出院啦！幾天我也沒有好好進過一餐，望著眼前食物：

「哇塞，很好的晚餐，先品嘗一點。」我像孩子一樣邊說邊拿起刀叉。

「我還沒有吃啦，你近水樓臺先……」你躺在病床上半開玩笑望著我這邊，看來你真得很餓，快饞死了，這是好徵兆就要出院啦！

「Papi，來，你先喝點牛奶。」你就著吸管開始喝了起來。

「給我一塊餅乾」。看著你把餅乾慢慢送進嘴裏，慢慢地嚼著而且吃得津津有味。嘴巴有些乾澀，之後又喝了點牛奶，吃了幾小調羹優酪乳，誰也沒有想到這是你最後的晚餐。

吃著吃著，你突然驚恐張大眼睛，指著正前方牆上：「你看車正朝我衝撞過來，快把我的車推開」。

　　幻覺持續發生兩三次，你死死抓住我的手。

　　「你真笨！話又不懂，真急死了！」你埋怨起我來。

　　對一個無幻覺的人來說，眼前除了現實什麼都看不見。

　　「Papi你別緊張，這病房只有我們兩個，什麼都沒有。」你似乎相信了我的話，心安靜下來。

　　「幸虧有你在這裏照顧。」你深情注視著我，我淒涼會心笑了一下：「我又不是外人。」

　　你說：「親情也會沒有耐心的！」

　　晚餐基本上沒有動，五天來我重感冒非常嚴重，基本上沒有吃過一頓像樣的飯，此刻，也沒有心情吃下去。

　　「這腳下有一個盆子，裏面裝了些棗和其他東西，用手去拿拿不起來。」幾乎在一個多小時之內，Papi幻覺是越來越多。寫到這裏，自問當時為什麼沒有想到一個生命即將面臨死亡？直到目前為止，我都沒有完全相信他的確撒手人寰走了！

　　「你快看啊！牆上有一個老生穿著白大褂，旁邊還有幾個人，正朝著我走來。」你12歲那年洗禮，去國之後一直是虔誠的天主信徒，後來隨著知識閱歷的豐富，你有了自己獨特的見解，不再人云亦云。在不能堅信和無可否認兩者之間，你只好保留一家之言。儘管這樣，上帝還是沒有拋棄你，他們真得來接你去天國。或許因為你還有太多的牽掛，最為放心不下的就是愛妻，所以那一刻你還是留在了人世。

　　「Papi，你看到的是西方人還是中國人？」

　　「西方人，一共五個人，他們全走了。」

　　Papi啊，這樣的幻覺已經非常明顯，是上帝來接你的呀！我還是無法相信，死神會把你從我身邊奪走。

「今天上午，我看到大貓吃小貓，這小貓也無所謂讓大貓吃。真太恐怖啦！廚房裏的小貓似乎是野貓腿有些瘸。」

Papi，我的天啦！這不是我們家半年前收養的那只流浪貓？牠腳上的肉全部腐爛，花去幾百歐元。那大熱的天，我們天天為牠換藥。我雙手抓住小貓，你每天跪地為牠清洗之後換上乾淨的紗布，這樣的日子持續了整整五個月，小貓最終還是落下瘸腿。

自從Papi去了天堂，這只被撿回家的流浪貓，每天飲食減少似乎找尋找什麼。之前，牠是見什麼吃什麼，沒有吃飽的時候，似乎永遠都處於饑餓狀態，我們都說這小貓怎麼成了餓死鬼！如今，牠的肚子幾乎貼在脊背上去了，看到真是心疼！

「那是一張紙，一份阿拉伯的小禮物。」Papi說著用手慢慢把它引向身邊，最後還是沒有抓住，似乎很失望。

20:00時，Papi在兩個護士的幫助下，把他扶到椅子上坐好，為其蓋上白色床單。眼前，護士真得不曉得病人已是病入膏肓？不然他們不會這樣去做的。

我靜靜地坐在他的身邊，深情地注視著他渾濁的目光，不想打斷他正在講現實和幻覺中的故事，那一刻，我想到他一生省吃儉用，二十多年前買的襯衣褲子襪子都還在穿，鼻子一陣酸楚難受起來。

這個時間段，Papi的幻覺是二十幾分種就會出現一次。今夜我也似乎在生與死的隧道裏來往走了一趟。

「有一隻小貓在我腳跟前，小心，不要踩著牠。」你用手指著兩腿之間縫隙對我說。

我故意給你開個玩笑，雙腳用勁往下踩：「把牠踩死踩死！」

「你怎麼成這樣？」你雙目怒視著我。

「連小貓都知道與人親近，你小心點不要把小貓踩死了。你看，那邊還有一條陸地魚在跑，它自由啦！這西班牙好多這樣的

魚，別踩死小貓了！」

護士進來看看沒有需要離去。

Papi繼續幻覺「你看沒有看見下邊的小貓嗎？小貓在我拖鞋中間，你輕輕摸摸牠嘛。」

我故意彎腰摸了摸：「是的，還在。」你臉上露出孩子般滿意的笑容來。

「你看，那邊還有兩隻。」你又指著牆角說，並用無名指和大拇指比劃著尺寸給我看。

我心情開始沉重起來，真不知道怎樣去安慰你。

「你千萬要小心，別踩死小貓，不然剩下一隻多可憐！」

我起身去衛生間，Papi指著剛才我躺過的沙發說：「你睡的那頭，有個男的睡在那裏。司馬昭心路人皆知。不然，你睡在我床上去。」聞之你語無倫次的話，回首你生前我曾經對你說：「Papi，你走後我不會再結婚了。從今後獨自浪跡天涯去。」你似乎不太相信我的話。

「你還那麼年輕，不要虛度年華。要找就找一個歲數小些的。」誰知今晚，你竟然吃起醋來。

「能找到你這樣好這樣心境的人嗎!?」我不敢往下細想。

「只要對你好就好了！」當時你很大度。

「果真到那天，如果Y也是獨自一人，倒不如讓這個曾經殘缺的家庭圓滿起來，給Jaime一個完整的家。他與你一樣可以包容我……」

「……」。十多年來，我們之間沒有什麼隱私，心心相印。

當時，我沒有勇氣再繼續這樣的話題，話說過去也就過去了。

「你看那牆上爬著魚，它們在地上吃小昆蟲。你去看看嘛！」你用手指著牆面，而且像孩子一樣可愛。

我朝著你手指的方向看：「Papi，除了白色的牆面什麼都沒

有啊。」

晚上21:30時，Papi突然驚醒坐起並喊叫：「這地方怎麼換過了？你怎麼睡在地上？送我回家。」

我用濕紙巾為Papi擦嘴唇擦額之後，他似乎清醒，看著我從新睡回沙發，連說沒有錯。

22:00時，我讓Papi吃了幾小口優酪乳，他剛躺下用手摸摸身上：「這不是小灰灰，灰灰漂亮乾淨。你搞點香腸給小貓吃嘛!?」

23:30時，Papi扯住氧氣罩管：「給我牙刷。」

「Papi，那不是牙刷，那是氧氣管。」我輕輕鬆開你右手抓緊的氧氣管線。

是啊，一向整潔乾淨的你，四五天沒有洗漱，沒有更換內衣。在家時，你每天下樓來都把身上弄得香噴噴的，如今是多麼希望好好洗漱一下不失尊嚴。難怪之前，你再三叮囑我不要讓朋友來醫院探視。可你生前，無論行走那裏，只要有朋友前來攙扶你，從未拒絕過。因為，你從來不會傷害朋友，更不會不給朋友面子的。

護士量過血壓151/87，體溫36,6。眼下，即使不是醫生，多少也看得出血壓偏高，體溫略有點高。

突然間，Papi望著天花板，驚訝發現什麼，不斷用左手招引空中物向身邊移動。天啦！這不是二〇〇七年十一月父親離世之前出現的徵兆？就在這個時候，我還是不相信死神越來越近。

Papi折騰了大半夜：「我怎麼是立著的？把這床調平點」。

我拿起遙控器試調，高了你說不是，矮了也說不對。你要過遙控器自己調了起來。並不斷在按鈕上按來按去，最後還是放棄了。身體慢慢下滑，滑到床頭邊。

整個身體被床頭頂上的輸液架還有身上的管子拖住，幾乎把你脖頸卡住。最終，我與護士把你抬回正常枕位上。

「我自己知道是幻覺，而且還可以控制幻覺。」你又回到現實中來。

這就是胡話了，幻覺是無意識的，怎麼能控制？

二〇一三年二月二十六日凌晨一時左右，Papi仍然在幻覺裏：「這人有幻覺是痛苦的，我怎麼是站著的？」

你突然又說：「這個病房沒有上次住的那間好，那裏面還有很多字畫」。

「Papi，你在哪裏住過？」你說不出地點，說是幾天前。是啊，幾天前你還在自己家裏。

二月二十一日在家沒有送到醫院前，你躺在床上對我說：「三十年前住過醫院，沒有想到時間過得真快！」

你接著說：「原來的病房裏面有很多書，這裏什麼都沒有。其實，今夜出現那麼多幻覺，根據心理學家佛洛德對夢或是幻覺分析來看，心念源自生命曾經過留下的記憶。今天想起來每一個幻覺都與你生命中是有關聯的，全來自你日常生活中的跡象。

我問道：「想不想讓Sara來看你？」

「不要！她忙有事，別總想著自己。如果她知道了，自己來是另外一碼事，而不是你主動叫她來的。」你非常果斷，這是我沒有想到的。

之後只聽見你用西語說：「先生，請把燈打開。我要畫畫。」

「琴，把窗簾拉開。這大白天不要關窗戶。」

「Papi，這已經是凌點啦。」你一生懼怕風忌諱光線太強烈，今晚怎麼渴望起光明來？看來你已經進入一個虛幻的世界裏了。就算是這樣，每個生命走到盡頭時都渴求看到一線光明。

你默認是凌點時分，顯得有些無奈：「把上面燈關掉，留下面的暗燈好了」。

「你千萬不要打電話讓Sara來看我，電話打了我已經過去

了。」你說這些話時非常清醒。我竟然沒有想到你真得拋下我走了。因我實在不敢勇敢去面對，你即將離開這個世界。

二〇一三年二月二十六日

凌晨2:40時左右，Papi開始煩躁不安起來，嘴裏喊著：「關掉，討厭死了廣告！這廣告聲音討厭死了。」

我握著你的手給以安慰：「Papi，這是你的幻覺。你身邊什麼都沒有。就我一人在你身邊。」

你似乎安靜下來。但很快又說：「有一塊黑布遮住了我的眼睛。電視機老是開著，講故事吵死了。」十分鐘以後，Papi又開始出現煩躁。這可是以改你本性，因為平常無論遇到大事小事，你都是隨遇而安。

我把手放在你的手心裏：「Papi，你用勁捏捏我。」

你試著捏我的手，但已沒有力氣。我用手輕輕撫摸你的胸口「Papi，你舒服嗎？」

你頷首點頭，隨手推開我的手：「讓我睡覺！」

我迷迷糊糊醒來，聽到Papi在床上呻吟。我實在太困了，這已睡大概過去了一兩個小時。那就是說，Papi在床上痛苦折騰了怎麼長時間。只見他捲縮在床邊，嘴裏說想著地：「怎麼多人坐車，我們沒有坐車，自己開車……」

「我想下地去……」我試著說明你。

「Papi，可是你沒有辦法脫離輸液管線。」你不再勉強自己。我理順床單安置好你從新躺下。

在這段睡眠中，我夢見回中國。先是去市場買菜，後來在回家的路上碰見父親也去買菜。回到母親家裏，還有諸多姐妹，從她們眼神裏似乎知道了米格爾已經死了。H把一疊鈔票塞進我的

脖子裏，臉上並露出得意的笑意來。我鄙視陶出脖子裏的錢扔在地上，夢見Papi走了！又到處找小貓找不到，我又氣又急，開始瘋狂地摔東西，肆無忌憚哭喊起來！

家不是我們的東西也不是我們的，我到處尋找自己的東西，就與早期漂泊流浪一樣，身無安放之處。身邊那麼多人，有認識的有不認識的，心想著Papi走了，落下我孤獨一人，竟然破天荒用粗話罵起人來。

夢醒來，我拿起濕巾開始為Papi擦嘴：「Papi，你把舌頭伸出來，我為你擦擦舒服些。」

Papi的舌頭已僵硬縮在口腔裏不能動了，我慌忙叫來護士，夜班主治醫生也來了，護士用吸管伸進他的喉道抽出痰，其實根本沒有痰。此刻，聯想起父親最後的時間，護士也是這樣為父親清理痰的。

今晚，Papi的反常，我開始有些恐懼起來，心已是空洞洞的。

Papi是一個非常純粹的藝術家，個性內斂性情中人。情感世界卻很脆弱，一般人是難以想像到他脆弱到什麼地步。但，他總是以豁達大度和藹可親給予身邊所有朋友，大家看到的永遠是一個和藹快樂的米格爾。

Papi打小就如魚得水在女兒王國，是有名的賈寶玉。可他柳下惠坐懷不亂。正如他所言「欣賞美女，這是男人的特權，不過，貪色而不淫。」

他在臺灣美國拍電影時，遇到過深夜上門的女演員，他不僅沒有給她們難堪，而且處理的非常得體。請她們宵夜最後叫車送她們回去。

門外進來兩個女醫生，病房裏那個女主治醫生搖頭暗示病人已經不行了。這一切都沒有逃脫我的視線。

Papi：「幫我打打背。」

我眼含熱淚深情注視著，把手伸進Papi的後背輕輕敲打起來。

「嗯，很舒服，你休息會！」之後，主治醫生我們兩雙手伸進他的後背，輕輕拍打。那一刻，是Papi生命中最後的清醒。女主治醫生對我說，病人轉到病房後不是很好，小心！目前很壞。

從病房外面推進來兩個氧氣瓶，Papi嘴上還有一個，三個氧氣瓶輪流使用。醫生讓我回避。我焦急等在外面，不知道裏面究竟發生些什麼。未想到，醫生要盡的天職隔斷了Papi我們最後廝守的日子。

我似乎有些等不急了，私自進到病房，當時怕醫生指責我假裝進到衛生間。從衛生間出來，醫生們清理好現場離開，已見Papi全身蓋著整潔白色的床單。

我下意識看了一下手機上的時間是二月二十六日凌晨6:45時左右。可醫生開出的病危通知書是6:55時。醫生竟然讓Papi在這個世界上多活了十分鐘。

二月二十六日是什麼樣的日子？24驚蟄煞西沖蛇，可Papi屬羊啊!?

Papi，我無法面對眼前殘酷的現實，一個勁抱著他的頭，在他的臉上吻別哭喊著。我用手伸進他的胸口，摸著他的腿和手還留有餘溫，全身還是軟綿綿的。持續到午間12時，我與安娜離開醫院回家取衣服，他身上餘溫仍然沒有消失，如同睡著了一樣安詳。

外面的天空完全放亮，我總共打出兩個電話，發出一個短信。第一個電話是打給安娜，她說馬上趕到。第二個電話是打給國內的五妹，妹妹在那邊放聲哭起來。事後發了一個短信給Papi的弟弟，北京早已過了午餐時間，很久沒有得到回應，我又把同樣的資訊轉發給Papi的侄女⋯⋯

他們可是Papi在世唯一的至親啦！今天的網路世界已經沒有任何阻隔，那遲到的回覆無情冷酷著我孤獨的心⋯⋯

安娜來到病房，哽咽說：「米格爾，你臨死都沒有給朋友帶來麻煩和折磨。好人啊！」之後，我一直沉寂在悲傷痛苦中。

「張琴，別傷心了，你放心好了。多年以前，米格爾就委託我等他走了，要我幫助你處理好一切。醫院只能停留24小時，要通知哪些人，快把電話給我。一會殯儀館就要來人了。」

兩天前我還是多了一份心思，悄然帶上Papi曾經用了幾十年的黑色電話薄。此刻，我麻木遞給安娜，她查閱著熟悉或不熟悉的電話號碼聯繫外界。之後與殯儀館交涉火化，安娜不斷徵求我的意見，我既不能違背Papi生前稟性，又不能虧待他一生最後的一次……

時值國內晚餐時間，終於傳來北京的電話……

安娜：「西班牙醫院只能讓逝者停留24小時，你們放心不用管了……」。安娜從門外進來對我說：「簽證需要時間，再說還要花錢，即使來了後事已經處理完畢。」

親愛的Papi，你一路走好！天堂有你的父母，還有你的妻女，還有你的哥哥姐姐。我會按照你生前叮囑的把骨灰撒到地中海去。娥箭在那裏等著你啦！你們並同遨遊去到大西洋，終於可以與愛女索尼婭歡聚了……

可是你撇下我孤零零一人怎麼辦啊?!

下午兩點靈堂佈置出來了，兩個素雅淡靜寫有挽聯的花圈，依偎Papi身邊，橘紅色別致的棺木內，你就像入睡一樣安詳平和。端莊典雅的靈堂前，我用自己生命的數字56只蠟燭擺成一個「 」，連續24小時直到離開殯儀館沒有熄滅。

Papi生前親朋好友通知到都來了，沒有通知到的也不用來了。人隨草木榮，歲月無情，逝者已去。我們所做的都是給活人看。

麼妹通過手機發來短信：米格爾走的無聲無臭好似無牽無掛，其實冥冥之中他註定以這種方式離開你，是因為他有太多的

牽掛，此時此刻遺憾悲傷佔據你的心裏。不用這樣，他並不孤獨，因為天堂還有他的家……

是啊，Papi，天堂有更多的親人在等候迎接著你。

二〇一三年二月二十七日

Papi，凌晨，夜很靜，我悲痛的依偎在你遺體前的玻璃隔窗外，深情注視著你雙手合攏胸前，似乎睡在綻放的蓮花裏，怎麼看怎麼像唐朝仕女，或似一尊菩薩。又似睡非睡，半睜眼看著我。凝視你安適祥和的樣子，世界上一切繁雜與你無關了。

Sara，你快來看：「米格爾的心臟還在跳動，厚厚的嘴唇似張似合，他雙眼微睜看著玻璃外面的我們。」

「他這一生修行很好，孽障很少所以沒有多少痛苦。」Sara對佛學有些研究。

「……」我滿腦子的記憶都是16年來與你結識到結合相知相識過去。

「張阿姨，你去外面沙發休息會，讓我們來守米格爾。」Sara和男朋友替換，我躺在沙發上迷迷糊糊睡著了。

夢中，突然看到右邊有三股人形狀的彩虹飄曳在天空上，隨即移動到我視線的左邊。三股彩虹似乎預備了一會，倏然騰空而起。在我腦際裏的第一個理念，那是Papi、娥笳和我。那一瞬間，騰飛的快感真是美妙至極！我喜泣而出，繼而哭喊起來，

Papi，上帝接受的靈魂，大地接受的肉身。看來，你的靈魂已超脫去了。

靈堂前的燭光依舊緩緩閃爍著，Sara說：「南懷謹對生命起始有獨特的見解，按照他所雲：『地、水、火、風都分離了，全身都冷卻了，完全死了。』」

Papi，自從二月二十一日那天起，我摸你的額摸你的四肢似乎真得有些涼，不過你生命的細胞還在與死亡抗爭，因為你是那麼堅強那麼平靜，持續堅持了整整五天，女主治醫生都說簡直是奇蹟！

Papi，在你最後的三四個時辰裏，我明顯看到你痛苦的表情，那一刻真不知道如何幫助你減少苦難。

南懷謹卻說：「人在死亡那一剎是舒服得很。這是正規的死亡。怎麼舒服？人好像脫殼烏龜，跳出來了一樣。等於站在跳板上，他自己就這麼嘟嚕嚕這麼翻過來一樣，譴哦，好輕鬆。不過你想把握那樣輕鬆，把握不到的。一下就嚇住了，或者覺得掉到無比的深淵裏頭。水分散了，到最後大地分散，那個骨頭都要拆開一樣、筋骨已被拆開。那人到了最後死亡的時候，已經覺得這個身體呀……」

難怪你在最後時辰總說在黑暗裏，再三讓我把窗簾拉高些。

喬一早來到殯儀館，進門就擁抱著我的雙肩：米格爾的離世竟然感動了蒼天，看那鵝毛大雪下的那麼大，真是好時節啊！

是啊，今年馬德里沒有下過雪。今天為何大雪飛揚？難道蒼天也為你的離去感到惋惜!?這真是很奇妙的事。

這大冷天，火葬場也不寂寞。原本安排好午時12時火化，那天離世的人和活著的人擠滿了殯儀館。隨知老天多給了你三小時的留守人世，讓我好好陪伴你。

Papi，眼前你猶如生前每天午間坐在家中沙發半閉半睜看電視，是那樣幽然自居。整個畫面就像一幅唐朝仕女圖，都說人死後像女性是有福氣的。可你用了整整十五年的時間扶持我走進文學殿堂，你還未來得及分享到「伯樂」的功勞，就這樣悄然離去……

喬說道：你看米格爾的相貌，乃天庭飽滿地閣方圓，耳大鼻擴。真是好福像！

是啊，以前怎麼就沒有去注意到這些？人總是在後悔中難以釋懷。

近三十個小時，蠟燭更換了一盞又一盞，56盞燭光徹夜騰輝，遠送著斯人尋找回家的的路。Papi，殯儀館開始準備為你出殯，允許家屬走近棺木，我迫不及待快步來到你的身邊，抱著你冰涼的頭顱，摸著你臘黃冰冷的臉頰哭喊著……此時，我又害怕眼淚留在你的肌膚上，心堵得慌疼痛無比！

下午三時，天空又紛揚起雪花，不再是清晨九時那麼大那麼密集。類似送行人灑下哀傷的淚水，一路伴隨斯人遠行。

Papi，殯儀館載著你的遺體緩緩開出了大門，我們兩輛車尾隨在後……

Papi躺在橘紅色的棺木裏，被工作人員緩緩推進教堂，我們尾隨其後。就在我們的視線裏，一道深紅色的燈芯絨帷幕，阻隔了陰陽兩界我們最後的相見。

Papi，神父為你作了簡短彌撒祈禱，我哭喊著拼命奔向那橘紅色的棺木，想最後看你一眼，給你最後一個賠罪下跪……

深紅色的帷幕逐漸合攏，Papi啊，你永遠離開了我們的視線。

Papi，你放心去吧，你一路走好啊！

二〇一三年二月二十八日

Papi，今天最後坐一次你的「現代」車，可惜「司機」不是你。去到Coslada醫院，找到二月二十六日夜間值班女主治醫生：對不起，想知道我先生生前是否知道他患什麼病，是否得知自己的生命無可挽回？」

「第一天我上班接手病人，他患得是肺栓塞，竟然熬過了五天多時間，這已經是奇蹟了。最後那天晚上，我還打電話諮詢

急救中心還能搶救嗎？對方說已經盡力搶救。」女主治醫生的話證實了，Papi轉到普通病房，完全是因為醫院在盡最後的人道主義。讓Papi最後的生命自然離去，他們並沒有直接告訴病人或家屬，所以得知這樣的情況後，我心裏多少自慰一些，因為Papi並不知道死亡降臨。

可想一個病人知道自己即將離開家人，離開熱愛的生活，是多麼的沮喪絕望。儘管送走父親保姆，但是在沒有結識Papi之前，我非常懼怕死亡二字，幾乎在我的作品裏或是口語上聽不見關於死亡的字眼，自從結識Papi以後，悟出人生來之自然去之自然，人難免不了一死。當下好好活著就是對生命的尊重，死到臨頭也不要懼怕。之後，我開始慢慢接受死亡的字眼，對死亡不再是那麼恐慌，多多少少也能面對。說是容易，做起來很難，我為什麼一直不能接受和面對Papi很有可能死去的事實？

根據醫生對米格爾病情的鑒定，在網路上查找到的「肺栓塞」，這種病及少聽說過。是癌症高血壓之後人類第三大死亡率最高的病，未發作之前是無法檢查出來的，也沒有致死的前兆，一經突發出來病人幾乎沒有多少存活的希望。難怪女主治醫生說Papi能活了那麼多天，這是意想不到的。

根據米格爾年輕的主治醫生說，他身前右肺大面積衰竭，淤血堵塞了靜脈血管，在最後的生命階段僅僅靠左肺維持，看來長期以來西班牙醫院無法查到他頭暈，腿無力走路累的原因，其都是肺栓塞病症潛在的因素。

也不知從什麼時間開始，我對西方醫術產生了質疑，西方的設備非常先進，醫院環境也很好，醫生護士的職業道德存在於西方社會人性的兼併，但是他們的臨床實踐實在太匱乏。想想看，西班牙人口四千多萬，醫生隊伍也很龐大，比起中國一個省份的人口，中國醫生的臨床經驗來，他們臨床經驗實在少的可憐。

二〇一三年三月一日

　　下午，烏克蘭朋友Nadia和女兒一直在家陪我。去年我前往武漢參加海外華文女作家聯誼會，走之前特意安排她每週來家打掃衛生，幫助Papi為小貓換藥。Papi支付工錢之後並留下她一起午餐，送巧克力給Nadia的外孫女。這是一個非常善良的東歐女人。

　　「Nadia，米格爾的手錶時針折斷不動了，錶芯也沒有啦！」我突然發現這個問題，心率也跟著跳得很快，有些恐慌起來，難道主人去了，物也不靈了？

　　Nadia母女起身拿起來一看，想恢復它生命的運動，最終還是隨主人去了。

　　Nadia的女兒對我說：「Laud，明天骨灰送家，你簽字我接手骨灰。」她是好心，怕我一時難以接受殘酷的現實。我應該親手接Papi回家，上天果然滿足了我，因為第二天她們沒能準時來到家中。

　　送走母女倆，我又陷入痛苦中，不斷徘徊在客廳裏，真不知道去做什麼，那一刻似乎覺得活著已經沒有多大意義。

　　Papi，我迫使自己早早上樓就寢，想儘快進入夢鄉見到你。凌晨，突然聽見樓下有人敲門，那一刻，我為什麼沒有一點懼怕，竟然下樓打開門，門外什麼都沒有啊！即使半夜裏下樓來為你換上燃盡的蠟燭也不會害怕。

　　十五年，我從沒有在馬德里家中和別墅裏單獨過個夜。Papi，你真是在練我的膽啊！

二〇一三年三月二日

午時，殯儀館送來骨灰我小心翼翼接過，望著那潔白如玉橢圓形鹽制的骨灰盒，一周前這好好的生命瞬間化為遺骸。人生啊真是無常！

殯儀館的人幫助把你安放在客廳壁爐最高處，這裏曾經是你每天必待之地，午餐之後總會坐在壁爐旁邊的沙發上小歇一會。在你身邊，點著燭光，擺放著你生前用過的兩輛汽車鑰匙、眼鏡、戒銀子、裝硬幣的小包……讓這些隨身物品陪伴著你。

凌晨夢見你回家來了，與平常一樣進到廚房早餐，我馬上拿起手機一看，巧好是6:40時左右，正好是二月二十六日凌晨你離世的時間。那一瞬間，我心一下釋懷得真不知道是悅還是泣，躺在床上哭喊著：Papi，你終於回家來了，你沒有拋棄我，更沒有離開這個家，今後我們還會在一起彼此不再分離！從那一刻開始，我似乎又看到了生活的希望，心靈深處又有了新的寄託……之後，壓抑窒息多少天的情感頓時化為一股力量，馬上起床去打掃衛生，像往常一樣清理好房間，餵好兩隻可愛的小貓，等待著你在新的一天一如既往生活在這溫馨舒適的家中。

在痛失夫君、父愛、尊師、摯友之後，原本已經對外公佈封閉內心世界，在百日「守孝」不再書寫一個文字。沒有勇氣去面對這份失落和殘酷的現實，也不想讓外界更多人知道這一噩耗。

三月1日晚間，法國翠屏大姐打來電話：「張琴，你看沒看到，歐洲作家協會朱文輝會長，在二月二十八日為米格爾寫了一篇祭文？」

Papi，當我從公共空間和文心社看到歐洲作家協會朱會長祭奠你的文章後，我非常感動，心死而複燃起來，好好活著就是對

愛人生命的延續。為了懷念你我應該儘快投入對你的書寫中去，而不是自我憐憫。事後，在短短幾天時間內，收到來自世界各國文學朋友們的祭文和安慰，我將化悲痛為力量，開始書寫「百日祭文」，陸續發佈新浪博客中西人文曰（http://blog.sina.com.cn/laudchang）和文心社，讓更多人知道你一生對藝術的虔誠追求，以及留給世人的故事。

二〇一三年三月三日

天非常寒冷，與Noni從游泳池出來，謝絕她的午餐邀請。她送我到車站，足足等了二十多分鐘，Papi，今生你是不會再來接送我的了。

自從第一次夢到你，相信你沒有遠去，始終在家等著我早早回家。所以，我不能讓你等得太久，儘量婉言謝絕外來一切應酬。

Papi，你雖已是高齡，身邊親情朋友們都說，按照中國喪齡你的離世應是喜喪了，可當面對失去最親的愛人，就算活到百歲也不會感到累贅。尤其是像你這樣德高望重，才華橫溢，兼併優良品質和真善的稀有高級「動物」，對你的離世不僅是我們家庭的不幸，吾生命中的苦難，同時也是人類社會一重大損失……Papi，請你在天堂守護更多需要被保護的好人！

二〇一三年三月四日

多少天來，由於作者心情很壞，早早上樓休息去了。聽到樓下電話響了很久，那一刻根本沒有心情去接聽。第二天早晨起來，作者聆聽留言，才得知是管茂賓先生從美國打來的電話。

1948年，西教會決定保送赴西留學的中國學生，共有七人：鮑克俊，上海震旦大學法學系畢業，管茂生、曾憲揆，同大學分別在文學系和政治系肄業；韓伯賢、施正祥、王安博以及夫君米格爾，他們是同屆高中畢業生。就在他們啟程路過上海時，安慶韓伯賢難以拒絕家訓完婚才可走出國門，最終回到家鄉再沒有機會實現留學的夢。

　　一九九七年作者採訪紀實文學《地中海的夢》時，管茂生先生已經離世。作者把留學西班牙六位莘莘學子稱為「皖南六君子」。管茂賓先生是管茂生的弟弟，與夫君米格爾是同一個學校，比米格爾小三歲，是低年級的學生，那時候他們是少年不知愁滋味，一起度過了幸福的童年……

　　「今晨電話談及張學長寶清，對他的往生，頗令人悼念不已！憶起過去以往歲月，寶清身影和他的至愛的家屬，仍歷歷如繪，縈繞著腦際，彷彿猶如昨日一樣。寶清為人正誼明道，不但學中西，博學多才，而且在皖江六秀當中，實在是一位名符其實出類拔萃的才子。」

　　衷心祝願管茂賓先生健康，這些「國寶級」的人物在世俗看來算不了什麼，可是對文化人來說，他們才是民族的靈魂！

二〇一三年三月五日

　　兒子16歲服役一直到18歲之前，我們就通過法律合法程式申請他獲得歐共體居留，可以在歐共體任何一個國家工作。隨後多年他折騰過去折騰過來，往返在西班牙中國兩地。在這些年裏，為了申請兒子到西班牙，Papi，你為兒子花了不少心血還有費用和時間，兒子最終還是在二〇〇八年回國再也沒有出來。

　　由於情感和心思花在兒子身上太多太多，所以對你欠缺實在

對不起，每每想起這些，我心就疼痛受到煎熬！今生今世母子倆是無法賞還你對我們的恩情。尤其是兒子對我們的折騰，請你寬恕和原諒這個不懂事的孩子！

Papi，今天我來到馬德里私家醫院，一是看病，二是從這裏取走二〇一二年五月你最後就診的報告。當女主治醫生Vga聞之你的離去，一時楞在那裏，已見她眼圈紅紅的，西方人對生老病死看得很自然。

我一直很糾結，為什麼你生前沒有檢查出病因？她認為家屬提出這樣的問題沒有禮貌，那一刻我是多麼想知道，我們漂亮的女主治醫生，在你生前為什麼沒有好好為你檢查？我們在她名下就診已經整整十四年了，你總是欣賞她的美麗她的和藹還有她高貴得就像天鵝般的氣質。如今，VGA依舊忙碌在醫院病人中，你卻悄然離世走了。

二〇一三年三月六日

上海弄堂破簷下，掛著不少黑白照片，我告訴對方說自己非常喜歡舊照片。心裏還思忖著，讓Papi幫忙把它設計一下，沒准照片掛上去效果更好。之後，馬上意識到Papi已經離開人世，醒來一陣揪心疼痛。怪異的是，這夢套夢竟然沒有中斷。

我們抬著一張單人床，共擁一張白色被單來到曠野下，就像生前我們相擁一起有說不完的話。

「Papi，你在哪裏上大學？是不是陽光城？那裏有好多大學。」

「……」你頷首默認。

「你去西班牙旅行了嗎？那裏有很多風車。電力風車、傳統風車。」

「你忘記了，我們曾經去過堂吉訶德故鄉，看過那裏的風車，每鐘風格都是不一樣的。」你對我講述。

「還有你在唐吉訶德電影裏面設計的風車，就在我的電腦裏，每天打開電腦就能看見。」

你吻著我的臉頰，兩心早已合二為一，但彼此並沒有進入對方，可我們是那麼興奮那麼愉悅……

天快亮了，我們騰雲駕霧躺在床上，害羞似的用床單遮掩起來。新婚那年我對你說：」你知道嘛？兒時在鄉村沒有衣服穿，四季一張皮，上床脫乾淨一骨碌爬進被窩。你試試看，裸體睡覺有多舒服！」

你果真延續先民裸體睡覺，後來一發不可收拾……

我們進到一個社區，也不知是企業還是宿舍，來到第二家掀簾入內，裏面非常簡陋。灶上煮著一大鍋食，心想著這國人生活飲食是改不了。這一大早怎麼煮那麼多，每次回國我們都不習慣熱湯熱飯，還是喜歡西點。

禮完畢，一家人開始坐下來早餐，Papi，你姐姐遞上一本棄幸疾的詩詞，心裏很是喜歡還想著宋朝作者竟能填寫那麼好的詞。

一個夢接一個的夢，從夢裏醒來哪見你的蹤影？兩個貓咪緊緊依偎在我的身旁……

二〇一三年三月七日

下了一整夜的雨，凌晨天空依舊陰霾一片，我強迫自己徒步來到郊外，對著雨水連綿的天空悲切嚎啕：Papi，你在天上看到我了嘛？你跟我回家吧？

肅靜的曠野下空無一人，我踩著滿地的泥漿，心漫無邊際不知要去到何方……野花小草被這突起而來的哭喊嚇得萎縮起來。

Papi，你知道嗎？家裏的捲簾門早就壞了，事先你約好的修理工一直沒有來。十五年來，今兒獨自家中，夜間多少還是有些害怕。今天鄰居安娜的丈夫來家，把捲簾門修好了，我給錢他說不要。時隔不久，捲簾門又壞了。都說西方人不近人情，獨掃自家門前雪，且管他人瓦上霜。這是中西文化差異所致，只要有求西方人還是很樂意幫助他人的，因為他們更注重尊重二字。

二〇一三年三月八日

莫索爾先生是西班牙華人社會德高望重的資深傳媒人，非常感謝莫老，在多年前是他引薦作者加入了歐洲作家協會這個純文學團隊，之後又參加了世界華人作家協會，海外女作家協會。最終進到到世界華人作家文學圈「文心社」，從這些文化圈裏作者受益匪淺，學到不少為人做學問的道理。是莫老的呵護，才使得這些年往返國際間參與了不少文學交流活動。Papi，在吾一生中，除了你之外，莫先生可稱之第二個伯樂了！二〇一一年西班牙華人微型小說徵文，你和莫老是評委，為徵文比賽畫上了圓滿的句號。

春節前，我們約好莫先生來家吃傳統火鍋，最終沒能謀面，竟然與你成為訣別。

二〇一三年三月九日

二〇一二年五月，我們在荷蘭參加國際文化學術交流會，結識了北京語言大學黃卓越教授，事後的9月應他的邀請參加了北京語言大學國際女性與傳媒的學術研討會。黃卓越教授主持的北京語言大學人文學院為其新書《北京香山腳下旗人的命運》一書

發行儀式。Papi，這是一個和藹謙卑，溫爾儒雅與之你一樣是純粹典型的中國知識份子。當他得知你走後，發來祭文：

> 時在歲初，驚聞噩耗，願華人中的英傑米格爾‧張先生在天之靈安息！也盼你多保重身體，節哀肅心，早日從傷痛中恢復。

北京語言大學教授及人文學院院長　黃卓越

二〇一三年三月十日

一月來，陰霾遮天似乎要塌下來。但天空又很快見晴。

我狂奔在雨中，雨水淚水澀鹹混合蔓延在臉頰上，最後流進口中，眼前什麼都看不見了，一個勁對著蒼天哭喊：Papi，你這條貪吃懶睡懶惰的老綿羊，平時讓你出去散步你總是躲在家裏，還自嘲道：我知道如果去練氣功或鍛煉，能維繫生命的長壽，但我沒有那份毅力和耐性。道自然自然道，還說聽天由命罷了！」

這馬德里的三月天，雨停之後又是豔光燦爛。

我獨自走在郊野與你對話：Papi，今天我帶著你散散步，你看在這春暖花開的日子裏，雨後的陽光更加璀璨。你怎麼選擇這樣的日子離去？

Papi，請你原諒寬恕我，在你生前沒有好好照顧你，你也是知道的，兒女情長是國人心結最難以解開的結症，也是幾十年來我的疼之最。可是，在你面前從沒有撒嬌過，不是不懂是那個特殊的年月完完全全毀滅了我們的情志。我只記得生活在那個渾濁的時代，如何保護好自己不受到傷害，這對一個小女子來說是多麼的重要。你包容理解了我整整十多年，亦是我的任性我的粗心，過多地忽略了你的存在。

二〇一三年三月十一日

　　突然收到一份法院訴訟，重播時間是二〇一二年十月十一日，發生在我們居住地的碰車事件。而且是公車司機的訴訟。這個時間，時值政府為我們舉辦畫展的日子，你買材料自己動手，開車把幾十幅畫送到文化中心畫廊裏布展。

　　當時，我拿著這份訴訟，心裏咯噔起來簡直傻了：Papi，你一向小心謹慎，怎麼會發生這樣的事。Sara卻說：米格爾是人不是神！是啊，是人就有反常的時候。她還說：米格爾不讓告訴你，怕你擔心！

　　我開始懷疑起西班牙經濟危機下，這位遞交訴訟的公車司機居心不良。Papi，那公車又高又大，司機怎麼被你撞傷？再說，所有汽車都有保險的，即使發生交通事故，交給保險公司就可以了，私下無論怎樣作祟是不可能的。

　　Papi，我似乎記起來，你曾經輕描淡提起過頭暈不能繼續開車的事來，但沒有告訴我碰車的確切資訊。第二天，我及時拿著這份訴訟和其他你的相關資料，前往Coslada法庭。西方法律明文規定，當事人離世後所有責任減免，不再追究責任。

　　我記起你曾經說過，後來得到鮑先生的證實。60年代，你開車送留學生去鄉村度假，同行十幾人，當車行駛在山頂上，路又狹窄，原本應該開三擋，你卻只開了二擋，迎面駛來一輛小車。還未來得及反應過來，連人帶車朝著山下翻去，下麵是萬丈深淵的水壩……當時，鮑克俊先生在車上一個勁的禱告。倖免的是，下面巧合有一塊不大的平地，剛好可以放下汽車。車上所有人不寒而慄，預計死定了，可上帝還是救了你們十幾條性命。

　　鮑先生還說，你個性倔強又固執而且從來不服輸。你之所

以獲得西班牙國家四個學位，與你的天賦是分不開的。鮑先生還說，你如果稍微再勤奮一點，得到的還會更多。正如你所說：我得到再多，沒有時間心情去享受，活著又有何意義？

寫到這裏，不由想起我們每次外出，行走在人行道上，你總是讓我走裏邊。當時，我還不是很明白？有一天，我問你：「Papi，你老是走外面，讓我在裏邊……」

「路上車子很多，人走在前面，後面突然有開玩命車的年輕人朝你開來，冷不防就會發生災難。男人嘛，就應該有紳士風度。保護女人義不容辭！」

「喔，原來如此！」正是你的行為深深感動了我，我就毫不猶豫嫁給你。

二〇一三年三月十二日

今天再次來到Coslada醫院，取走你的CT透視圖。你正是從這裏消失世界的。當我走出醫院大門來到陽光下，從信封裏抽出那張判決你死亡的圖片，只見兩個肺一大一小陰影很重。那一刻，我心裏就像被刀戳一樣難受死了。

多少天以後，才知這這是一份二月二十六日你離世時間的CT圖，由此留下質疑和疑惑。你21號入院第一份檢查報告在哪裏？多少日來我往返奔走在這條生與死亡的路上，想為你的後事理個明白。直到月後的這個時間，安娜對我說，目前醫院有一種檢查肺部的設備，可以直接拿到病房使用。如果這樣，那懷疑就會消失，我也就不會再糾結這個問題。

從半山腰醫院下來，路上幾乎看不見行人，我傷心地哭喊著：「Papi，你是那麼堅強那麼自信，最終難以抵禦病魔的襲擊。你倒是走了，可我眼前是兩眼一黑，今後的日子怎麼辦啊？」

Papi，你聽見了嗎？

二〇一三年三月十三日

　　Papi，白天無時不在思念你。每每想起後期對你不起，心裏就像被針紮一樣疼痛，又情不自禁流淚。晚上見不到你的身影，那般孤獨寥寂……其實，我們二人世界更多是柏拉圖式的精神戀愛：「很抱歉，我只能用這樣的方式……」我在你的愛撫中流淚，事後會在睡意朦朧高潮中醒來。

　　類似這樣難以啟齒的事，每月至少有一兩次。第二天起來後對你說：「哈哈，昨晚又高潮啦!?」我總是以這樣的語氣來掩飾自己內心的羞澀和不安。

　　「很好啊！你又騰雲一次。」你的不經意其實內心潛在很大的內疚，去年在回國旅途下榻的賓館裏，那晚也是你最後一次想給予我一點滿足……我輕輕地拍打著你的後背：「Papi，你別再勉強自己。」我暢遊在你的精神世界裏，已經非常知足，尊重你是我必須的。

　　自從嫁給你以後，由回避親情朋友到躲閃社會世俗的目光，最終勇敢去戰勝自己，徹底消弭了心理障礙，十多年來從沒有後悔過。Papi，我知道你是一個大度的人，就在你離我而去的二十多天前，因為一個無端的話題，竟然對你說了些不中聽的話語，如果傷害到你敬請原諒。其實，在我們的生活中，時常因為一個觀點，因為一個學識達不到統一發生激烈的爭辯。世俗都說夫妻沒有隔夜仇，我一轉身就對著書房喊道：「Papi，吃飯囉！」

二〇一三年三月十四日

一九九八年，作者終於等到了合法身分，經營的電話公司也不要了。立即歸心似箭回到那個離開整整四年曾經幸福安適的家，最終兒子的父親拒來西班牙家庭團聚，公園兩千年我們友好分手，與米格爾從新組建家庭。

直到二〇〇二年，我帶著你回國見父母，兩位老人才知道一切難以挽回，母親埋怨女兒氣得高血壓發作臥床不起。

當父母真正見到你，兩位老人很快喜歡這個上門女婿，並且接受比自己女兒年長類似他們年齡的女婿。而且每次回到家裏，少言寡語的父親總是讓你坐在身邊，不斷為其夾菜。父親總是對新女婿講解放戰爭，還有那些老掉牙的陳年往事，唯獨沒有提起過自己受冤的淒慘歷史，直到父親離世前，這位優秀黨員還在讚揚共產黨的好處……

Papi，每每這時候，你被感動得熱淚盈眶，因為少年去國前父親離世你才十四歲，母親在世和離世卻不能回國行孝，你幼小年輕沒有得到父母多少呵護，幾十年後突然得到一份真誠的愛，怎麼不感慨萬千!!

白髮人送黑髮人，其實目前母親的兩鬢未黑。母親比你大兩歲，你仍舊非常尊重老人，總是老媽老爸叫得兩位老人心裏甜滋滋的。你總是欣賞母親的偉大和堅強，以及佩服並連連稱讚母親的處事哲學：老媽真了不得！

二〇一三年三月十五日

Papi，在你去國前，自幼受天主教的影響，十歲接受洗禮。

高中就讀安慶教會學校，畢業前夕的1948年仲夏，由西班牙天主教嚴格甄選，保送到西班牙留學（去國時間1949年五月三日）。那時，毫無質疑你應該是非常虔誠的天主教信徒。大凡兒時所存有的價值觀或是信仰，一般受家庭或身邊親近人的影響比較多。但是，隨著年紀的增長，知識的積累視野的擴大，思想逐漸成熟，見解也隨之不會人云亦云。這就是你後來以自己獨特的慧眼，來從新認識宇宙認識宗教，以至深刻透徹去解剖人性。

二〇一三年三月十六日

「天堂有你更精彩！」文心社施雨發來哀思文。

Papi，你終身淡定，修身養性，在看破紅塵後，自由奔放灑脫在自然形態中，執著對電影繪畫建築文學的追求，

Papi，這些已使得你的內心世界滿溢，世俗已經無法羈絆你高貴的靈魂。無論開設新浪博客，創建西班牙華人資訊網_米格爾專欄，還是開設世界華文作家園地「文心社個人專輯」，或撰寫完成紀實文學《地中海曉風殘月》，均不是你個人本意所為。對你的沉靜安適，再有煩惱的人和事都會在你這裏化解消弭。

兩年前作者在「文心社」為你開設個人專輯，由於你的懶惰不能好好管理空間，其實，幾乎所有的空間，剛開始你還進去看看，到後來似乎就沒有這會事了，真拿你沒有辦法，隨其自然罷了。

網友夢行者寫給你的詩文：

一個人
逝去
許多人懷念

他沒有離遠

他仍在身邊……

二〇一三年三月十七日

從游泳池出來，與Noni去了教堂，或許因上帝的帶領，竟然來到了一家天主教天堂，偶然結識到這裏的新信徒。

他們禮拜形式與基督徒不一樣，主持人讀的是幾千年古羅馬留下的版本《聖經》，足有1679頁，如此厚重的信仰延續下來，主引導信徒們尋找生命之光，信徒可以自由提問，台下幾歲的孩子都可以自由提出自己難以找到的答案。聽在心裏看在眼裏，怎麼年幼的孩子竟然不示弱敢與大人一樣提出問題，真是令人感動。

上帝真得知道，那麼戰爭和苦難會終止嗎？人死了還有希望嗎？

我們只好帶著這些無法解讀的問題繼續生活下去，你卻逍遙天國，無須再去煩惱。可人世的凡夫子們還得煎熬在這個罪惡地獄般的世界裏。

Papi，世上萬事萬物，似乎沒有難倒你的。你哲人般的洞察力與人與事沒有對與錯；當你遇到無法解答的問題時，保留一家之言；正如你看宗教一樣，上帝存在還是不存在？既然不得知那就保持個人觀點，絕不會去人云亦云……

二〇一三年三月十八日

Papi，你去國時手執中華民國護照，沒有趕上新中國成立。正如鮑克俊先生所說：「我們對政治很淡泊，看不清未來，根本

沒有去想過……」。青春年少的你，當時國家蚍蜉且談個人安危？任何人都是沒有辦法去抉擇走向，即使選擇離去你也沒有錯。作為一個中國人，你身在海外心系故國，在報國無門盡孝不能的歲月裏，你只好接受臺灣電影製片廠的邀請，想為國家盡點微薄之力，而不是為某黨某政治服務。

莫老：「叫什麼名字，獲得什麼國籍，這純粹屬於自己的權利。與愛國不愛國沒有實質性的關係。實質上，米格爾對中國比什麼人都愛國。因為他為中西兩國文化留下太多的東西。」是的，你是否還記得，多年前，我曾經寫給一篇什麼叫愛國？竟然被網路連續轉載。

但是，政治的卑劣，總想從中撈取一些資本，視你的大愛精神不顧，你卻把高昂的頭顱仰視在人文藝術文學的聖殿上。為中西文化交流，人類社會留下了不可磨滅的偉績！

記得你曾經對我說過：謝謝你們的邀請了，與之這樣的場合尋找不到佳音，請你們今後放我一馬好了！欣慰快哉！從此與他們沒有任何干係。你的清白你的廉潔你的自命清高在國人圈裏是出了名的。可是面對媚俗，多少誤解多少嚼舌，你揮一揮衣袖仍舊是不帶走一片雲彩。

感謝歐華報辛夷大姐，她已經盡到了一個傳媒人的職責：對於米格爾的人品我非常敬重，對於他的才華我非常欽佩，對於他的突然離世我很難過和惋惜。我最欣賞的是他作為一個文化人的淡泊和坦然，我覺得我們都應該以他為榜樣。

二〇一三年三月十九日

Papi，自從你走後那一瞬間，我就想著要把你和娥笛帶回中國，葬送在故國你的父母身身邊。多少日子裏，我一直沒有放棄

試著想撥通國際電話聯繫你父親老家無錫家族裏華宗泉先生。那一年夏天，你帶著我去看過祖墳。那是1979年你第一次回國留下美金為父母盡了最後一份孝心。還有你對家族盡了情盡了責……他們對你的誤解以至於不理解，統統被帶入死亡。

二月二十一日那天，你躺在床上說起：「我最想見到的是母親」。這句話無時不刺疼我的心房。你身前並沒有叮囑，要回到那塊令你夢牽縈夙又多少失望的地方。是我固執要送你們回歸故國的，回到父母身邊的。

後來我又通過共患難朋友麗娟丈夫在南京從事媒體工作的戰友，尋找華宗泉的資訊，可一直聯繫不上。真是很奇怪喔，地址電話號碼雖說隨著歲月的流逝有所變遷，還不至於連人影都找不到。後來，我似乎記起你曾經對我說過：那父母的歸宿地也不是最原始最早的。或許這樣，我心裏多少寬慰了些。即使把你們送回父母身邊，也不知道多少年後，無情的開發商們為了蠅頭小利，是不會去顧及先民留下的「入土為安」──即是對故人最好的尊重。妄自菲薄啊，我們的倫理道德早已喪失殆盡！想到這裏，我不再強求自己。

不過，沒有想到是，活著的人無法滿足你回歸父母身邊，儘管不是你的本意，是我對你的一份厚愛。這件不近情理還有那麼多不盡人意的糾結……Papi呀，你是萬萬想不到的啊!?人世間還有如此這般絕情……

二〇一三年三月二十日

Papi，你去天堂已二十三天啦，我還難以走出悲痛的心境。自從三月二日把第一封哀思寄託在博客，之後二十多天來，網路世界架起一座人文之大愛的橋樑，朋友們源源不斷把哀悼和深情

關懷送到作者的身邊，以及世界各地文學朋友一一送來真誠的哀思。為了感恩報答大家，吾終於悟醒過來，斯人已去，我們尊重自身是對逝者在天之靈的寬慰。目前，我已經進入正常程式開始著手為你工作，因為我對你承諾過，所以每時每刻對你的追思，就是我走出痛苦的最好解脫。

昨晚，鮑克俊先生打來電話，我問道：是否看到marta（鮑的妻子），他說從來沒有夢到過她。鮑太太在天堂一定過得很開心，不願意回到這個骯髒的世界。

二〇一三年三月二十一日

Papi，自從你入院那天開始，兩個小貓在找你，尤其是灰灰，牠們再也不好好吃飯。以前咪咪吃東西總是狼吞虎嚥，見啥吃啥饞不擇食。

三年前，是你寵壞了灰灰，養成了午餐吃蝦的習慣。

「這點小錢還是花的起，與其他貓食比起來貴不到那裏。」你總是這樣寬慰我，因為你知道我一向很節儉約。

Papi，我真擔心有一天不在牠身邊的日子裏，誰來照顧關心牠？動物也像孩子一樣，你也是孩子，見什麼好吃的就垂涎三尺。你入院的二十多天前，竟然吃了好大一塊牛排，事後不久你自己做的「東坡肉「也吃了不少。還一個勁勸我：沒有關係，又不是經常吃。」邊說邊把一塊色味煞是好看的紅燒肉夾進我的碗裏。我總是把瘦肉吃了，你把餘下的肥肉吃進肚子裏。

「Papi，你少吃點好不好?!」每次看到你那麼貪吃，總想阻止你。

「我都這把年紀了，這樣不能吃，那樣也不能吃。這活著還有什麼意義？」

你在的時候，灰灰也是這樣，每天午餐時間還未到，就早早坐在牠的椅子上，翹首以盼的眼神，並用前爪，用頭親近人類的身體，等把剝下皮的蝦端在牠面前，看牠津津有味的樣子似乎就是你的影子。我真擔心不在家的日子裏，灰灰怎麼辦？

Papi，你我從始終把灰灰當成孩子來養育，牠似你的溫柔平和，咪咪純屬我一樣大嘍囉，傻乎乎的。

幾天前超蔚一家子來家看我，看我苦成淚人一樣她擁抱著我：今後怎麼樣別管了，你在身邊一天就餵牠一天。這話很有道理，人也是一樣過好每一天，明天的事明天再說。

二〇一三年三月二十二日

今天，我去小鎮開啟郵箱，我們的老朋友Jose遞上申請表格：一人七十三歐元，兩人一百一十五歐元，兩人在這裏簽字。」

我簽好自己的名字，Jose把填好你的申請遞給我：米格爾在這簽。

我失控立即抓住Jose的手：Jose，對不起，米格爾走了！」

Jose頓時張大嘴巴，雙眼瞪得雞蛋那麼大看著我，一時說不出話來。

他很快反應過來。

「讓我在你的申請上代簽了。」

我站在櫃檯外面感激Jose又心灰意冷呆呆望著他辦理。

Jose遞上兩個號碼，一個是你的忌日，一個是你的出生日。我不願意再看到那個恐怕的死亡符號，是它從我身邊殘酷無情剝奪了你生的希望，我果斷的選擇了你的生日號碼。從此，這個封閉的郵箱徹底把你我隔離在陰陽兩界……Papi，你在天堂會給我來信嗎？

二〇一三年三月二十三日

Papi，你走了二十多天了，每晨我幾乎都會在6:40時左右醒來，今天除外。

上半夜，夢中看見你，剛開始看不清，心裏有些害怕。我跑到房間裏正準備關門，看清是你才沒有一絲恐懼。我們就像往常一樣，聊起家常話別後又重見的喜悅。眼前，你的畫面是那麼清晰，臃腫的體態著你常在家裏喜歡的淡綠色開司米薄毛衣，當你坐在靠窗臺那張沙發上，我情不自禁上前想擁抱你，可是撲了空，你突然不見了。我由喜到悲，夢醒來兩個貓咪緊緊依偎身邊。

奇怪的是，長期以來我做夢會把夢延續下去。就在剛才夢中看到你卻撲了個空，昏昏欲睡之後，又看見你身著灰蘭兩色的毛衣，那是你在美國拍電影特別喜歡穿的毛衣，只見你坐在花園的逍遙椅上，我把列印出來的書稿目錄遞給你看，兩人斟酌最後定稿。

二〇一三年三月二十四日

Papi，下面是西班牙華人門戶網寫給你的文字：

> 米格爾·張先生從小深受中國傳統文化的浸染，而後又定居西班牙，中西方文化融合在他的骨髓裏。米格爾張一直致力於電影建築藝術的研究和探索。米格爾在電影藝術、繪畫、建築藝術、文學等方面皆有很深的造詣。
>
> 米格爾先生是我們西班牙華人門戶的特邀華人專欄作家，其文章深邃有力，有獨特的見解，往往能從現象中看

出事物的本質。他為我們西班牙華人門戶網站開啟了一道文學之門，為文化的傳承與發展做出了自己的貢獻。西班牙華人門戶的所有人皆為米格爾先生的離去深表遺憾，米格爾先生值得我們一生銘記。世上少了一位文江學海的藝術家，天堂中多了一位學富五車的老者。

米格爾先生就這樣離開了我們，一個熱愛藝術的人，不僅是對藝術的嚮往，更是對他身邊的親人和朋友，還有許許多多敬仰他的崇拜者，我們的身邊又少了一位才華橫溢的朋友，此時我們更要祈禱，祈禱這位才華橫溢的藝術家在天上過的幸福。

但離開的人既已離開，活著的人唯有紀念。雖然米格爾先生離開了我們，但他的藝術作品卻可以永久的流傳，紀念他的人會永遠紀念他。

米格爾・張Miguel Chang，祖籍江蘇無錫，定居馬德里。曾畢業於西班牙國立電影專校、西班牙電影實驗研究院、馬德里科技大學高等建築技術學院。為電影與建築界雙棲工作者，美國好萊塢電影美工設計師，曾與世界著名導演史蒂芬史匹柏合作。

為米格爾深深地祈禱

致敬！

西班牙華人門戶

二〇一三年三月二十四日於馬德里

二〇一三年三月二十五日

我們的友人——中國電影資料館外國影片部門主任付郁辰，她常年穿梭在中西兩國，研究西班牙電影藝術，如果說中國觀眾

得以熟悉西班牙電影，那郁辰大姐是功不可沒，而且她在每年西班牙國際電影節上幾乎沒有缺席過。除此之外，郁辰大姐與謝強翻譯出版了法國作者弗雷德里克・斯特勞斯著《欲望電影》一書，整本書，全是作者弗雷德里克・斯特勞斯採訪西班牙著名導演阿爾莫多瓦談他自己從小與電影結下的深厚淵源，以及遨遊在電影藝術天堂的自由，其文字表達可見一個忠實虔誠的電影人胸中難以克制對電影的激情。該書譯成中文使更多讀者瞭解到西班牙的電影世界。同時，郁辰大姐又源源不斷把中國電影介紹到地中海，近些年西班牙觀眾對中國電影有了更多的知性認識。

　　驚悉Miguel仙逝，悲痛萬分！我們與Miguel交往三十餘載的情景仍然清晰地浮現在我們的眼前。

　　Miguel早年赴西班牙求學，並在中國和西班牙文化交流中起到了穿針引線的積極作用。Miguel在史蒂芬史匹柏導演的美國《太陽帝國》，在西班牙影片《瘋狂的胡安娜》等眾多影片中設計了美輪美奐的置景。他的建築設計集中外大成，讓人歎為觀止。

　　Miguel的一生是為藝術而奮鬥的一生，他的藝術作品像燦爛的花朵，永遠綻放在我們的心中。

　　遠在萬里之外的摯友郁辰和曉敏祝福你在天國中永享光明。

付郁辰

二〇一三年三月二十六日

　　月前的今天，Papi，你永遠離開了這個世界。

　　都說孩子是自己的好，老婆是他人的好，可是真正所愛的人

是任何都無法代替的。不過，相信這個世界，朋友還是老的好。

　　薇，是我初來乍到馬德里最早結識到的浙江文學朋友，她未去國之前，曾在浙江家鄉小有名氣，文章寫得真誠樸實無華。尤其與她交流時，她雙眼深情地注視著你，敘述時總是娓娓道來。旅居西歐後，事業家庭孩子母親需要打理照顧，似乎不再有更多時間去做自己喜歡做的事。生意稍微穩定下來，她重拾閒情別致，開始苦練其起書法。我們的友情可謂是君子之交淡如水，是文學使我們走在一起，更為重要的是，十多年我們一直在關注中國貧困鄉村的孩子們，只要對身邊朋友們說一聲需求，他們總會義不容辭支援我的募捐活動。十天前，她與兒子開車往返百多公路，送來吃的喝的還有募捐給孩子們的兩大包運動服。去年詹氏集團募捐的幾十套運動服寄往內蒙古通遼市一所鄉村小學足球隊，足足花了我們百多歐元。這些年，你為我買好機票接送機場，把這些物品遠遠送到中國，實實在在為公益活動做了不少實事，大家從來不計較得與失，Papi，你總是幕後支持者。

二〇一三年三月二十七日

　　月前的這一天上午9時許，天空突然下起了鵝毛大雪，你的離去竟然驚動了蒼天，上帝惜之人傑啊！

　　今天你回家來，我下意識知道你已經走了，但還是心生喜悅，我攙扶著你在房間裏來回走動，似乎不是西班牙的家，是四川雅典苑家。我們共寢一枕歡愉：Papi，你摟緊我點，你用右手環繞我腰間，感受到你的體膚溫度是熱的。

　　「去方便一下。」我扶你下地，屋中怎麼會堆著雜亂物，我隨手拿出一個不大的瓷盆，幫你接著小便，只聽見嘩嘩的聲音，心念著Papi你竟然還活著。

五妹扶著你從外面回來，穿著蛇年三十晚上那件唐裝，那是很多年前我們在北京秀水市場買的。五妹暗示我說你出現幻覺，我突然想起什麼來，對了，Papi，你喝了見血清就會好起來的。我跑出家門，要去尋找一種中草藥名叫「見血清」。跑著跑著夢醒來……

二〇一三年三月二十八日

　　復活節，SARA學校放假來家小住幾日，適值江鳥在這裏幫助整理你的西語書籍。還有世界各國的百科全書，以及藝術繪畫建築文學之類的書籍大約有一千五百多冊，這些書看不懂也只能「愛物及物」了。今後這些書不會再有真正的男主人，看到它們散落在那裏與人一樣孤單……

　　男主人在時，我從沒有去好好關注過這些西語書籍，現今你已不在家了，翻閱起你生前就讀過今兒留下滿是灰塵之書，除了沉重那就是對你的懷戀。西語《禪》內頁留有你圖書收藏印章，並在不少頁面留有你的手寫筆跡；有趣的是在第八十頁寫有翻譯批註：「生來坐不臥，死去臥不坐，一具臭骨頭，何為立功課。」

　　在第七十八頁至七十九頁，你翻譯寫著：「身是菩提樹，心裏明鏡台；時時勤拂試，勿使染塵埃；菩提本無樹，明鏡亦禮台；本來無一物，何使染塵埃？」透過這些筆記可見，你在閱讀時的全心投入以及對學問的嚴謹和治學態度。

二〇一三年三月二十九日

　　Luna，即月亮，出生於北京，長在一個書香門第的家庭，自幼熱愛文學，有虔誠的信仰，她為獲得精神世界的喜悅，為了博愛自由來到了西歐。她抵達西班牙馬德里，人生面不熟，直衝

著我尋上門的，由此以來我們生活在一個屋簷下，正是這樣她見證了我於你最終走向婚姻殿堂。西方人總是無法叫出中國人的名字，所以幾乎每個生活在海外的國人都有一個外文名。luua西文名字還是你為她起的，你為我起的西班牙名字¨laud¨即「琴」之意。不少朋友的西班牙名字都是你根據原有中文名字為之起的，其意是完全一樣的。

十五年來，我們似姐妹，又似親密無間的好友，更重要的是我們對文學具有強烈的熱愛，對價值觀的取向有著很多共同認知。我非常感謝身邊那麼多至朋好友，對我關愛有加，而且她們都能像你那樣一一接受我的倔強個性，從不計較多疑。如果有人要問，來西班牙最大的收穫是什麼，Papi，除了你之外，她們就是我精神世界上最大的財富，有了她們我生活的非常陽光開心。

二〇一三年三月三十日

　　驚悉米格爾先生仙世，他是我華人中非常優秀的學者，為人真誠誠懇，做人一貫低調，默默耕耘而不追求名利，米格爾先生的品德和才學我們非常敬仰，我對他的逝世，表示深切的哀悼，並向你表示深切的慰問，請節哀順變！送挽聯一幅。

　　時事傷心風號鶴唳人何處，哀情慘目月落烏啼霜滿天。

　　　　　　　　　　　　　　　　　　　　　　　李汝龍

二〇一三年三月三十一日

　　Papi，今生唯有你讀懂我的人生，半個世紀來我苦苦追尋的真理，儘管飽盡了人間冷暖，人世心酸。終於苦盡甘來，在你那

裏最終獲得信仰，你還沒來得及與我分享，卻悄然離去了。我們相知到相愛，一起走過了不算漫長的日子，我們還是很幸福的。難道冥冥之中真得有一雙手在攜帶我們一步步走過來，讓我生命中最後一段路程，去傳承你的人文精神。去完成曾經對你許下的的諾言，因為你留下的精神財富已經不屬於你自己，更不會屬於我，它是屬於人類和社會。十五年來你為我做的太多太多，今天我應該來好好回報於你。只是沒有想到，上帝竟然以這樣的方式來安排你走後，讓我來為你所做一切。

二〇一三年四月一日

Sara學校放假回到家過節。江鳥生前是我們的朋友，他也來家。

你走後他似長兄來家幫助把花園翹起來的圍欄用鐵絲拴死。我看到他專注地蹲坐在屋簷下解鐵絲圈。那一刻，心裏真得很不是滋味。他生命走了一大半，兩手空空，把賺來的錢全花在了旅行上，之後在文學的園地裏辛勤耕耘。他儘管懷才不遇，仕途難以如願，還一如既往去研究幾百年前的「湯顯祖」文化。從古到今良言幾多普天下？當下地球上多少人需要關愛，又誰來關心你？自己都不能拯救自己，談何去拯救文化遺產？他傻呵呵聽其嘮叨不言聲。時下，我又想起你說過的話：好高騖遠！不自量力！到頭來落得狼狽不堪。這是十多年來你對我的教誨。

自古到今，多少文人窮困潦倒，以逃避現實。

手自搓
劍頻磨
士來大夫天下多

青鏡摩挲

自首蹉跎

失志困衡窩

有聲名誰識廉頗

才廣學不用蕭何

忙忙的逃海濱

急急的隱山河

【元】馬謙齋，〈歎世〉

二〇一三年四月二日

　　媽媽，明天就是清明，代我向Papi上一柱香，媽媽也調整好心態，現在媽媽一個人在那邊，很多事處理起來走的很艱難，但我相信母親是個內心強大的女人一定能走過來的，多注意身體，安好，兒子。

　　清明時節雨紛紛……似乎記得清明是三月五日，兒子的提醒似真似假就相信了明天是清明節。那一刻，腦海裏想到在清明節這個悲傷的日子裏，同時要祭奠兩個與我生命有關的男人，一個是作者的父親，一個是外子。父親給了我第一次生命，外子給了父母都沒能給我的一切；甚至於可以說他們給我更多是苦難和不幸，儘管這些災難不是源自父母本身，可是兒時的痛苦依然記憶猶新。

　　外子去天國一月零七天，六年前的十一月三日父親離開了我們，眼下面臨著沉重的選擇，應該先去憑弔誰啦？我毫不猶豫為父親點上了蠟燭，倒上兩杯陳年老酒，端在父親靈堂前：

　　爸爸，明天就是清明節了，女兒陪你喝一杯。你在天堂看到米格爾沒有？他文弱書生涉世不深那個特殊的環境，你要好好

關照他喔？其實，父親，你的一生光明磊落，生前除了家人、戰友、曾經工作過的同事和離休之後在一起過組織生活的老黨員之外，你骨子裏並沒有接觸並受染到世俗的東西。你與外子真可謂一武一文，其秉性心志和氣節一樣偉岸高風亮節。你的女兒以基督徒的見證，天堂沒有刀槍揮戈血腥的扼殺，也沒有權勢金錢的爭奪，更不會有急功近利的社會環境。果真有，女兒相信你一定會保護好這個遲進門的女婿。外子曾聆聽過你渡江南下從安慶到南京，那時他還在安慶讀高中；還有四川征糧剿匪的故事，唯一沒有聽到過你提起一個女兒為何漂泊在外……

爸爸呀，為什麼我們的命運那麼淒慘那麼不幸!?人世間所有的災難又讓你這個叛逆的女兒遇上了。爸爸，請你原諒，在你生前我沒有好好盡孝，我們父女之間的代溝竟然以你的離世得以消弭。這究竟是誰帶過我們那麼多的苦難?!

我哭罷父親再哭君。上樓來到廚房為外子也倒上兩杯老酒，供奉在Papi的靈堂長明燈前：Papi，儘管你不是那麼喜歡喝酒，我還是倒上陪著你喝。你在天堂見到老爸了嗎？你們在一起好好打麻將喔。

國際電話撥通中國，我對母親說，讓姐妹們在父親墓前行上女兒的哀思，緊接著電話兩頭，母女哭聲起伏，遙遙天際間啊電話被哭聲中斷……

二〇一三年四月三日

Papi，生物鐘把我從夢中喚醒，窗外還是一抹黑。我起身來到書房，伏案敲打著電腦鍵盤，又情不自禁想起你來。

從第一本書《地中海的夢》開始，我如同小學生一樣，把寫好的文字交給你，正是那個時候，我們接觸到電腦。你坐在電腦

機旁，慢騰騰笨拙敲打鍵盤，非常認真地修改每一篇文章，潤色每一段文字。直到處女作二十多萬文字的《地中海的夢》文稿付梓出版印刷。誰知道，所有文稿被「菲律賓」電腦病毒吞噬。當時，你伴隨著我食寢不安，焦心憂慮。那可是三年來的心血，我們日夜兼程熬夜打出來的。

幸運的是，「國寶」印社最終挽救了文稿，那一刻我擁抱著你喜悅而泣。

直到二〇一三年二月二十一日你被救護車拉走的月前，你寫下最後一篇微型小說《堂吉訶德精神》，還是小說中女主人翁是我的化身。你給我太多的呵護和關愛，我對你百般的依賴，今生今世不會再來！

這不，一大早，Sara陪著我來到馬德里私家醫院。我獨自進到檢查室，上身赤裸著，插著測速器，被捆綁一樣站在跑步機上，難以抑制自己的情緒，邊跑傷心哭了起來。其實，兩年前，我試著想慢慢甩掉你這根拐杖，儘量自己掛號自己去醫院化驗檢查，讓醫生把結果寫在紙上帶回家給你看。今後你不在的日子裏，我必須學會去面對。

從醫院出來，我們去了一趟中國大使館文化中心；隨後又去西班牙作家藝術家協會，事後，又去了西班牙電影博物館，搜集你曾經參與的國際電影拷貝資料，朋友瑪爾妲熱情答應願意幫助。Papi，目前我要儘量為你多做一些你不想做而想做又來不及做的事，以此回報你對我的恩典。

二〇一三年四月四日

Papi，你是一個謙卑的人，所有生命在你這裏都能得到尊重。你生前最痛恨的就是社會不公平現象，尤其是女人與男人情

感與之婚姻問題上的不公平。

「都說女人失貞男人，難道男人不是同樣失去自己。當男人在得到快樂時，難道女人不是？」你的謬論一般人是很難接受的。

千百年來，中國封建禮教蛇蠍般纏繞束縛著婦女，尤其那些失去丈夫的女人，被烏鴉般「寡婦」的字眼陰影籠罩著。

五個月前，我撇下你獨自留守家裏，在河南鄉村採訪「守望鄉村的女人」一書。誰能想到，在一個生產隊竟然有高達二十來個守寡的女人。從二十多歲到五十多歲，丈夫死後，她們拖兒帶女，死守幾畝地苦熬著，有的還帶上子孫外出打工。就這樣她們嫁一從終。

政府沒有眷顧她們，社會遺棄她們，甚至於多多少少對她們還有一些歧視。「寡婦門前是非多。」這千年被訓斥的倫理，已使這些婦女生活在絕望中。

今天寫照，倫理道德淪陷，人情世故淡薄，在金錢至上的社會，男人擁有權力暴力佔有女人，女人利用容顏換取所需要的一切，婦女被解放半個多世紀，其內心世界的枷鎖依然沒有被鬆綁過。問題是，是誰給了男人的權力，讓男人隨心所欲，他們可以「三妾四妻」，那些失去丈夫的女人，是否也應該有權利去獲得一個人最起碼的生活。

Papi，我在你身邊懵懵懂懂，不懂得女人為什麼會來月經？十五年是你的啟蒙徹底改變了我的生命軌跡，由一個爭強好勝的女人，在你面前真正感受到做一個妻子的自由和幸福……

如今，面對烏鴉般「寡婦「的字眼，我感到多麼的沉重多麼恐怕多麼晦氣。但是，是你給予我的勇氣和膽識，勇敢寫出來去面對這個殘酷不爭的事實。我不會後悔我們僅僅做了十五年的夫妻，如果還有來世我還會嫁給你。

正如我曾經對你說過，除非遇到你這樣善良仁義的好人。

人生歷經過懵懂的婚姻，少女夢幻般的癡情，擁有過靈與肉的結合，人生也就如此了。難道生命還有什麼奇蹟出現。

二〇一三年四月五日

Papi，今天安娜陪我一起來到銀行，對你的離世我一直沒有勇氣告訴他們。當主管聞之這一噩耗，就是你住院期間在他手下取出300歐元的那位年輕人。他驚訝萬分一下傻了，雙眼濕潤起來，坐在辦公椅子上不知所措。片刻反應過來，急忙叫來下屬。

我把五年前你在公證處立下的遺囑以及有關證明遞上，銀行公事公辦好不含糊：目前這份遺囑在法律上不能奏效，要等司法部最後提出的遺囑方能見效。意思就是授權人是否中途更改過遺囑，這樣的現象無論中國西方都是常有的事。

Papi，銀行把今年四月份的醫療保險198歐元退回，你的醫保沒有了，我只能從新申請一份醫保。至今，你的一切事務還在凍結中。事到如今，我之前守住鮮活的生命不去好好珍惜，等到離去才知道身外之物已經沒有多少意義。

「家中多一個人少一個人是完全不一樣的。」多年前，母親失去父親說的話記憶猶新。

眼前留下來一大堆錯綜複雜的後事，別說我人生地不熟，又沒有語言。安娜也感到棘手，因為隔行如隔山，法律上的事更難了。銀行好心引薦一家律師事務所，安娜協助她們辦好一切移交手續。

此時此刻又聯想到，今生從小到大，有關「遺囑「的字眼，是電影小說中看到的，壓根與己沒有任何關係，更不敢去想入非非。上帝真會開玩笑，二十年前，上帝把我帶到地中海，帶到你的身邊，與之相守十五年，又突然把你帶去天國。如果沒有那麼

多的偶然，那麼多的離奇，你所留下的物質精神財富怎麼地也不會與我有任何瓜葛。只能說上帝賜予的恩典，才使得你我結下這份天外天的情緣。

當二月二十六日凌晨6:55左右，你突然離我而去，這個家徹底塌了下來。一切生外之物，似乎對我已經沒有任何意義。即使早期的浮躁對物欲的渴望，已被你的精神世界填得滿滿，但人性醜陋的一面還會根深蒂固存在。但是，絕對沒有想到，二十多年前，去國前夕兒子一番問話：媽媽，你出國賺多少錢才回來？兒啊，兒，媽媽哪是為了錢出國的。

我還是對兒子撒了謊「等媽媽賺了十萬就回來。」

當年不管是謊言也好，心中無法訴說的苦衷也罷，就是沒有想到苦苦追尋的竟然是以你的遠去作為沉重的代價。每每想起這個殘酷的事實，我心好痛好難受！我沒有一絲快悅，更沒有心安理得。只要能完成對你的承諾，即使把現有的一切都捐出來，我也心甘情願。

當我把這個想法告訴安娜，她雙手扶著方向盤，兩眼瞪得滾圓望著前方：你簡直瘋啦！目的是什麼？你如今還活在幻想中。如果米格爾得知，他會活過來說：生前都不留名，死了還在乎這些。

安娜調轉話題：「米格爾生前省吃儉用，也沒有說要捐什麼的。那是留給你後半生居住生活的，你快點回到現實吧！」

……

我哀號大哭狂奔在風中雨中：Papi，我們生前想要這樣那樣，當這個世界失去了最親最值得尊重的人，才知道所留下的物質金錢全是空的。Papi，請你相信我，我絕對沒有一點隱晦之心，只要不讓你失望，我真得很願意把房子賣了，把你留下的劇本拍攝出來，還有陳列館……

二〇一三年四月六日

　　寫了一個多小時了，人有些累。擱筆合頁，又昏昏欲睡。Papi，今兒我又夢見你來，你著淺色的衣服，但每次看到你都無法看見你的面孔。我們好像在圍觀什麼買什麼……

　　腦海裏映出「鋼鐵是怎麼煉成的「這本名著。又似乎在思索上半夜寫下的筆記。

　　孟子曰：「天將降大任於斯人也，必先苦其心志，勞其筋骨，餓其體膚，空乏其身，行拂亂其所為，所以動心忍性，增益其所不能。」

　　我真是有些不明白，人類非要以這樣的方式似乎才以成大器。在我們生長那個年代，那個環境，非得讓人脫胎換骨，掉一層皮才能成仁!?政治的摧殘，社會人為的擠兌；來自家庭的不幸，父母的拋棄；在這樣的大背景下生長，再強大的生命都會被夭折的。倖免的是，命運未使我墮落，未使我走向犯罪，我在求知求索的路上從沒有停歇過，心中還充滿著希望，始終保留著一份純粹，相信光明會普照我身上。

　　二十年前的今天，上帝把這份希望給了我，帶著我來到西班牙，上帝似乎又對我說：你你磨礪還不夠。又讓我足足苦練了三年，上帝把綠色的橄欖枝遞在我的手上。讓我和你在《地中海的夢》一書中結下緣分，正如上海周老師所說：張琴，是上帝派你來西班牙的。如果說光明那這光明就是你。從此，你不僅給了我美好的希望，彌補上半身失落的一切，更重要的是你拯救了我的靈魂。我外表的強悍，其實，我內心是「壞孩子淘氣的孩子」，是一個懵懵懂懂什麼都不懂的小女子。你的耐心，一絲不苟的精神，乃至犧牲自我，不惜餘力來幫助我，使我心靈慢慢成熟起

來，最終遨遊在文學的天地間。

之前的生命是那麼無知，那麼渾濁，苟且偷生竟然還活了幾十年。

Papi，可又何止我一人這樣？多少人迷茫，多少人徘徊在十字路口；多少人找不到希望，又有多少人不擇手段，在毀滅他人的同時也毀滅了自身。

有黑暗的地方就會也有光明。走出痛苦走出黑暗，生命就有了希望。

Papi，上帝早早安排你，走出了苦海。我時常給你開玩笑：如果你生活在那樣的環境，或是殘酷的戰爭裏，你一定是叛徒。

「那我自行了斷……」

也倒是，在那個特別的歲月，自殺的人還真不少。可惜沒能讓你遇上，果真那樣真不知你該如何……儘管你傲骨一生，但你肉體是經不住那般摧殘的。

好了，如今你撒手人寰而去，留下罪惡給我們這些俗人來消受。我還得苟延殘喘繼續活下去，因為上帝安排我的任務還得去完成，等到我該離去的時候，Papi，你和娥笽一定來接我，我們一家在天堂相聚共同歡愉！

二○一三年四月七日

Papi，我去游泳去了，等我回來。

一月多了，只要外出行事，總會站在你的面前重複著上面的話，Papi，我去超市……我去散步了，你等我回來喔！

你最後來游泳池接我那天，天空下著很大的雨，我在游泳池外面屋簷下等著你，久不久車影，我倒翻立在牆上足有十來秒。多年不敢這樣冒險，可惜你沒有看到我倒立的猴樣。

今天是周日，我佇立在寒風中公車站上，沒有你接送的日子裏，苦等的時間很長。在游泳池工作的mamen，住在我們小鎮，她提出來接我一起去游泳池。西班牙人很單純，人與人之間沒有厲害關係，君子之交淡如水，他們即使幫了你似乎很正常。以往，每次從游泳池出來，看到你的車大老遠開來，我濕濕的頭髮，紅撲撲的臉頰，身上殘留著餘香，一閃鑽進了右邊駕座上。現今，無論多冷的天，多大的風，我獨自佇立在寒冷的天空下，翹首以盼公車早點到，早點把我送回家，下車來，大步流星邊走邊喊著：Papi，我回來了！每天都是這樣的心情，你就好像從沒有離開過這個家，可推門進去看不到你的身影，聽不見你的聲音……來到燭光下看著你的照片，又是熱淚盈眶。

二〇一三年四月八日

Papi，你不在家，去了哪裏？我電話一次又一次打進Rosa家，接電話的人卻是另一個女人，當對方聽出是我的聲音，立馬掛斷了電話。

我趕到Rosa家，她家怎麼成了旅館？住的人全是熟悉的面孔，看見媛穿著簡陋的衣裙在過道裏走來走去，用一張敵視的眼光盯著我。她是多年以前，我回中國把你託付給她照顧，隨知她背叛朋友情誼，開始挖起了我們的牆角。

另一個是烏克女人Nadia，只見她蹲在地上，身邊有一個孩子，我好奇問她：「你搬家怎麼沒有告訴我們一聲？」她說打了電話家裏沒有人接聽，我心想著難道就是你入院的日子。

我來到Rosa面前，有些不解這好好的家幹嘛要出租？把家搞成這樣。我耳語Rosa小心媛這個女人，不要引狼入室。我正要離去，媛追著我不放。我在前面跑她在後面追，邊追邊廝打起來，

互相不讓。我們來到一河邊，或是有水的地方，我用盡全身力氣把她推進水中，很是得意她不會爬起來了⋯⋯

哎，人之初性本善，NO！遠非如此！Papi，正如你所說的沒有錯。

隨後看見她從水裏浮出，竟然還活著，她反爾更兇狠朝我撲來，非要置我於死地，我跑到一處正在蓋房子的樓層裏，前面沒了去路。我十分著急朝下望，希望下面升上電梯，這樣可以逃之夭夭。我只好繞牆逃出此地，不知從那弄來一輛自行車，騎上拼命往前，心想這下跑掉追不上了。正在衝刺一山巔時，突然發現三姑的兒子表弟小西站在高處，雙眼盯著等著我：這下你還往哪兒跑？我轉身回騎，不見表弟，我又回頭，用勁沖了上去，誰知表弟也施了一個計，他壓根沒有離開，在此圍堵我。

見此，我只好狂騎狂奔，最終還是被表弟堵在一座建築物群內，好像是一戶人家，大人孩子，男人女人，屋子裏亂糟糟的。我想逃離所有人的視線未成，表弟用手指著身邊女人：這是你的妹妹嗎？我說不是。此刻，我徹底回到現實，走出夢中，心裏完全明白表弟之意。既然是姐妹，那遺囑為什麼沒有自己老婆一份？從頭到尾追殺了一夜，原來是為了遺囑。腦子裏潛意識認為瑗就是表弟之妻，當表弟一聽自己老婆不是我的親姐妹，他們一下放開我。夢中所見所聞全來自日常生活中熟悉的人和事，真像小說描寫那樣離奇。

真是人為財死，鳥為食亡？我在一陣陣鳥語聲中徹底醒來，時辰正好是你離世的時候⋯⋯

二〇一三年四月九日

Papi，儘管你自幼接受基督教的洗禮，但在你的骨子裏，精

神世界裏，一生崇尚道家思想，一切由自然而生，一切隨自然而去。在你半個多世紀的歲月裏，直到離世之前幾乎沒有麻煩過他人。

你的擔當你的為人，無論對社會，還是對親情，在你力所能及的情況下，施惠勿念，受恩莫忘。

二〇一三年四月十日

二〇一三年二月二十一日一週前，我就像孩子一樣鬧著要去聽音樂會，只要是合法的要求，你都會儘量滿足我的要求。還說要星星也摘，可惜夠不著啊！你開始在網路上搜索資訊，說太陽門附近著名酒吧有爵士音樂，這是西班牙文化音樂藝術人常去享受的地方，西方夜生活很晚才進入現場，一般時間都在凌晨才開始，大半年來，你發生過幾次頭暈現象，所以很少開車外出，但是你為了不掃興我，你並沒有拒絕，不過，好在我有一個致命的弱點，夜間不願意去任何地方，也沒有晚間出去就餐的習慣，當時我很隨意說了一句：那麼晚啊？就此，我們沒能實現多年來，一直想去圓一場音樂會的夢，這是我們生命中留下的一個遺憾！為此，也永遠劃上了句號。

下面是你選擇的音樂會場地和時間，你總是很細心，說好記憶不如爛筆頭：

✳ Segundo Jazz Club. — C/comandante Zorita, 8.
actuación á 21:00/22:00 Jueves/Viernes/sábado — 19:00–04:00 abren

✳ Moby Dick club. — Avda. del Brasil, 5.   www.mobydickclub.com
Roc 15 febrero/Pagar entrada.

✳ El Junco Jazz club — Plaza Santa Bárbara, 5.
— 19 febrero. Todos los martes, 23:00.

二〇一三年四月十一日

屋子裏一隻蚊子在耳邊嗡嗡叫個不停，這小小昆蟲躲藏家中多年，每天吸著我的血，倒也活了下來。

人類的生命在自然界是不堪一擊，如同白駒過隙很快消失無蹤。果真能把生命中與己有關的人或是已經離世的物像存留腦海裏，那是有福氣的。今晚，Papi你又活靈活現在我的面前，始終看不見你的面孔，看見你與Sara在超市，你彎腰抓起地上的粉條，用手卷了卷，我見此幫你裝好。還是意識到你即將要去一個地方，Sara會去另一個地方（彼得堡上學），我們三人去到不同的方向……心還念及著你要待一陣才回來，所以朝著你喊道：Papi，我會去看你的。

二〇一三年四月十二日

Papi，今天約卡洛斯來家，想讓他為你的畫冊出版出點主意。

二〇一二年秋天畫展，時值我生日之際，你說畫展結束後為我出本畫冊，未想到成了空頭支票，那就讓我來為你出本畫冊好了。

我請來了Mejerada的照相師把你所有的畫都拍攝了，每拍攝一張二點二五歐元，總計拍攝了五十一張，後來我又補拍攝影師遺漏下來的繪畫作品，我打算把安娜，glolia收藏你的畫也拍攝下來。早期他人收藏你的作品是無法找到了。

卡洛斯如此聰明絕頂的人，以前曾經來過家多次，如今還是找不到家門，對著電話哇啦喊叫不停。這藝術家都是瘋子，我們的畫家朋友曼巴索，還有建築大師菲爾南鐸個個是瘋子，惟有你性情雖自由浪漫卻有羈。

我為卡洛斯做了古巴飯、沙拉、中國粥，水果是草莓。他邊吃邊笑起來：這餐是世界的，有西班牙的，有中國的，還有古巴的。待我反應過來，也情不自禁哈哈大笑起來。這笑聲似乎劃破一個多月來，家中沒有人氣的灰暗和淒涼。

二〇一三年四月十三日

Papi，今天海鷹把代買的郵箱送來安裝好了，大門基本上恢復可以使用。還為你的小跑車買了「衣服「，每天看到它被冷落滿身的灰塵心裏很不是滋味。半月前，江鳥買來門插安上，把花園圍欄用鐵絲牢固了一下。

Papi，你放心好吧，你走後我又新交了西人朋友，她們從精神感情上撫慰我，Noni還從家裏帶來自己做的西班牙冷湯，那是你生前最喜歡喝的。我也慢慢要學會堅強，儘量不再流淚哭泣。鄰居安娜總是對我說：Laud，你不能這樣，米格爾去了天堂，我不喜歡你流淚，你要堅強起來……

可是，每每想起你在身邊的日子，我什麼都不用操心什麼都不用管。你對我說：娥笛身前什麼都不用操心，不操心的女人是幸福的！還說，一個家庭一對夫婦，妻子先去是幸福的，撇下孤苦伶仃的丈夫來承擔一切痛苦。可是今天，你的話語何不是我的不幸？

二〇一三年四月十四日

幾年前，你從漢英對照版本翻譯起西班牙語《浮生六記》，興趣來了一坐電腦一整天，或沒有興趣一連幾天不碰電腦。或許因為他性情所致，無論做什麼事，沒有逼到期限你是不會積極去

做的。這與我雷厲風行做事風格恰好相反，我時常開玩笑：你這條老牛即使每天鞭打也無奈何！蝸牛爬行沒有盡頭。你笑呵呵悠哉悠哉：「急什麼嘛？」也不知從什麼時候開始，你自言自語起來：小生原來如此《浮生六記》中人物，恐怕是西方讀者也沒了耐性，《浮生六記》翻譯了三分之二由此中斷……

我對《海外繽紛錄》一書持有同感，閱讀到半個多世紀海外中國知識份子，以胡適先生為代表的中國優秀知識份子淡泊名利，以閒適為最高境界，卻難以走近書中人物的絮說嘮叨……

二〇一三年四月十五日

十五年來，我幾乎所有作品你是第一個讀者和評判者，拋磚引玉之後，最後才能把作品發佈出去。至今，上百萬文字的出版，凝聚了夫君你多少心血和精力，你一直在幕後默默無聞奉獻自己，為他人作嫁衣。你總說，今生能栽培成就一個人是你最大的心願。非常幸運，上帝派我來到你的身邊，才使這隻笨鳥飛了起來！

今年二月初，散文隨筆《不把肉身借給你》文稿，已付諸秀威出版社出版發行。在你生命最後的十天時間裏，你把閱讀心得整理出來，將為這本書寫下評論。遺憾的是你還未來得及寫下書評，僅留以下筆記走了。

三月十二日，我迅速聯繫出版社負責本書的林泰宏編輯，讓先審《地中海曉風殘月》一書，暫緩出版《不把肉身借給你》。

二〇一三年四月十六日

Papi，自從你離家後，我每晚十點前就上樓睡覺去了。今晚，持續床上好幾個小時，心裏一直忐忑不安無法入睡。下樓來

在你的靈台為你點燃已燃燒完的燭光，心與這屋子一樣空蕩蕩的，灰灰不知道去了哪裏？我去到你的工作間，佇立門口意識到灰灰就在你的工作臺上，打開燈果然看見牠捲縮在那裏。以往，你坐在那設計或什麼的，灰灰總是依偎在身邊深情注視著你。我上前抱起牠親熱摟進懷裏：「乖乖，Ahuro已經離開我們不在這裏，我們走吧！」眼淚止不住流了下來。Sara在家時也說灰灰的神情多少有些酷似你，看到灰灰即看見米格爾。

你曾經也說：「灰灰性情酷似我，咪咪是你。」兩個貓咪性格截然不一，正如我們兩人性格也有很大的反差。

二〇一三年四月十七日

Papi，上半夜的夢裏，我一直糾纏在二月二十六日你的CT圖上。

天亮時，夢見我們在一起就餐。你貪吃的像個孩子：「Papi，這個你吃掉。」

「你吃嘛，總是省下給我吃」

「已經吃好，不要了。」我邊說邊起身，其實是想讓你安心吃下我省下的那份。每當這個時候，看見你端起盤子一掃而光。西方人進餐總是這樣，碗盤碟子裏的殘羹會用麵包擦起來一起吃到肚子裏去。

之後，我們手牽手過一座大橋，一瞬間你怎麼變成了孩子，眼前出現兒子的身影，Papi，十多年來你視他為己生，父親般呵護關照他。都說老人越老越孩子氣，眼前，Papi你去了哪裏啊?!

「Holla，我是Jaime，你們好！」難道你把兒子還給我，希望從今我們母子不再有隔閡，你自己卻消失而去……

夢醒來，看不見你的影子，也看不見兒子……

二〇一三年四月十八日

　　娥笛，你的前妻，典型的西班牙中產階級大家閨秀。早期，由於受蘇聯布維什克的影響，同時閱讀了大量白俄文學，其思想遊走在社會主義共產黨體系裏，崇尚列寧毛澤東、尤其仰視古巴傳奇人物卡斯楚，鄙視豪門貴冑。就是這樣一個外表看上去文雅恭謹的弱女子，骨子裏卻叛逆西方，最終被中國古老的文化深深吸引，下嫁一個地地道道的中國優秀男人。

　　她一生中幾乎沒有外出賺過錢，更沒有為養家糊口煩過心。儘管她過得是小姐生活，在你們婚後成為全職「太太」，可她博覽群書，見識非同一斑。尤為「讀人」，只要是她目過一遍，即知道此人是否可交也！

　　一九七八年，西班牙左翼組織「中西友好協會」組團一百二十人到中國旅行觀光，你離家三十年後攜妻子首次踏上遙遠的故國。從此，娥笛的中國文化情結一發不可收拾，喜歡吃中餐，著中國傳統旗袍，收藏西語版本中國書籍。一九九七年我採訪《地中海的夢》一書，結識了娥笛，從此我們成為朋友，直到一九九八年她在彌留之際，最終把你託付給我。這是二〇〇八年米格爾著書《地中海曉風殘月》出版後，從書中看到的記錄。

　　事後，娥笛的骨灰一直放在家中。七年前，我陪著你驅車來到地中海，圓了娥笛生前的意願，把骨灰撒在地中海。誰知道，上帝給了我們十五年的相知相愛的時間，如今你追隨娥笛而去，上帝卻把更多的時間給了娥笛。我並不後悔，如果後悔十五年前就不會選擇你，儘管有很多沒有預想到的⋯⋯可什麼都預謀好，那不是愛那是交易。正如你的初中同學、中國作家馬自天先生在一次國際長途電話裏，說出肺腑之言：你沒有考慮到，我們都為

你們的結合今後會發生什麼都預料到了……道自然，今斯人已去，好好活著就是對死者生命的延續。

多年以前，我對身邊朋友們說：米格爾能回到二十歲前該多好！朋友們說：「那個時間不屬於你，他屬於娥笛。」是啊，人世間所有美好的東西總不能讓一人獨享。你也說：「平生最憧憬的是英國早年出廠的摩爾根Morgan雙座敞篷跑車，倘若我年輕二十歲，很可能勉力買一輛二手車來了宿願，如今只有在畫片上，或是，偶爾在老爺車展覽會中欣賞欣賞它的『倩姿』了！」如果能回到二十年前，我們將從新活一次，我們將去遊覽世界。Papi，你曾經答應要去的美國、南美、北歐都還沒有來得及去旅行，還有法國普羅旺斯滿世界紫色的薰衣草，還有那麼多那麼多值得留戀的，那麼多美好的夢想，如今全部化為泡影！

你與娥笛是少年結髮夫妻，你們在一起生活了整整四十二年。愛女早早離世，娥笛又撇下你而去，你這一生中，父母親早早離去，經歷了人世間致命最痛的打擊，如果不是蒼天有眼，我也不會結識到你這個才華橫溢秉性優良的好人。

二〇一三年四月十九日

Papi，整個夜晚我都在為你寫書，坐在電腦前邊敲打鍵盤邊構思。

窗外漸漸瀝瀝下著雨，我看到你躺在窗下沙發上，我深情地注視著你白中略帶黃色浮腫的臉，並緊緊握住你的雙手。突然你醒來，那一刻，我是多麼驚訝難以相信你竟然還活著，我輕輕撫摸著的臉，又見你雙眼微睜：「Papi，你終於醒過來了！」

「等我好了，我們再去雲貴川旅行。」

「Papi，那邊的路很顛簸，我們暫時不去那。」

窗外唱歌的小鳥不再似以前那麼可愛，喚醒了我的好夢，打斷了與你心靈的交流。拿起手機一看今晚你復活的時間正好是離世的時間。

這次我沒有哭，因為你的靈魂在二月二十七日凌晨升了天，今夜肉身真正回到這個家。你還是留戀這個家，這個世界，對我放心不下……

Papi，今天，我要去馬德里取再版詩集《天韻》。之後去鮑先生家為他再做一次餛飩。我每次離家，總是為你包很多餃子餛飩設置冰箱裏，今天他吃了也就是你吃了……你們留學來西六人走了兩人，餘下的都在猜測下一個走得是誰？沒有想到啊竟然是你。這樣也好，唯有你牽掛的老大哥撒手不再管了，半個世紀你為他已很累該休息了。

二〇一三年四月二十日

Papi，我不在家的日子裏，只要打個電話給要好的朋友，請她們關照一下，她們總是三天兩頭對你問寒問暖，麗娜便是其中一位。要知道，大家在國外謀生真是不容易，給朋友添麻煩可見沒有一定的交情或是友誼，是無法張口的。不過，我們身邊所有朋友是君子之交淡如水，沒有一絲一毫利益關係。麗娜，性情隨和善良，對親情對朋友大方坦誠。即使遊弋在商業上，其心境依舊保留著早先的淳樸憨厚，這或許就是我們所看到的文人骨子裏潛在的真性情。昨天，麗娜先生特意去專賣店買來花園籬笆網，今天夫婦二人開車送家竟分文不取，還擔心我路途遙遠買中國食品不方便，送來好多特產和麵條，那份感恩不是一句兩句即可表達出來的。我來西班牙二十個年頭，把朋友永遠裝在心裏，這你是知道的。

二〇一二年中秋節，你在麗娜夫婦家過了人生第一個也是最後一個快樂的中秋。以往我在家或是不在家，節日對我們來說僅僅是一個符號而已，不過無論怎樣，我都會讓你品嘗到月餅。這一年的中秋有些失意，以至於等我回到家來，月餅已經退市，這是十多年來我沒有盡到的心願。

二〇一三年四月二十一日

　　兩月前的今天，就在今天這個時間段的日子，你還躺在溫暖的被窩裏。

　　「懶蟲，你還不起來啊？美夢還未醒囉？

　　「你別看我躺在床上久久不起，很多文章或是什麼創意都在被窩裏構思出來的。」這倒是真話，我好多詩歌好的靈感同樣是在被窩裏產生並完成的。

　　入院一周前，我們進完午餐我在廚房裏清理，你突發奇想獨自開著車去了離家不遠的哈拉馬河，回家對我說圍繞湖邊走了大半圈。這是極少出現的現象，早先都是我坐你的車一起去，不在家時你開車帶著Sara一起去那裏散步。

　　回家之後你略有點咳嗽：「Papi，湖邊有風是不是著涼啦？我熬點柳丁皮老薑紅糖水給你喝就沒事的。」

　　「沒有什麼大驚小怪的，即使有病我到了這把年紀，也屬於正常的。」

　　面對死亡，你雖說坦然自若無畏不懼怕，你對生命的熱愛是毫無疑問的。從你的電影到建築設計，繪畫文學作品，以及對生活的嚴謹，無不體現出你對生命的尊重和厚愛。儘管你常說，死亡是每個生命必須要面對的，怕死不怕死都會有這一天。Papi，在你生命的最後日子裏，你突然喜歡吃起香蕉來，因為香蕉含糖

量高，我們一般很少買，除非做古巴飯需要它才會買。

「我在網路上看到吃香蕉益處很多，每天吃一根對身體不錯。」Papi啊，Papi，你一向不會人云亦云，怎麼會對今天網路世界一條繁難的資訊有了興趣？可見，你是多麼渴望有一個健康的身體。這沒有錯，這是本性！

二〇一三年四月二十二日

五年前，四川汶川大地震，驚動了世界華人。有錢出錢，無錢出力，各盡微薄之力！

在愛國不分先後的時間段裏，海外華人積極參與募捐活動，Papi啊，你去國六十四年，身系海外心在故國，義不容辭投入行動。你不僅支持我在西國的募捐，還親自為四川地震災區小學設計了防震學校。你為了更好制定預防地震的最佳方案，查閱了大量日本早期關於地震經驗的報告資料。並為我預訂機票飛回中國，當我帶著你辛辛苦苦設計出來的防震小學設計圖紙，還有身邊朋友西班牙華人募捐的錢，抵達國內打電話給有關部門，得到的答覆是：你們沒有幾百萬人民幣別想進來⋯⋯

我在電話這邊，聞之這樣的官僚作風，這樣體制下沒有人性的科學治理行為，被氣得七竅生煙。不得不把這一消息告訴了西半球旅居了大半個世紀老藝術家的你，你在電話那廂，握著電話沉默沒有說一句想說的話⋯⋯就像當年你想回歸故里，回到母親身邊盡一份孝都不能。在你生命中，還有太多不近情理的事，對你感情深深地傷害，別了，海外的遊子！

我冒著酷熱只好親自購物租賃車輛送到地震災區小學。還有那些被忽略的邊緣地區貧困鄉村和山區學校。

五年過去了，四川再次面臨災難，在同一個區域發生了七級

地震。面臨苦難深重的中國，你永遠不會知道了，也管不了那麼多了，也聽不見悲切的嚎啕聲……

生者似乎一夜間變得麻木起來，因為至今還沉浸在失去最親最可敬人的悲痛中，也沒有心情和能力去過問那些孤魂啦！

深情默哀那些在地震中不幸的遇難者，一路走好！

二〇一三年四月二十三日

Papi，我已在候診大廳等一點進去看你！安好！

二月二十三日午時11:39時，我早早來到醫院，探視時間還沒有到，怕你著急發了上面短信給你。從那以後，在你我的手機收發件箱裏，這條短信永遠定格存留下來。

電子時代和網路迅速的發展，現代人已經沒有耐性手寫書信了。我們在一起十五個年頭，不記得手寫書信給彼此。倒是無法忘記，1999年因為幫助同胞，我無辜被西班牙國家員警帶走被拘留72小時，你通過翻譯帶過我一封長長飽含深情手寫的書信，你說有你在讓我不要懼怕……

似乎這是第一封也是最後一封信。對了，還有你手寫給小紅的信，寫過Y的信，寫過Jamie的信……

日後我奔波在外，只要國際長話能打通的區域，我們幾乎每天都有通一個電話，有什麼特殊事才發電子郵件。如果一天或是兩天沒有接聽到你的電話，我整天焦慮不安，直到接到你的電話才得以寬心下來。世上都說少來夫妻老來伴，在你需要我時，有時卻沒能待在你的身邊，留下的遺憾和內疚今生今世是再也無法彌補了。

兩月來，我總是在黎明也就是你離世的那個時間段裏醒來。

之前，我們還坐在後花園裏，儘管周圍嘈雜不安，我們竟然

能坐在那裏靜靜蘊釀詩句，而且還情不自禁朗誦起來。一年三百六十天，計算一下十五個年頭是多少天？在我們一起走過來的歲月裏，難免風聲雨聲有過，但是更多的是陽光明媚，更多的是風花雪月⋯⋯

二〇一三年四月二十四日

Papi，我看見虹影站在遠處，心念及著是否走進她身邊去，告訴他你走了。

Papi，你是知道我這個人的，心裏攔不住事，物有所想，心有所思，夢中也是這樣。

我朝著虹影走去：「虹影，你在巴塞羅納發行《K》一書，記者採訪你幾小時，全是米格爾在馬德里家中為你電話裏翻譯的。如今米格爾走了，你是否應該打個電話給他？

Papi，我還是把想說的話說了出來。之後，我與虹影竟然在大庭廣眾下，每人各自端著一碗沙拉，她蹲在梯極上享用起來，我把自己的沙拉遞給她：「我們都是從歐洲來的，你嘗嘗西班牙的沙拉味道」。嘴裏說著，心裏卻想到她早已不居住在英國。走出夢⋯⋯

那是很多年前，我從馬德里專程趕到巴塞羅納機場接虹影在這座城市發行《K》一書。事後她在接受巴塞羅納《前衛報》女記者Ima sanchis採訪時，還記得我們在一座兩層高的樓房辦公室上面。早期西班牙白領階層精通英文的人不多，他們對自身的文化非常自信，尤其是佛朗哥時期，對外來文化及「舶來品」不是積極主動的。在一般民眾中，英文用之少之又少。

採訪一開始，虹影與記者多少還能英文對話，談到深處兩人無法交流了。

Papi，你是知道的，我是一個熱心腸的人，生怕虹影大老遠跑來，發行沒有達到預期效果。當時，我馬上撥通了家裏的電話，就這樣無線電波通過馬德里與巴塞羅納兩地，《前衛報》女記者把提問告訴你之後，你再翻譯成中文告訴虹影，虹影把採訪答案告訴你，你再告訴女記者。就這樣採訪持續了很長時間，你一直在電話那廂耐心翻譯完最後一個字，後來，這篇採訪譯成中文，出版在我們合著的《琴心散文集》裏。

　　你的默默無聞，無聲無臭，極力去幫助成全他人，你總是說，做了幫了不要回報，要回報就不叫幫。正是：施惠勿念，受恩莫忘。

　　就在兩年前，虹影出版《花好月圓》一書，中國文人相輕亦總是吃不到葡萄說葡萄是酸的，對虹影作品評頭論腳也倒罷了，錯的是不應該貼上一些淫穢污濁的詞藻來誹謗她。文學本身應該有創作的自由，百花齊放百家爭豔文學才會有生命。其實，只要接觸過虹影的人，都知道她是一個非常真性情的女人，也是一個善良的女子。後來，她要我書寫點文字抨擊一下網路讀者的無聊，多謝她的高看，我且敢為一個世界知名作家作刀？

　　寫到這裏，記起80年代，你在拍攝電影的空擋中，利用閒置時間為中國餐館設計裝修，養活了五個西班牙家庭，結果自己虧得一塌糊塗。可面對自己的同胞，你有苦難言，你對任何事都是精益求精，一絲不苟，其敬業非常嚴謹。可中國人總想多占一點便宜，往往在設計好的圖紙上改了又改不說，還在完工之後讓你做這樣做那樣。你理直氣壯對自己同胞說，你付出的是錢，我付出的是技術和時間，學會尊重這是必須的。

　　我為你們做的已經盡心盡力，如果你們還需求什麼，那我們重新預訂合同。中國人往往得不到便宜，心裏懊惱沒事就嚼舌：這個人多一顆釘子都要付錢。其實根本不是這回事，中國人不按

照市場規則走，這也不是什麼新鮮事。

不過，Papi，這十五年來，我都是領教了你的認真，你的迂腐，何況外人……

二〇一三年四月二十五日

今晚一直睡不安穩，心情煩躁難受。多日來，小灰灰獨自待在閣樓上你的工作臺上，牠見不到你，似乎有些失望，要麼就捲縮在沙發上。小咪咪與牠的女主人心情一樣，不時從床上跳下地面，匆匆忙忙去吃上幾粒餅乾，又急忙跳上床，這樣折騰過去折騰來，我就更難以入睡了。

Papi，兩月前的今天西班牙時間，你還在人世，從急救中心轉入普通病房，你我都看到了生命存活的希望。隨後的時間裏，你進入深度昏迷，即使偶爾回到現實也很短暫，頻繁出現的幻覺正在一步一步走近死亡。

或許在這個特殊的時間裏，心有所思讓我輾轉無眠，難以走出這份傷痛。這不，胸口一陣堵塞發慌。整夜迷迷糊糊在夢中，我們在散文《田園牧歌》書中徜徉，那份溫馨的甜蜜，醉倒了相愛的人。

突然，在我的正前方，看見醫生握住一隻大手，似乎在對我說：病人在臨危最後，這樣多給他一點安慰，讓他平安離開。畫面是那麼清晰，重播你臨終前最後幾個時辰，你躺在病床上，我不敢去面對死亡二字，更不敢把死亡與你聯繫在一起。人類多少的無知，多少的不敢去面對，所以帶過我們過多地糾結。

早知這樣，我應該好好握住你的手，對你耳語：Papi，你放心走吧，不要再牽掛我。因為在這個世界上，你最放心不下的就是我，身邊我是你唯一的親人……

難道，剛才醫生握住的手是你？那一刻，我的心情多少寬慰一些，頓時有一種美妙的幻覺升騰而起，宛如靈魂出竅隨你漂遊起來。剛才夢裏的醫生一定是上帝派來照顧你，最終還是把你從我身邊接走了。

　　Papi，難道真是你的靈附在我身，讓我減少你遠離後的痛苦，說你在天堂真的很好！

二〇一三年四月二十六日

　　Papi，兩月前的今天，你永遠走了，走得無聲無臭徹徹底底。

　　在那最後的時刻裏，我守候在你的26號病房外面，焦急等待著醫生對你的搶救，等我回到你的身邊你永遠睡著了一樣不再理睬我。在這靜謐的黎明，肅靜的住院部，我卻不敢放開大哭，只好依偎在你的右側，用雙手抱住你的頭顱，把左臉貼在你右臉上，看著你紅暈的氣色，感應到你留有餘熱的肌膚，心臟也似乎還在跳動，睡得是那樣安詳。我邊哭邊與你話別，就這樣一直守著你到天亮。

　　你走後的兩個月，我真是度日如年，60天的時間真是漫長。生物鐘總是在你離世的時間裏把我喚醒，無眠之夜及思念你的痛苦，我只好利用這個時辰，寫下當晚我們所見所聞夢中的對話。

　　Papi，你走後的日子裏我沒有荒廢時間，把《地中海曉風殘月》原始版本發給了臺灣秀威出版社，目前正在加緊申稿。另外為你整理出18萬字的書稿，會持續寫完最後一個字。對了，還寫下了不少懷念你的詩歌；上週六下午特意邀請攝影師來家，把你現存的繪畫作品拍攝出來了，正準備為你出一本畫冊。你曾經說要為我出畫冊，看來你這只老綿羊也有失言的時候。

　　還有一件事情必須要對你說，五月三十日，我們的中西朋友

將在西班牙作家藝術家協會，為你舉辦一次詩歌朗誦會，以此作為第二天你誕辰日的禮物送給你。

這十五年來，我這只懶猴被你寵壞了，所以對你的依賴太強烈，家中大事小事從來沒有過問。Papi，你知道嗎？在你離開的時間裏，我似乎幹了十幾年的活，這些事你做起來也不知會拖到猴年馬月。還是我來告訴你，今天我把你的「老情人」大眾汽車裏裏外外清洗乾淨，宋海鷹買來的汽車防罩衣給它穿上了，為保險起見我用塑膠纏了起來。還有，莫索爾先生特意在電話裏告訴我，汽車暫時不用要把電瓶拿出來，以免汽車長期停滯內部受損。這些事，我那裏懂啊，只好叫來羅馬尼亞做律師的鄰居幫助取出兩輛車裏的電瓶。你總是對我說，不要做物的奴隸。可每天進進出出看到那輛跟隨你幾十年拍攝電影的「大眾」汽車被冷落在外，今生它的主人是不會再來動用，我心裏真是難受。

本週二上午，花了70歐，請人來家把花園的圍欄也做好了，圍欄是麗娜夫婦買來的，他們硬是不要我付錢。週三我把花園裏的雜草清理得很乾淨。昨天，小鎮修理捲簾門的父子倆，為捲簾門換下一個新的軸，只付了40歐。當我為他們端出上等的中國茶，他們喝的很開心喔！

前後左右的鄰居多次來家幫助解決燃氣漏水，可漏水現象依然如故，最後打了幾天電話，總算請來修燃氣的專業技術人員，花去92歐元，被困惑一周沒有洗澡，我在熱水中痛痛快快盡興享受一番。

在鄰居安娜夫婦指導下，買來Decapante和Barniz nogal oscuro兩種油漆，準備把那扇破舊不堪的門美容一下。我先用小釘子把門框固定起來，誰知釘子釘到門鎖孔裏，我在外面無法打開大門。來到對面鄰居，請求他幫助我，那瞬間又情不自禁流起淚來。一個家少了男主人，今後什麼事都得自己動手，那份傷感和

失落是不言而語的。鄰居帶上專用鉗子把釘子拔出來，並送來噴漆的眼鏡口罩，一再叮囑我要帶上手套。

事後，五月五日的西班牙「母親節「即將蒞臨，我早早打電話詢問江鳥是否有假期，希望他能幫助把大門漆刷一下。Papi，你看見了嗎？那扇風吹雨淋已是憔悴疲憊不堪的大門，居然煥然一新。你不在人世但還在家的日子裏，我期望著這個家是有生命的。

好了，Papi，你儘快放心，你在天堂我在人世彼此相互遙望，我會非常想念你，還會不停地與你對話，就好像你每天都在家裏睡懶覺一樣。所以，我依然如故把家裏打掃乾淨，如同你生前一樣，讓你繼續生活在這個舒適溫暖的家中。

二〇一三年四月二十七日

Papi，兩月前的今天，殯儀館的上空突然降下大片大片的雪，不知道馬德里之外是否這樣。至少馬德里好些年沒有下過雪了，這難道是上帝恩賜給你的福祉，你的離去竟然感動了蒼天。

「Papi，你曾經測試過智商，指數是多少？」我記起來這事。

「一百多，我是先天足後天不足啊！」是啊，正如鮑克俊先生所說，你後天再努力些，得到的遠遠不值這些，你也很詼諧，擁有太多沒有時間去消受，且不可惜！

「怎麼高，我恐怕只有你的一半。」我很有自知之明。

「其實，你很聰明，可惜錯生了時代。」你說的是老實話，我們50後那樣沒有經歷過，是伴隨著苦難走過來的。

你智商高，情商也不低，像你這樣「聰明智慧的人，世俗是容納不了你的，他們往往會嫉妒排斥異己的。」蒼天嫉才，竟然在你出殯的這一天，天空下起了鵝毛大雪。

二月二十六日凌晨六點五十五分左右，持續到二月二十七日下午三點時，按照西方殯儀制度，只能停放二十四小時，可上帝故意安排你在人世多待了八小時，也就是三十二個小時，這些偶然讓我們多了一些相守的時間，彌補了你在最後的時間裏，我沒能好好握著你的手，對你說一聲再見，這是我們共同修來的情緣，正如Sara父親所說：「米格爾與張琴是有夫妻緣分的，就連走都讓張琴守在了身邊……」

　　其實，朋友一番話，揭示了這些年來尤其是最後五年，我總是把你獨自留在家裏，儘管每次離去，都特意叮囑至朋好友關照你，你身邊從沒有缺少過人手。但是，每每想起這事我心糾結得很厲害，就像做錯事的孩子一樣難以釋懷。

　　是啊，無論我去了什麼地方，只要我不在家不在你身邊的時候，你什麼都是好好的。Papi，你沒有為我留下一點遺憾，竟然連回報你的機會都沒有給我。

　　「Papi，你看我們居住的地方，前後裏裏外外全是樓梯，真擔心有一天你不能動彈，我獨自一人怎麼辦？」這樣的話題，我們不值探討過一次了。要知道在西方請人伺候是請不起的，工資上千歐元，還得上社會保險，管吃管住，月下來沒有1500歐元是留不住人的。

　　「到那一天再說。」這不是你的個性。你向來未雨綢繆，在這個問題上你卻一籌莫展。是你的自信？還是不能面對有那麼一天，難道你沒有考慮到我日後的無助。真有那麼一天，我是不會把你送到養老院去的。

　　那一年，我帶著你去老家，看我小時生活過的環境，還有那個貧窮落後的村莊。當我們進村的時候，你跟著我一起提著鞋挽著褲腳，淌水進到村裏的。你穿梭在世界，什麼沒有見過什麼沒有享有過？卻沒有想到在你生命的最後的那些年，你來到中原一

個在版圖上都查不到的小村莊。可如今，我兒時生活過的地方，也好不到那裏去。

狗不嫌家貧，兒不嫌母醜。儘管這樣，兩年前我還是回到老家鄉村作了安排，因為那裏有我留戀的家園。雖說至今還很簡陋，環境非常糟糕，畢竟是記憶中難以割捨的，最重要的是獨門獨院。眼前你不再年輕，我必須面對的是一個80高齡的老人。請相信我，我已經從物質和精神心理上做好了準備……

「Papi，到你行動不便那天，我們回到鄉下去，我推著輪椅你坐在上邊，我們一起去看遼闊的天空看田野。」那想到，我所有的計畫和行動在二○一三年二月二十六日這一天瞬間被毀滅，一切都變為殘夢，你再也不能跟著我回老家了。

二○一三年四月二十八日

Papi，自從你走後，寒冷一直在持續。在這人間四月天的日子裏，曠野開著不少五彩繽紛的花卉。我一早離家來到郊外，獨自行走在空曠的天空下，多少有些膽怯。好在，偶爾看到遠處有人牽狗在溜達。

今天，我沒有讓自己哭。任憑春寒拂面，沉寂對你的回憶……

幾天來，我右大腿外側有麻木的感覺，我拖著沉重的腳步沒有退縮，不時從心裏與你對話。Papi，看見我們喜歡那種黃色的小花了，我們曾經開車外出旅行在公路上看到的那種，你還把車停下來，我拿出事先準備好的剪刀，下車跳過公路鐵圍欄，跑到野地去剪那黃花，想連根拔掉可是根下全是硬質土壤無法移栽。

當我拿出小剪刀開始剪黃花時，它身上全是刺，都說家花沒有野花香。你看這野花開得如此燦爛，心儀過多少惜花的人，它們自身也懂得保護自己，所以身上全是刺。在回家的路上，我向

行人打聽這是什麼花？沒人知道。

　　Papi，我回來了，我知道你在等我。回到家，我把花插入小瓶子裏，放在你的身邊，你看到了嗎？我們要感謝大自然的恩賜喔，每天真得要掏錢更換不同的花，不僅沒有時間也沒有那個耐性。

二〇一三年四月二十九日

　　Papi，數月來我總是在痛苦和失眠中醒來，只好借助書來緩解深夜的孤寂。閱讀劉小楓主編的《高貴的言辭》一書，兩年前曾經拜讀過他的《沉重的肉身》，從書中受益匪淺，徜徉在古希臘神話裏，感悟到政體實施老百姓的愚昧。今晚閱讀到希臘古典悲劇作家索福克勒劇中悲劇人物「埃阿斯」，你生前時常對我講起的古希臘三大悲劇作家之一的作品。

　　在這靜謐的夜晚，你生前為我安放在床頭的臺燈發出淡黃色的光亮，兩隻貓咪一左一右睡在我的雙腿兩邊，為了不驚動牠們的美夢，我不敢翻身。躺在那裏抱著厚厚一本書，這是一本深奧讀起來很枯澀的大本書。還好，十多年來的沉澱心緒很靜，還能慢慢品味下去。

　　西元前500年，古希臘人就已經建立起來自己獨立完善的國家體制，他們擁有共同的理念，共同體的東西是各成員共同分享的，其言下之意則表示，不容任何個人將這種共有的東西侵佔或損毀。雅典人建立起來的共同信仰，也是一個城邦的根基。埃阿斯卻違背了這個共同的理念，他在夜間闖進阿開亞軍營，將那些牛羊當做是阿特柔斯的後代宰殺。當埃阿斯意識到自己的行為觸犯了法律自咎之後選擇了自戕。或許埃阿斯的覺醒，千百年來正是這樣的城邦根基，誕生的民族性想必是優良的。

　　Papi，在你生前我們經常探討國家人民社會，正如《聖經》

啟示錄預言：「今天世風日下，人心越來越險惡，整個世界千瘡百孔……」。人類的我行我素，難以停止對物質的掠奪和壟斷，其實他們完全分得清誰是誰的，只是人性太貪婪……如此憂心，你總是不以為然說道：人不收斂，天也會收！

二〇一三年四月三十日

　　Papi，整夜你都依偎在我身邊，不過始終無法看到你的容顏，但能感覺到你的呼吸，甚至於感受到你的體溫。我們在夢裏探討詩歌，似乎還能聞之你朗朗上口的朗誦聲：

　　　　別離易，相見難。
　　　　何處鎖雕鞍？
　　　　春將去，人未還。
　　　　這其間。
　　　　殃及殺愁眉淚眼。

　　　　　　　　　　　　　　　——關志卿，〈別情〉

不知道什麼時候，我們共同朗誦起來：

　　　　枯藤老樹昏鴉，
　　　　小橋流水人家。
　　　　古道西風瘦馬，
　　　　夕陽西下，斷腸人在天涯。

　　這首馬志遠的〈秋思〉，我們曾經在一起朗誦過無數遍，今夜夢中再次朗誦起來，心境更加淒涼。

Papi，我剛寫好的一首詩，念給你聽聽。

「好啊，洗耳恭聽！」你說話時嘴裏發出的熱氣噴著我的臉頰。你總是我第一個讀者。

地中海，十五年，
書齋畫室享其間；
道出自然性自然。
與夫君粗茶淡飯，
你我；
恰似天堂人間。

Papi，儘管我沒有辦法看到你，可早已合二為一。你不為「五斗米懶折腰肢，樂以琴詩，暢懷尋思。」
夢醒來，又是傷感淒涼時，斯人遠在天涯。

二〇一三年五月一日

Papi，又時值你離世的時辰，我醒來大腦一片空白，方便之後回到床上，慢慢記起剛才在夢中的畫面。

Papi，我漫無邊際到處找你，不知你去哪裏？我心裏空蕩蕩的好失落，只好回到家裏，這個家似乎不是我們的。是一個混合的宿舍，有點像集體宿舍。我剛要躺下，突然看見你從外面回來了。

「Papi，你去哪裏了，你讓我找得好苦！」我上前迎接你。

「我去了一趟……」我清清楚楚聽見你的聲音，卻沒有聽到你說去了那裏。看見你穿著那件黑白相間的毛呢……那件毛呢大衣至今還掛在衣櫥裏。我心裏還想著，你留戀曾經去過的地方，難道你真得知道自己要走？

「快點，時間不多了！儘快把遺囑辦下來，房產名字更換。不然房產稅很高。」

當時，我心想著Papi你怎麼地啦？你似乎變了一個人，一反往常。

「公民付稅理所應當，取之於民用之於民。不然國家虧空那麼多怎麼辦？國家是一個機構，不是賺錢的機器，它本身是沒有錢的。作為公民應該盡到自己的責任。」你生前經常與我探討這個話題，無論大事小事私事還是公事，你總是站在客觀公正的立場去評判是非，在原則性的問題上，在是非面前你是沒有親情可言的。這就是你的秉性。

你時常還是：「管不了他人，可以管好自己。不能他人犯罪你也跟著犯罪。」我們在結婚時，你約法三章，什麼事都可以包容唯有法律不可逾越。還有就是守約道德底線，對了還有一約是什麼，我早忘得一乾二淨了。所以這些年，我在你的嬌慣下，就險些沒有讓你去天上摘星星了。

你說要出去，我挽著你的手臂，我們走在一座拱橋上面，在我們身邊來往的行人很多。

「快點，我想嘔吐！」待我反應過來，你不在了。是母親站在我的面前。三姐趕來扶著母親。

我又拼命去尋找你……

二〇一三年五月二日

這是一封來自故國的信：

> 米格爾走了，但他在我的心中卻永遠活著。曾經與他在一起聊過天的朋友們，無不為這位老人的去世而感到惋

惜。大家都很敬仰他，尊敬他，喜歡他。他的藝術修養、人格魅力、樂觀幽默等等各個方面都是我們學習的楷模。我真的感覺他沒有離開我們，沒有離開這個世界。

張琴，我和本能是不會忘記米格爾的。他是值得我們永遠敬重，永遠感恩的人。我們永遠不會忘記他給予女兒的關心、呵護、指導。對女兒來說是父愛如山，恩師難忘！千言萬語難以表達我們對失去這樣一位朋友、親人的難過心情；千言萬語難以表達我們對這位和藹可親的老人的懷念！如果他在天有靈，一定能感受到我們湧動在心中的不盡的哀思！我們祝福米格爾一路走好，在天堂幸福安康！

張琴，你一定要節哀。每個人都有這樣的一天，都有終結生命的結局。我們也要死的，只是這一天什麼時候到來無法確定，我們只能好好把握現在，好好地愉快地活著，儘量多做力所能及的善事，讓自己的一生活得有意義，讓自己不枉來這個世界白白走一遭。米格爾如果知道你愉快健康地生活，他一定很高興。

二〇一三年五月三日

Papi，你去哪裏了？你身著那件淺藍色開司米毛衣，手裏提著一個紅色的桶，站在很遠的地方。

「我去洗澡。」說著人就不見了。

我們一大群男男女女，是旅行似乎又是逃難。我身上背著一個孩子，男孩女孩記不起模樣來，同時還背著灰灰和咪咪。

突然有人發現，人群後面始終被一個牛高馬大的女人跟蹤，我們想避開她，來到一個低窪處，大家停止了前進。有人竊語，

說要把這個跟蹤的女人拿下⋯⋯在他們擒拿的過程中，我們被德國人發現了，被他們驅趕來到深山老林，我背著孩子小貓走散了，獨自走在叢林裏，竟然發現一個個年輕英俊的德國士兵手持槍，蹲臥在濃郁的灌木叢中睡著了。那一張張孩子般幼稚的臉看得清清楚楚，如同在欣賞一幅畫面⋯⋯

我從他們身邊走過去，不敢驚動他們的熟睡。偶然看見從山下走來幾多男女，他們在逐林中追捕鳥類，之後，發現中國旅客佇立在山巒間，與他們似曾相識又似陌生。所有的人全部進了一個無比大的山洞裏，我到處找你不見你，想打個電話給兒子JAIME，可記不起他的電話號碼，看見妹妹小瀘在不遠處，詢問她電話。正當她把電話告訴我，大家拼命朝著山下湧去。就在下樓梯時，我看見一上一下兩個德國年輕人在傳遞信號，我感覺到眼前一定會發生什麼不測。只見德國人迅速把本地老人孩子疏散開來，我這個時候已經被擠出山洞，外面全被持槍荷彈的德國員警堵住。看那陣勢真令人毛骨悚然，我竟然上前用德語給他們對話，他們還算友好讓我儘快離開此地。當我背著孩子貓咪來到完全地帶，突然一聲巨響，天空中升起一團蘑菇雲，山洞那邊發生了爆炸⋯⋯

夢醒，窗外一陣陣鳥語鳴囀，那是十五年來我們日以繼夜聞之到的報曉時辰，也時值你離世的時間。

二〇一三年五月四日

Papi，你知道嗎？今天是什麼節？或許你早就健忘，也沒有多少性情記得這個日子。是的，如果沒有央視的報導，這個日期已經消失我生命中整整二十多年了。Papi，百年前的歷史已成為記憶，我們曾經也有過百年前這樣的亢奮，可如今我們什麼都沒

有了，唯有留下沉甸甸的思緒，還有放不下的苦難。人生啊，究竟有幾多存活的希望幾多值得追憶的往事？你我擁有過的青春年少，隨著時代的交遞，政治的演繹人類幾乎變相為政客們的犧牲品，但是比起滄海桑田與自由來，權利萬貫金錢，妻妾成群，又算得了什麼？最終都會落得兩手空空煙消雲散。

Papi，你走了走得很乾淨，百年前的歷史不用你我來祭奠，今後的歷史我們只能隔靴搔癢……

難為可貴的是，我們來世走了一趟真正擁有了意義非凡的人生。正如盧梭所說：「有思想的人和沒有思想的人，其所以有這種區別，差不多完全要歸因於知識和悟性。」

生命中沒有思想猶如沒有靈魂，活著也就是行屍走肉一般。

二〇一三年五月五日

Papi，今是西班牙的「母親節」。昨日我獨自徜徉在靜謐的小鎮，大老遠就看見陽光下綻放著七彩的花卉，吉普賽女人在做買花的營生，不由使我想起四十多年前朝鮮電影「買花姑娘」的主題歌來：小小姑娘清早起來，提著畫藍……」

我徘徊在吉普賽女人跟前，多麼想買上幾束康乃馨送過母親，可就在那一瞬間，情感被往事凝固起來，欲望轉為半個世紀來，我們遠離母親，母親遠離我們，從此天涯一飛鳥無定數漂游徙居。時代阻隔了我們的親情，距離拉長了與母的情愫。當我們想表達想去回報一份對母親的愛時，無情似蛆蟲般爬上腦際，我們所要寄託的已隨著歲月流逝，被殘酷的現實沖淡化為深深的憂傷，我們從此再也找不到那份溫暖的「舔犢之情」。

母親在的時候，我們不在身邊，母親不在的時候，我們從此就沒有了家。母親就像一顆濃郁的大樹，大樹一經倒塌，樹下

眾獼猴就散了。如今，除了你這裏，我哪裏還有家？幾十年的打拼，人大不了就是為了財富，無論物質財富還是精神財富，今已經失去了你，才真正明白，財富又算得了什麼？我的幸福全在你一個人身上。

十多年來，你似父愛母愛呵護著我，給了我自幼無愛的補償，當你在扮演著父親母親與夫君之愛的時候，我卻忽略了你兒時喪父，青春年少喪母的不幸。可你給我的幸福自由直到你走後才知悔遲矣！在你生前為什麼沒有去想過要好好珍惜當下，細水長流去慢慢享受你曾經給予我那麼多的厚愛，自由的天空？

昨日的記憶，將是我後半生痛之最，也是我今生唯有值得珍藏的。

窗外，黎明已拉開拂曉的帷幔，鳴囀的鳥語漸近漸遠，我重新回到現實，在燈光下閱讀著索福克勒斯的《高貴的言辭》：良善自從良善起，讓記憶隨便輕易流走的人，絕不可能成為一個高貴、高尚的人。

二〇一三年五月六日

Papi，凌晨，我在你為我設定好的生物鐘醒來，之後又昏昏欲睡，夢中看到地上滿是一些散落的首飾。

「是誰動了這些首飾？」我納悶問身邊的人。

「……」眼前有一齊耳短髮的小女子，我卻不清楚她究竟是誰。

「Papi，你怎麼來啦？」只見你著一條休閒長褲，那件時常穿的小碎花襯衣，紮在褲子裏面，精神抖擻面對微笑朝著我走來。近處才看見你左耳朵上吊著一串長長似乎水晶的項鏈，那一刻我並沒有一點驚詫。

醒來之後，回首你生前所言所行，儘管接受西方潮流，但是骨子裏始終保留著中國傳統文化，而且比起一般人來還要循規蹈矩，去國64年仍舊固執的堅守著中國最古老的一些戒律。你不似西班牙導演朋友Angel的開放，也不似好萊塢美工設計師朋友Rudy的拘謹。你就是你，一個蘊涵著中西文化典型的藝術家。所以，你擁有的一切包括給予我的都是世界上最有品味的。是啊，有品味的男人懂得自己需要什麼樣的女人，更懂得如何去經營愛情。

　　Papi，我還清楚記得那年我們在成都，你為我買那麼誇張的西藏銀質手鐲和項圈，一般女人是不會戴著那般粗獷的首飾的。在一次西班牙古董展銷會上，你為我買的銀質鑲鑽的紅珊瑚項鏈，如今見物思人我會好好收藏起來。你是非常知我懂我的，我是一個不重金不重名牌包裝粉飾的女人，或許早先生活在那個「不愛紅裝愛武裝」的時代；或許生長在一個軍人家庭，或許從一個缺失愛的環境下走過來。最重要的是，在日後與你自然本色真性情融為一體，是因為我無羈的性格受你所染而至。當然，我的個性和自信，才敢於那麼誇張的衣著打扮。

　　幾曾歲月，青春年華被殘酷的現實磨蝕得少了份溫情，今生不曾記得在父母面前撒歡過。儘管女人心，不得不用強悍的外表來保護自己。今想起來啊，鼻子又是一陣酸楚，你我性情剛好措置，你似千般的柔情溫厚，我今生啊是虧對了原本的女兒身……

　　Papi，今生不會再有你的來世，如果真得還會有你的來世，我會把今生今世包括下輩子的柔情似水統統播撒給你，我會好好做一次你的女人……

二〇一三年五月七日

　　Papi，你是否還記得，二〇一二年我參加「海外女作家聯誼會」武漢之行，回到馬德里與你分享，交流中提起過美國章瑛大姐。春節前後，她告訴我春天要來西班牙旅行，你還對我說：寒舍簡陋，不過嘛還算寬敞歡迎來家小住。章瑛大姐昨天跟隨丈夫來馬德里大學開學術研討會抵達賓館下榻處。誰知，你的一番熱忱，還是與章瑛大姐夫婦沒了緣分，也聆聽不到你曾經在美國拍攝電影的所見所聞。

　　一大早，我特意趕往馬德里去接章瑛大姐來家，她先生在會議期間不能同行。與章瑛大姐武漢之行相知相識，彼此有著共同的願望，關心社會上更多弱勢群體。她十五歲隻身獨闖美國，其智慧膽識非同一般了，這個年紀我是沒有她的勇氣和魄力。

　　我們一整天十多小時相處下來，話題自然從你的離去開始，每當這個時候，章瑛大姐深情地注視著我的憂傷，非常耐性傾聽著我對你的追思回憶……她還說：「是妳圓滿了米格爾的故國情懷，使他的生命沒有留下遺憾……」

　　時間過得很快，我們的話題不由延伸到：

　　人類為何那麼多苦難？尤其是國人比起任何一個國家和民族來，其苦難要沉重些。

　　章瑛大姐閃爍著清澈的目光：每個生命的定數都不一樣，我們之所以遭遇比一般人的苦難要多，上帝特意把你擱置在一個地方去接受洗禮，看你對苦難的承受究竟有多大？對其苦難承受的極限？在經歷的過程中，正是精神得到了冶煉，靈魂得以昇華！上帝給予的考驗應該說是神的恩賜，從某種意義來說也是幸運的，你得到了神靈的關注……Papi，在你我的生命中何不是這樣啦？

由此看來，不同心境的人對苦難的理解與詮釋顯然有別，那麼感受迴然不同。

二〇一三年五月八日

近日翻閱藏書，再次拜讀到早年四川朋友王少農著《現學現用易經》——易經揭示53個做人做事原理，通過這本通俗易懂的版本，彌補了早先對《易經》的一知半解。我邀遊其間想尋找你的影子。你是一個融貫中西地道的知識份子，一個地道的小資，從你身上更多的是折射出古老的中國士大夫典型的案例。

一、你反韓信之「先迷而得利」；

二、你一生「君子不走圍牆下，不結交小人」；

三、你「不事王侯，高尚其事」，我自行我道；

四、你從「行有尚」；

五、你「可涉大川」卻「三歲不得凶」；

六、你「敬之無咎」；

七、你「肥遁，無不利」；

八、你「得其大首」；

九、你並非「往賽來譽」；

十、你「田獲三狐，得黃矢」；（工欲善其事，必先利其器）

十一、你「困於酒食」；

十二、你如魚得水遊弋在藝術殿堂，乃至「行其庭不見其人」；

十三、你「無初有終」；

十四、你「密雲不雨」；（未雨綢繆）

透過易經揭示五十三個做人做事原理，除了政治軍事經濟之外；再觀之你，在做人做事上你足占了絕對的強勢，以此來解剖

可見你的一生實屬大丈夫乃謙謙君子。

二〇一三年五月九日

　　Papi，你不似古典悲情作家索福克勒斯書中主人翁埃阿斯品格中的言語張揚的人。但有著相似一樣的個性，你總是拒絕一般人的勸告，向來我行我素；對周圍的人和情並非全然不顧，但拒絕任何妥協的可能，那是你的秉性所決定。你的自我，你特有的文化塑造了，一個堅定而固執地人格，與之清高寡欲自然會脫離所在的社會人群，置入自己所在的城邦裏。

　　你的個性多少有些類似古希臘悲劇中的人物埃阿斯，那是因為你的智慧超越了一般的人；由衷使你出類拔萃和你的倨傲猖狂，最終失去人世間最不幸的本源之情……但是，我在這裏一定要為你正名，這一切都不是出自你的錯，而是時代帶過你的悲劇。

　　戲劇的是，雅典的現實故事千百年來一直在繼續演繹下去，現代人又在重演著一幕幕悲劇。

　　Papi，你的一生不正是：有誰曾想到我這個名字和我們所要遇到的災難一致得如此意味深長？（索福克勒斯古希臘悲劇注疏──《高貴的言辭》）

　　今生令我痛徹心肺的人，一個是活著的兒子，一個是走後的你。從小不在父母身邊，對父親的離去相比之下……這份坦白真誠的情感和心儀，似乎驗證了人類由個體生命延續下來的真諦。父母給予的生命，所餘下的一切一切，全由我們這些個體生命來完成了。由此有了家庭、社會、民族，國家，人類確立了這樣的體系……

二〇一三年五月十日

「Papi，這些年我一直在尋找合適的地方，要把你半個多世紀積累下來值得收藏的物品整理一下，為使它們有個安身之地。二〇一二年已列出計畫，下年開始整理。僅僅嘴上說說而已，為什麼在你生前一直沒有行動起來，今兒你能在我身邊娓娓道來每件物的來歷，以此慢慢記下它們的歷史，如果能讓你感受到這該是一件多麼美好醉心的事。

「謝謝你的心意，一生淡泊有何意義？再說也沒有那份能耐了。」你的消極很令人沮喪。

我忙忙碌碌不知道自己究竟在忙些什麼？就是沒有靜下心來，好好去開始完成曾經對你的承諾。直到你的離去，我才感受到這份使命是多麼的嚴峻。更沒有想到會以這樣的方式來回報你，早知如此我寧肯你永遠健在，不要用這種虛擬的方式來感恩。

兩周前已經著手為你的繪畫拍攝造冊，至今還在艱難的編輯中，丈量尺寸、登記、入錄等打成文本。在編輯過程中，我遇到不少困惑，在這60多幅繪畫作品裏，作品上僅有作者名稱和時間，不少連時間都沒有注明。更不是國人那樣直接把作品名稱寫在畫上。具象畫還能給它確定一個名字，可面對抽象畫要給它們起一個合適的名稱，惟有你在創作時意念是什麼外人是無法知道的，所以難以替你作刀。

幾天來，我樓上樓下跑來跑去反覆查對作品尺寸名稱時間，真是很累很辛苦。不由想到半年前，我們居住地政府文化中心，為我們舉辦畫展，你為了節省開支，開車去專賣店買回木條和零件，把一張張畫量出尺寸，用電腦列印出張張標籤，靜悄悄的在家裏完成了幾十幅畫的裝框工作。當布展的時候，你把所有完成

的繪畫作品送到展地，二〇一二年十月十一日這一天，你又發生了頭暈，在路過十字路口沒有泊下車，與正面開來的公車撞了個正著。你不是沒有意識到，你逆來順受已經習慣了。你還跑前跑後買來那麼多的飲料那麼多的小食品，熱情喜悅的接待著前來參觀的人。當你把這一喜訊告訴幾家華人報社，希望把這一文化資訊通過媒體傳遞給社會，讓更多西班牙人知道，中國人的精神園地沒有荒廢。

　　你得到的答覆是：我們沒有汽車我們沒有時間。當然你也沒有為他們備下豐盛的晚宴……

二〇一三年五月十一日

　　兩個半月來，聞之不到你的聲音，家中沒有你難以成席。

　　「Papi，我們在電視機旁邊茶几上就餐好嗎？食欲精神同時喜兼得。」有時，你無奈看著我把飯菜端到茶几上，很是牽強落坐進食。我自幼流落在外，習性自由無羈自是沒有多少規矩。是你的包容遷就了我的一切……

　　更多的時候你固守廚房的餐桌上：「我們小時候，一家人總是圍著桌子就餐，完畢之後父親在坐，孩子們是不能離席的。」

　　倒是能與你天天廝守在一起，寫下對你的思念和追憶。每天一早一晚拉開捲簾門一聲「Papi，早安！」，接下來三鞠躬；晚間「Papi，我休息了，晚安！」，每天都以這樣的方式與你對話。

　　在你生前沒能好好陪伴你，沒能靜下心來與你聊天，如今的表白只是活著的人自慰罷了，所以內心的痛苦和不安無時不在糾結著我。

　　一周前，身體不適皮膚搔癢難受，前天打電話給荷蘭池蓮子大姐，她讓我小心因為傷心過度，腎虛肝火六腑盛氣旺，寄來了

中藥給我服用。每日忙於為你所做一切，時間倒也過得很快，只是心中的悲傷無法排解。兩日來，即使在你離世的時辰裏醒來，但轉瞬又迷迷糊糊地睡去，不是早先醒來之後就再也無法入眠。昨晚，恍惚又夢見你，心念及Papi你還活著，我要去買「見血清」。這已經不是第一次夢見要去買「見血清」，生前熬水給你喝，你總說太苦。

「苦口良藥，不苦那能治病!?」你總是在我的監督下喝下一杯苦水。

Papi，在你生前我為什麼沒有想到買來很多的「見血清」，每天熬水給你喝，說不準你肺部的血栓早就疏通。一切晚矣，一切晚矣啊！

二〇一三年五月十二日

母親節起源於古希臘。在這一天，古希臘人向希臘眾神之母赫拉致敬。其後17世紀中葉，節日流傳到英國。在這一天裏，出門在外的年青人會返家，送給母親一些小禮物。

美國的母親節由安娜・賈維斯（Anna Jarvis, 1864-1948）發起，她終身未婚，一直陪伴在母親身邊。安娜・賈維斯的母親心地善良，極富同情心，她提出應設立一個紀念日來紀念默默無聞做出奉獻的母親們，可是這個願望尚未實現，她就逝世了。她的女兒安娜・賈維斯於1907年開始舉辦活動，申請將母親節成為一個法定節日。節日於1908年五月十日在美國的西佛吉尼亞和賓夕法尼亞州正式開始。1913年，美國國會確定將每年五月的第二個星期日作為法定的母親節，並規定這一天家家戶戶都要懸掛國旗，表達對母親的尊敬。而安娜・賈維斯的母親生前最愛的康乃馨也就成了美國母親節的象徵。

母親節演繹到今天，人類由幾多悲情的母愛被深深地埋葬，什麼理由什麼原因，唯有缺失母愛的人，才知道真正的根源。我自小失去母愛，在內心深處不記得獲得母親的呵護，更不知道自己有沒有過幸福；待為人妻為人母之後，也曾經享受在兒子幼年做母親的喜悅和幸福中，由於人世險惡，兒子進入誤區我再尋覓不到做母親的歡樂。Papi，再後來，我得到你博大無私的愛，你似父母般關愛著我，我又找回了母愛，如今你永遠走了，愛似乎已成為一種奢侈。不管這樣，我還是毅然撥通了國際長話，對著那廂道一聲，媽媽，今天是您的生日，請您多保重！

Papi，從此，你帶走了對我的摯愛，我遲早也會去到天國……

二〇一三年五月十三日

Papi，今天我再次來到Coslada醫院就診。兩月零二十三天前，你在這條通往死亡的線上，抵達終點站再也沒有回到過家。我沉重深切地感受到，那些天護守著與你最後的情景。

在通往這條死亡的路上，二八〇車次的公車總是緩緩到來，似乎也不情願把一個個活生生的生命載入終點站……我趕到醫院離就診時間遲到了整整半個小時，醫生還是為我開了綠燈。當漂亮的女醫生開出下次就診的科目，去掛號約時遭到拒絕。三月前，你帶著我來到Coslada社會保險局申請醫療卡延期，至今還沒有收到更換新的醫療卡。

我離開醫院，來到警察局，為Sara母親來西班牙旅行申請簽證信函。是天意還是承蒙你的恩典，拿到的邀請信日期竟然又是你的生日時。

走出警察局，我想到還是去一趟社會保險局，打聽一下醫療

卡是否批准下來。未想到接待的還是，三月前接待我們的那位英俊年長的先生。

「你沒有工作？」他接過我的身分證，還有過期的醫療卡，在電腦上開始查找資訊。

「是的。我丈夫有工作，做國際電影的。」我特別強調，但是沒有勇氣敞開心扉，對他說你死了。死，幾月來我一直對外人回避著這個不吉祥的字眼。

「保險時間不夠。你丈夫在中國工作？」對方在底案裏發現你工作地點不是很確切，他打出你早期交付的社保看，足足還差四年。

我曾記得五年前，你讓律師去諮詢過養老金問題，補上缺少的社保金，你最終還是放棄了。

「No，他十八歲就來這裏，一直在西班牙，已經整整六十四年。」對方也被搞糊塗，既然在西班牙那麼長時間，為何不能延續社保。他那裏知道你拍攝電影，大多數時間都在美國，那你在美國交社會保險了嗎？當然不會在兩個國家繳納。

「……」對方有些犯愁起來，一直在詢問身邊的同事。

「對不起，我先生在七十七天molio。」我終於鼓起勇氣，把你不幸死亡的消息說了出來。那一刻，眼淚就像缺堤的洪水傾瀉而來。我頓時又想去好朋友安娜幾天前的話：

「西方人對死亡不是中國人那麼誇張，嚎啕大哭以示對死者的悲傷。他們面對死亡是那麼神聖嚴肅，體現出一種高貴。

對方把一張可以就診的證明遞給我，讓我回到居住地申請醫療卡。他並代我在一份紙上填好所需資訊，然後遞給我要求簽字。當時，我並不知道他在為我申請撫恤金。

電話接通安娜：「這個人很善良，他說補上死亡證明書，下次再來找他，儘量幫助把寡婦金的最低生活費用申請出來。」

Papi，之前，你的情形沒能申請下來撫恤金。在西方社會太太是丈夫的附屬，你都沒有申請下來養老金，那我自然也不會有的。你走後，律師也對我說過，申請撫恤金沒有把握只能試試。是否能申請下來撫恤金，我倒沒有什麼更多的奢望去過多地追究。當安娜把對方的原話翻譯成中文，那一剎那間，我已經無法再克制自己的情感，「寡婦」二字深深刺疼了我的五肺六髒。不僅因為無法面對這個隱晦的字眼，按照國際法規定，我還是時值中年啊！

「好，我明白了。謝謝你！」我強裝鎮靜儘量不讓安娜知道，我又哭了，而且已是泣不成聲。

「對不起，非常抱歉！」Papi，自從沒了你這根拐杖，兩個多月來，我幾乎每天淚水相伴，奇怪的是對你的悲傷不僅沒有減少，而且是愈來愈劇烈的思念，眼淚猶如蜿蜒的長河流不盡。因為沒有你在的日子裏，我真不知道如何度過這漫長的歲月。好在，每天拼命在為你的感恩還債……

「沒有關係，我的孩子！」對方很耐心看著我痛苦地收拾擺放在他辦公桌上的資料。

我告辭那位善良可親的長者，走出社會保險局大廳，來到外面我靠著牆面放聲大哭起來……最終結果還是被拒絕！

二〇一三年五月十四日

Papi，今天處理不少事情，又記起早先的你，每當做完一件事總會輕聲道：哎，今天又做了一件事。

再次來到Coslada社會保險局，申請撫恤金，誰知少了戶口名簿，結婚證書，你的死亡證明，還有醫生的證明。臨走，送一本你翻譯的西班牙語詩集《天韻》給這位長者，他叫Pedro. Paglia第三天，我再次來到這裏，順利遞交撫恤金申請。

一周以後，接到社會保險局的回覆，申請還是被拒絕。有望等到65歲退休後再申請。

　　離開社會保險局，在286公車站轉280公車，突然看見對面大樓裏走出一對年邁的夫妻，先生是黑人，太太是白人，兩人行走起來已是很艱難。那一刻我被感動，又情不自禁想起《詩經》「邶風」裏的〈擊鼓〉篇：「執子之手，與子偕老」的詩詞名句。今生能拉著您的手永結美好，是多麼幸福值得回憶的；在欲罷不能與您永不分離白頭到老。

　　常人說得好：少來夫妻老來伴。Papi，我們沒能執子之手，那想到與你竟然也不能偕老。眼前這一對不同膚色的夫婦，他們或許沒有兒女，也或許沒有多少財富，更不會再有完美的身體健康，可他們行走在一起，看上去是多麼的自然多麼的默契，又是多麼的溫馨幸福。我的視線尾隨著他們漸漸遠去的背影，心又是一陣疼痛抽攣起來。

　　你曾經對我說過：「先去是有福之人，留給生者的是痛苦。」今天，我倒把你送走了，可今後的日子誰來陪伴我，攜手我共同走完餘下的路程。你走之前有我在你身邊，與你穿梭過那死亡的旅行，為你點燃燭光為你送別；在家為你百日守孝，「七七「四十九天點著長明燈，之後送你去地中海與娥笳團圓。可如今，我子身一人守住空空洞洞的房子，好孤單好苦悶，等到有一天誰來為我送行。好在我的渺小，我的不作為沒有什麼值得留下，猶如沒有人知道我確切出生的月份日期時辰一樣，悄悄來到人間，到那時又悄悄離去……

二〇一三年五月十五日

　　Papi，今天是馬德里一位聖人的節日。你走後的兩個多月時

間裏，我每天都在為你書寫，時常想念你一聲聲的呼喚著你，那心真疼痛。

歷經兩月多，律師基本上把你的後事理順，尋找SONIA的出生和死亡證明，律師費了不少心血和精力，她說西班牙法律不允許查找私人資料，在親戚的通融下總算在警察局找到SONIA的資訊。聞之後，我倒是有些質疑，所有的大門都為律師開放，為何這樣啦？其實，資本主義社會也並非全是淨土。

上周接到車年檢通知，安娜和她男朋友來家打算開車去常規檢查你的「大眾情人」，後來與律師協商還是把這輛車處理掉，這樣一來至少可以減少一些不必要的費用。

Papi，沒有想到律師跟蹤出一樁意想不到的遺產，那就是一九七七年以娥筎的名分在Segovia購置的牛棚，面積不大價值也不高。多少年前，我曾經聽你說過這事，你似乎告訴我當年已經處理。那今天為何浮出水面？根據安娜分析，年生久了你早已忘記當年是如何解決的，或許因為遺產稅太高你放棄了。最終，律師在老市長那裏找到了答案：清楚記得這事，當初已經拍賣，由於一直沒有提供娥筎死亡證明，所以無法更換買主的名字。

你為何跑到那麼遠的地方去買一座破舊的牛棚，外人是無法得知你內心世界的。36年前，你的經濟狀況還不是很好，那時馬德里家只有六十平方，你一直想擁有自己的畫室，想把牛棚設計裝修成一個藝術自由休閒的天地，偶爾去那裏小住些日子。因為娥筎喜歡安寧不喜歡奔波，想必更重要的因素是九十年代初愛女Sunia的離世，使你徹底心灰意冷，不再有心情去改建這座牛棚。

畫押之後徹底掏空了我的心……

二〇一三年五月十六日

　　Papi，三月前，你帶著我去了Coslada社會保險局做什麼啦？你似乎不記得。

　　說是更換醫療卡，你還說這次換出來就是永久性的。其實，你也糊塗了，或許真的沒有搞明白，還是當時社會保險局給了我們一份檔，讓我們回到居住地去申請醫療卡，可這張申請醫療卡的法律依據在哪裏啦？今天，我拿著社會保險局從新開出的證明，在居住地的醫院申辦醫療卡，而且非常簡單。剛開始，櫃檯裏的醫務人員給的是三年，我希望她能給我更長時間，幾天時間就收到了十年的醫療卡。

　　你總說我命屬一開始都不順利，不是遇到這樣的問題就是遇到那樣的問題，到最後都會得到圓滿解決。

　　Papi，月前，不知道我跑了多少趟搶救你的Coslada醫院，固執要取回二月二十一日你入院的TC檢查，都未能如意。西方人辦事很是嚴謹認真，按理說我都來了無數次，與對方都熟悉，但他們依舊照章行事，每次必須提供你我的身分證，死亡證明，醫生證明，還要戶口。當醫務人員遞給我厚厚一疊牛皮信封，裏面足足裝有五十八頁的TC各色各樣圖片，可唯獨缺少第一頁？準備送到居住地醫院你的主治醫師看個明白，這也是最後一次對你的病情求證了。醫生說，你肺部的動脈血管已經被大量的淤血堵塞。Papi，所做的再多與之查到有什麼質疑，這一切都難以挽回你的再生了。

二○一三年五月十七日

「昨晚，夢裏總是找不到我的車子。」你不值一次對我說。

「Papi，我們畢竟是中國人，所受「落葉歸根「文化的影響，還是應該考慮今後⋯⋯」

「人是不能同時跨入兩條河流」。今兒，心念一陣上來，似乎覺得不應該把你的骨灰分別置入在兩個不同的地方。二月二十七日，殯儀館已將大部分骨灰攤放在鹽制的橢圓形的骨灰盒裏，餘下小部分單獨放在另一個黑色金屬骨灰盒裏。打算把鹽制橢圓形裏的骨灰撒進地中海，餘下的並同娥筘的髮梢一起帶回中國，安葬在你父母身邊，或是在四川買個公墓安葬。可你生前早就說過走後要把骨灰撒在地中海，之所以想把你帶回中國，那是我對你的一份寄託和哀思。對不起，看來這一切都不能因情緒或感情來決定了。

「請教，你認為米格爾的骨灰分別置入兩個不同的地方，是否妥當？」我坐在安娜的車上問道。

「西方人沒有過多的計較。不過，你應該尊重米格爾的意願，不要憑藉自己的想像。」安娜握住方向盤，果斷說出自己的想法。

是的，Papi，我又想起你的話：「學會尊重，這是最基本的。」

電話撥通了中國朋友：「瓊，按照咱們中國習俗禮教，把米格爾大部分骨灰撒在地中海，餘下帶回中國下葬是否可以？」

「張姐，你千萬不要那樣，給米格爾一個完整的身體。如果那樣做，不是把他五馬分屍了嗎？我們要為活著的人著想⋯⋯」

「這個問題我一直都在想，不應該把米格爾骨灰分開，最好

還是完整的。如果立碑沒有後人繼續看望，那孤零零的墓地更是淒涼。我媽媽走後，我對侄兒說我們這個年紀了，說不準哪天就走了。叮囑對奶奶的墓地至少要讓孫子這輩記住，不能沒有後代照看的。」

「骨灰不能分開。親人為了寄託那份感情，可以採用衣冠墓再置入照片。」

Papi，身邊朋友的口氣幾乎都是一致的，而且他們都很年輕，他們不主張把你的骨灰分開。當問到北京丁良欣先生夫婦時，他們可是你兒時夥伴又是親戚，而且居住在皇城根下，他們卻沒有這方面的經驗。鮑克俊先生也說不懂，這下我茫然不知所措。

母親是一個非常虔誠的共產黨員，她說的話令人玄乎：「骨灰撒在地中海時，把中國家的詳細地址告訴米格爾，讓他沿途找回家來。」

親愛的Papi，你能找回家嗎？你知道我所指的家不是那個物質的家，而是精神靈魂上的屬性。

與我們居住一個村落的四川老鄉Y‧P：「千萬不要分開。可以用另外一種方式來懷念，我們家小狗狗養了十來年了，死後我們也很傷心，火化時醫生徵求意見要不要留下一點骨灰。隨後，我們把骨灰寄往英國，朋友幫助我們在倫敦做成飾物，我與先生分別戴在脖子上以示紀念。」最終我放棄了幾萬人民幣的『生命鑽石』，你生前我都沒有奢侈過，在離世後去違背彼此的心念。

Papi，非常抱歉我不能只顧自己的感情，殘忍地把你的屍骨分開置入兩地。看來你活著我不能忠孝兩全，誰知你死了也不能盡到我對你的寄託哀思！

「我們生活在海外，四海為家沒有那麼多忌諱的。」朋友超蔚的話正是Papi你的信念。

午間，Sara打電話來，我把這事對她說。她認為這完全是私人的情感問題，怎麼做純屬自己的權力，還說別再多問他人了，每個人每個想法，文化觀念都不一樣……還提到我們的好朋友曼巴索，他有個女兒死後，父親把女兒的骨灰置入花盆裏，每天為她澆水。

我還是無法作出選擇，打電話給成都的朱大姐，她是建築師對風水有些研究，她還說哥哥在研究易經，徵求哥哥的看法。一小時再打電話過去，朱大姐哥哥也說骨灰不要分開安置。

活著的人所做的一切都是一廂情願，走了的什麼都不知道了。所以，Papi，還是你說的有道理：學會尊重比什麼都好！

慧明大和尚：骨灰乃先人之餘貹，若常年放置家中，非是長久之計。塗毗（即火化）乃隨佛教傳入印度之風俗。華夏之風以土葬為歸宿，近年來，多以火化為主，故有骨灰存放之事。貧僧以為當以骨灰散之大海或存骨灰集中存放處，或埋於公墓之中為宜。長期存放家中，易使家中人等生起恐懼畏怕之心，有失恭敬先人之禮。

再者，先人在世，以親、和、敬以待之，非於亡故後，以存放骨灰於家中為恭敬。

哎，自古到今，中國文化存有互相矛盾互相抵觸。正是：有多少念想就有多少傳承。不過，文化的矛盾的確誤導不少後人。

二〇一三年五月十八日

昨晚七點就早早上床睡了，昏昏沉沉一直睡到今天上午10:30時。兩月多來，底氣不足身體虧損嚴重，沒有辦法從新振作起來。

夜裏似乎又看見你，我端著一大碗見血清讓你喝下去：「Papi，你就是為了我也要喝下去「。多次夢見這種草藥，難道

真得那麼神奇，這究竟有沒有療效誰也不知道。

那見血清究竟是什麼藥？對人體那麼重要？

根據中醫中醫秘方記載：見血清為蘭科羊耳蘭屬植物羊耳蘭，以全草入藥。四季可採，一般鮮用。

主治清熱、涼血、止血。用於肺熱咯血，吐血；外用治創傷出血，瘡癤腫毒。

生於溪邊石罅間或林下陰處。分佈浙江、廣東、四川、貴州等地。

重播母親癱瘓近二十年，患多種疾病高血壓、風濕性關節炎、糖尿病、心臟不好那麼多年來藥物沒有中斷過。母親也時常喝見血清，她之所以能支撐下來，難道與喝見血清有直接的關聯？

親情總是無微不至的，至於這些藥物有沒有功效，你已經走了，是無法得到檢驗。人類就是這樣，在科學與一味地迷信中延續存活下去。

二〇一三年五月十九日

Papi，你是知道的，在現實生活中我是非常厭惡貪金銀珠寶。今晚，夢中竟然在污濁的廁所裏撿到那麼多金銀首飾，而且是那麼貪心，雙手都拿不了還拼命拿。年輕迷茫時不知道自己究竟想要什麼，金錢物質或許是所追求的目標（究竟什麼目標？）。說真心話，當年我出國並非為了金錢，也不是為了情感的失落，是的，沒人相信這話是真的。但是我心知道，當年拋開家庭拋開兒子而不顧，全都是因為活著沒有信仰，前途一片迷茫，身心備受煎熬，看不懂時態變化。更多擔心兒子這一代重蹈覆轍我們的生活經歷。80年代末，家中境況非常不錯，冰箱、德律風根14寸的彩色電視機、洗衣機、上海蜜蜂牌縫紉機、長虹收

錄兩用機、水果攪拌機、沙發、兒童組合床應有盡有。在當時，已經是非常富有了。

人類對物質的渴求不外乎就是企求看得見摸得著可以享受到的，另外就是兩性生活。一般知性者會把兩性生活看得比物欲更為重要，其實二者屬性均為物質的。

在兩性生活方面，你生前也婉轉對我說：「性愛不單是直接進入，撫愛或採用其他方式一樣可以給予女方滿足和快感……」我除了理解你，更多的是我們的結合是建立在精神上，你輕輕的一個吻，輕輕的一個撫愛，你那溫柔軟綿綿的雙手令吾陶醉令吾飄飄然，非一般人是沒有辦法體會到它的愉悅。

多少年來，我總是在夢中達到高潮，事後與之分享給你，有時我怕傷害到你，不敢直截了當對你話語，只能採用開玩笑或調侃的語氣對你講起。昨晚，也就是你走後的第二次我在夢中達到高潮，那一刻我興奮得喜悅起來。儘管你走後我悲痛難抑，但我的生命畢竟還沒有死灰槁木一般，我還時值中年。

夢醒來，腦海裏還存留著你穿著我僅花了兩歐元，為你買的那件秘魯藍色手織布的襯衫站在我的面前，那是你生前非常喜歡的衣服。Papi，有時你的節儉似乎超越了常人的行為，你骨子裏的傳統品性一般人是難以理解的。

二〇一三年五月二十日

是夜漫漫，無睡眠。今晚「……淚和愁付與瑤琴……少一個知音。」（王愛山，【雙調】水仙子）

「捱過今宵，怎過明朝？淅零零雨灑芭蕉。」（王愛山）

「別離易，相見難。何處鎖雕鞍？春將去，人未還。這其間。殃及殺愁眉淚眼。」（關志卿，〈別情〉）

Papi，你在的日子裏，就有詩在；今你不在了，詩歌也隨同你去，因為身邊不再有你的聆聽。詩歌死了，我心也死啦……

二〇一三年五月二十一日

三個月前的今天，你去了醫院，生命已經進入倒計時。

「Papi，你去哪裏啦？」不知道，我在對誰打聽你的去向。

「去無錫世紀城了。」夢中竟然還有人搭上話來。難道你真的想落葉歸根？可你曾經說過，做個地球村的人，今生四海為家。

「我馬上打電話給他……」話出口，我立即意識到你已經走了，儘管這樣我還是相信你去那裏閒逛一圈看上什麼喜歡的小玩意買上一點，這是你多年的習慣。寫到這裏，不由聯想到你今生很會賺錢，也會花錢但是絕對不會亂花錢。更不會去買什麼奢侈高檔品享用，有時甚至於對己太吝嗇，早期孤獨少年留學西歐也是從苦難中走過來的。還有，每次有朋友請我們吃飯，你在筵席上從來不點貴的菜肴：「這個時候，客人應該識相，別難為主人。」這就是你的為人。

你生前最放心不下的就是我：「現在少花一分，將來多留給你一點。我們這樣坐吃山空，擔心百歲不走手上出現拮据，那時我去洗盤子都沒有人要囉！也沒有能力去打工賺錢了。」

每當你說這樣的話，我總是不以為然：「Papi，即使走到那一天，你不要煩心。我們回到中國去，我每月的退休金夠吃飯了。再說，我們還不至於走到這一步啊！」

「哎，未雨綢繆！未雨綢繆！」

二〇一三年五月二十二日

　　Papi，前段時間我在你的著作《中國藝術介紹》一書中，看到一九九七年你為娥笳醫治癌症，在中國醫生那裏開出的中藥處方，那是娥笳放棄醫院最終的搶救回到家裏歷經生命中最後的路程。似乎還記得你說在馬德里中國醫生那裏買一副中藥要花費4000西幣，真苦了你每天熬中藥，娥笳喝的只想嘔吐。當時你和娥笳面臨死亡的承受，竟然接受在家死亡的藝術。這不是一般人可以做到的，可見你們面對死亡的坦然和無畏。

　　我還曾記得三月前的今天，你對我說：「我要回家去……」我為什麼沒有想到帶你回家去，那是因為我害怕你的離去，更害怕你的死亡，所以沒有去好好爭取，當我看完美國作家斯蒂芬雷文的《生死之歌》一書後，才真正後悔在你生命最後的旅程：「把垂死病人帶回家，等於是陪伴他走完最後一段朝聖的旅程；沒有其他交流比陪伴瀕死病患更讓彼此親近。」

　　西方人籍著愛與服務，與即將走向死亡的人了結未竟之事。「與之分享走向死亡通道的自由。儘管眾人皆感疲憊，大家仍然接納死亡，並為所愛的親人死去感到充實與完滿。」

　　國人與之相反，懼怕、畏縮難以接受。Papi，我以此心態，沒能與你分享苦難，分享走向死亡的旅程，你也沒有想到自己會死去，如果想到，你對我會了結未盡之事。

二〇一三年五月二十三日

　　「我們時時刻刻追求滿足，自認為幸或不幸，渾然不覺人生無常的教誨。」

「我們的文化把生命視為一條直線。線愈長，就自以為活得愈豐實、愈圓滿，以為盡頭不可怕，在美國印定安人的真理中，圓滿非以壽命長短來表現，而以生命中每一刻是否過得充實來決定。」

Papi，你的所念見證了上述：「人活著有意義何必在乎年生長短，苟且偷生倒不如死了乾淨。」惜之的是愛女索尼婭的人生觀竟然與之一徹。由此，你生前對死亡是很坦然的，活著時沒有畏懼顯然不會擔心未知。

因為你的理性，明白在這個萬變不居的宇宙中，沒有一種東西可以拿來長久自謂的。所以，你一生不攀附達官貴人，也從不歧視街頭巷尾那些風塵女子。

你的身心是自由的，你的人格是偉大的；你靈魂是高尚的。什麼叫著自由，你是最有資格說這個辭彙的：「面對欲望的海市蜃樓，放開想像和觀念就叫自由……「。觀念的存舊根深蒂固，又何能灑脫放開想像，自由看來是那般輕鬆，可對幾千年文化走出的國人，自由是一種奢侈，遙不可及。

二〇一三年五月二十四日

Papi，在一般人眼裏是很難看到你的憂鬱和傷悲，唯有走近你身邊最親近的人，才知道你內心世界承受著多少苦難和不幸。這些苦難和不幸絕對不是物質的，而是年少時起一直到晚年歷經了人世間最致命的失之親情所痛。

禪師：「先祖逝兮、老父崩兮、幼子亡兮。」Papi，你少年失去了父親，又經歷了愛女的早亡，這人間的悲劇致命的打擊——讓你承受了。

可是，當你面對外面的世界，你每時每刻給予他人是喜悅

和歡欣。每每憶起，心中總是充滿了溫馨。因為在你的精神世界裏，你才是真正快樂的人，你的快樂並非因為擁有什麼：「……因為觸及了自我內在那個滿足的源泉。」

二〇一三年五月二十五日

Papi，你在面臨死亡之前，與人類一樣經歷了否認、憤怒，只是沒有討價還價和沮喪。遺憾的是，你在最後一刻，我們沒能好好話別，不過，與你分享到了死亡的經驗，由幻覺到痙攣；面對到承受，最終見證你穿越死亡之旅。

其實，你早已用接納的心：「放下一切拉住你的東西；放下你的名字；放下你的身體，放下你的心念。放下你知道的一切，放下你不知道的一切。」唯有潔淨的心念融入開放的心靈，你終於自由了！

有人說：「死亡只是改變一種生活方式。」死亡提供一個機會，讓我們看清苦與執著的根源，發現順服命運打開了通往自性的之路。」

在你經歷了娥筘死亡相守的日子，已經深刻體察到生命，若能以愛和智慧接納死亡，它會成為一個偉大的禮物。娥筘在你最後靜靜地守護著離去，你們彼此已經進入到天人合一。

當你告訴我要回家，醫生的默然還有我的遲鈍，沒有來得及給你一個機會，讓我們回到家裏留守那共同的時光……

二〇一三年五月二十六日

Papi，那一刻，你躺在床上瀕臨死亡，我自始至終不會相信你會永遠離開我。我沒有勇氣去面對你即將走向死亡，所以在你

入院後的數日幻覺昏迷中，幾乎沒有經驗去幫助你做臨終告別。好在生前我已將心對你開放，坦誠與你心靈對話。

你走了整整三個月，離我的生命越來越遠，半月前的每晚我還能不斷地夢見你。之後我們的見面是越來越少了，你還是狠心拋下我不再顧及我的傷悲，去了天國與娥笳還有愛女索尼婭團聚。這樣也好，你在那邊不再寂寞和孤獨。

親愛的Papi：「我們生活在一個受到心理制約，否定死亡的社會。」（赫胥黎）如果早些時我懂得死亡與生都屬於自然界正常規律，我會靜靜地坐在你身邊，而不是悲切的哭泣，把鼓勵的話帶入心中，等待你即將離去的那一刻悄悄耳語對你說：「Papi，你進入幻覺離開軀體已有多日。現在你我該認清事實，你繼續往前行走吧，投入到浩瀚的自然去。」

「生與死都是幻象；有生必有死。這項幻覺伴隨自我而生，它總是起起落落；真理卻不是這樣，真理是永恆的。」（印度聖哲瑪哈席）

二〇一三年五月二十七日

我狂奔在曠野，對著蒼天嚎啕：「Papi，過去可能帶給你痛苦的行為，無論是想法、動作或語言。即使我不是有意要傷害你，還是請你原諒。」只有得到你的寬恕，我的生命才能繼續下去，心靈的陣痛才能削減才能復蘇。

回到家裏，我的悲傷和惶惑陰霾著家中所有的房間和空間……

如今，我還沉浸在你似去非去的幻覺裏，安娜夫婦見到我總是問：「Laud，你還好嗎？米格爾和我媽媽在天堂過得很好很開心。你要不斷對他說：『米格爾，你很漂亮！』」安娜邊說邊用

右手做了一個飛吻。我心裏明明知道這是人類慣用的自我安慰，可是又沒有辦法拒絕這些善良的慰藉。

失去你我的愛人，是今生不能承受之痛。

悲傷撕裂我的心，我不知道該怎麼辦。Papi，你的離去是留給我的遺產，這份遺產很沉重，我將用後半生來守護並使之享用。

為了減少失去你的悲痛，我每天書寫、無時無刻乃至在夢裏與你對話，幾月來正是採用了這樣的方式，心情慢慢舒展開來。

面對現實，你真真切切已不在，苦人生短暫無常，無論想要什麼，欲求得愈多，悲傷空虛的感覺也愈深。

沒有經歷過災難的人，是無法珍惜生命；沒有信仰的人，是無法感悟真理的永恆；沒有愛過的人，那知道愛是沒有界限的（國界、膚色、種族、年齡）。

二〇一三年五月二十八日

人類之所以活得累，是我們的欲望太多太強烈。正如：「地獄是抽緊的胃。我們在心與胃之間徘徊，胃把一切轉為自己，把整個世界視為食物，單為食欲而存在。」

Papi，我們相知相識十七個年頭，在一起生活了整整十五個年頭。你給予我無窮盡的教誨，可為什麼在你生前我沒有大徹大悟。為何要等你的離去之後，我終於悟性到金錢物質兒女情長乃生外之物全是一場空。這樣的悔過，現今為你所做的一切竟然以你的離去作為代價；如果說是感恩這對你實在是太不公平與之殘忍。

今生所走過的前半生四十年，除了拼命打天下全他媽的白活了，我們自小被教導不怕苦，不怕犧牲。可在健康的日子裏很少考慮人生重大的問題，也未有人啟蒙我們要勇敢去面對苦難，面對死亡。等到我們真正明白：「拋開控制宇宙的念頭，放下一

切，就會得到真理。富有生命力的人無不渴求真理勝於生命，愛惜性命的人老是找不到真理。」由此，生命即將走向終結。

「只有兩種人甘心走向死亡，前者心胸開放，不執著於軀體，融入下一個生命階段，向未知開放。後者滿懷憂慮，滿心恐懼，他們遽然投入死亡，為的是逃避生命。」親愛的Papi，你實屬前者。你時常對我說：我現今已非常滿足了。你的謙卑，你的大愛，致使你到了臨終，也不再有對人生感到遺憾。

累計半輩子的孤寂與恐懼，是你為我冰釋了這些苦難，逐漸擺脫了被痛苦折磨的人生，使得我生命有了圓滿。真正懂得了：「人類的苦就是蒼生之苦。」

二〇一三年五月二十九日

當下，生態被人類破壞的已是前所未有，萬物生靈正處於一個迷失時期，人類的苦難似乎有著冰河時期幾乎瀕臨滅絕可怕的預兆。

Papi，大半個世紀以來，你洞察了人世的千瘡百孔，領域了人生的五味俱下，時值你笑看天下風雲，卻在一瞬間倉猝撒手人寰而去。誰說這禍兮旦福對一個純粹執著虔誠的生命來說，遠離這惡道未必就是壞事。

有的人活著靈魂已經死去，有的人死去靈魂卻還活著。Papi，你屬於後者。百日來對你的追思，對你的懷念，你並沒有走遠。何止不是這樣啦?!人類歷史的記載也就是上下五千年，在地球上，人類比起自然界比起其他生靈來，可憐可悲真乃微不足道。生命長者百多年，短者幾十年；幾十天，有的生命甚至於剛出世就被夭折了。Papi，你瀟灑行走在人世間82個春秋。即使長命百歲人類也未必還能好到哪裏去。你看看，地球上從來就沒有

停止過戰爭、饑餓、貪婪、掠奪，人類在物質滿足之後狂妄的不知道究竟還需要什麼。在統治者的政治宗教教唆下，嚴重缺失個體生命的自由，致使社會精神人文的匱乏，親眼目睹人類對地球一天一天的蠶食與毀滅，倒是你的超生能脫離苦海心無塵埃。餘下的罪惡也只能讓那些貪得無厭的人去消受。

你是不幸中的幸者，自由人文精神已經在你那打下了永恆印記。好了，在餘下的日子裏，我會把你的精神播撒在人道，使之與天地萬物共存。

二〇一三年五月三十日

Papi，今天家中來了客人，你猜到是誰嗎？當然都是你生前最要好的朋友。

Rudy特意從阿裏甘德來，還有Angel安黑爾、carlos卡洛斯，他們將參加今天傍晚西班牙作家藝術家協會為你舉行的「懷念國際電影人米格爾·張詩歌朗誦會」。明天是你的生日，邀請他們來家陪著你過生日，你知道我宴請他們吃什麼？中國傳統火鍋，這個銅制的火鍋是早些年你在臺灣拍攝電影時買來的。在你生前我們很少動用這口火鍋，一般情形下是逢年過節或是好友來家才動用的。今日，也讓這口別致的火鍋陪伴著你生日快樂！

朋友們來家，與之他們商量關於募捐你生前所有物品開設陳列館的事，還有出版你的畫冊。Rudy不是很理解，或許因為他自己也是畫家，對自己的作品似孩子一樣看待。卡洛斯願意協助把陳列館做起來，他說至少需要一年多的時間，並準備把你的畫冊整理好寫出序。

他們臨別時，我們站在你的靈堂前，安黑爾用手機拍下了難得可貴的合影。隨後，我們驅車去了西班牙作家藝術家協會⋯⋯

本次懷念活動，我特意為你在歐華報開設了一個專版，是送給你誕生日的禮物。

二〇一三年五月三十一日

Papi，今天是你的82歲誕辰日。去年的今天，你帶上我去了馬德里阿拉伯最有名的一家餐館，我們聆聽著阿拉伯的音樂，品嘗著道地的阿拉伯美味佳餚，共同享受漫逸在溫馨的時光裏……

家裏擺放著你生前喜歡的野菊花，西人告訴我那滿丘陵開著的黃色小花叫ESCOBA MARGARITAS，另外一種叫不出名字的野花；我跪在地上點燃壁爐讓它燃燒起來，在你今天生日之時，除了悲傷還是悲傷，我不知道還能為你做點什麼，我明白一切都無濟於事，但是我只能用這樣的方式來表達對你的深深懷念和追憶。所以，我顧不了那麼多，蹲在家中你的靈堂前放聲大哭：「Papi，三個月來，我的心和眼淚已經伴隨著燭光和郊外所有的野花枯萎；在你百日之時，至少在最後的日子裏還有我來送你一程。

15年前娥笳先你而去她是幸福的，今天你先我而去也是幸福的。

Papi，在你今天生日之時，你生前最為擔心的兩個小女人有了一次心靈對話：

SARA：「很多時候我看見米格爾坐在黑漆漆的屋子裏靠著沙發一個人看電視，我覺得他很孤獨，雖然他喜歡獨處，所以米格爾走了，我覺得是他的另一種幸福。」

「是啊，這點我做的很不好，整天待在電腦機前，是我虧待他了。已寫在日誌裏了，無論米格爾再世還是不在世，我都要活得真實，與他說真心話。」

「是你們年齡決定了這個不可避免的問題，二十幾歲是兩代人啊！」

「無論什麼理由，我的粗心大意和忽略，都是自己留給自己的生命之痛！自己是無法原諒自己的。」

「你想想兩代人所經歷的社會有多大的改變，有很多遺憾不是想要留下的，而是確實很難避免。」

「是的，儘管我們均為華夏之子，但我們之間所生的時代、家庭背景、教育、乃至文化存在很大的差異。所以，在一些觀點和認識上有著明顯的不同。由此，在處理問題上難免不存在分歧。這些年兒子把我們搞得精疲力竭，你觀吾受其煎熬痛苦不堪，勸之任其兒子去了，兒孫自有兒孫福。可我出國就是為了他啊！如今，一切看明白了，已經晚矣！」

「我希望你不要太自責，不要折磨自己。每當想起米格爾生前留給我的舉止言談，我都感到很幸福。所以，我更希望我們每次談到米格爾都可以開心的笑」

Papi，你聽聽一個似晚輩的小女子，說起話來是那麼知情知理，難怪你生前那麼器重她。為此，我真得感到很難為情亦汗顏！

我之所以被痛苦折磨著，那是因為本身就帶有罪孽。正如聖經：「因為遺傳的緣故，我們人人天生都不完美，每逢想做對的事，內心往往要經歷好一番掙扎。而且都會說錯話做錯事。」Papi，請求你對我的寬恕，讓我慢慢解開心結。只有這樣，我才能開始喜悅的生活。

好了，與你心靈對話數百日。要說的在你生前已經說了，還未來得及說的，你也無法對我說；我要對你說的都對寫在日誌裏了，還想對你說的等我們在夢中再續前緣。Papi，為你書寫的這本書，藉此你的誕辰日算是送給你的薄禮。期望更多的還是「國

際電影人米格爾・張」陳列館，希望能在某個你的誕辰日作為大
禮送過你。

四、微風輕拂二月寒

人在活著的時候
總該好好地活著
不為自己
而為那些愛你的人
因為死亡留下的悲哀不屬於自己
而屬於那些活著還深愛你的人

往來無白丁，笑談有鴻儒

　　去年（二〇一二年）七月初旬，我和妻子參加了在西班牙鐵烈力飛島（Tenerife）舉行的第三十九屆歐華年會。事後於搭機經馬德里飛返蘇黎世途中，承蒙本會資深元老莫前會長索爾熱情相邀，在那兒作了兩天的觀光停留，他並特地約了本會會友張琴和她夫婿米格爾・張一起享受西班牙的各色名菜，借著純酒佳釀，共話藝文。大夥在餐館的燭影之下暢談人生，各人娓娓道出自己生命旅程中所遇的各種甜酸苦辣，憶苦思甜之餘，也算是大家浪跡海外一場盡興而難忘的剪燭夜話。

　　隔天，張琴夫婦更是熱情驅車前來我們下榻的酒店接我們暢遊馬德里城裏和外郊幾個甚具特色的名勝古蹟。張老哥子──米格爾，雖已八十餘高齡，但他身體硬朗結實，精神矍爍，行動敏捷不亞於一般青壯之人。他和張琴一路為我們詳介西班牙古今的歷史與典章，解說這個過去有著輝煌文物和制度的國家，讓我們睜大眼睛觀賞，豎起耳朵傾聽，廣聞增知，津津入味，受益無窮。途中，更是介紹我們用口腹欣賞了馬德里鄉間著名的烤小羊腿和其他我記不得名稱的佳餚，那番口感和美美的滋味，令人永記腦海，不會忘懷。

　　後來，我們還到他夫婦倆座落於鄉間的大宅品茗聊天，這才讓我真正見識到兩位聯手營造的藝文生活天地──他們夫妻倆人的藏書、搜集的古物與字畫、兩人各自畫室裏的畫作，在在令人嗅出這棟屋子所散發出來的文化氣息是那麼的濃郁，那樣的令人迷醉。而，靜靜地聽張老哥子細說他過去與現在交織於兩岸三地

以及人在西歐所從事的藝術經歷，更有一番「往來無白丁，笑談有鴻儒」的深刻體驗。

第一次認識張老哥子，是二〇一一年五月中旬我們在雅典出席第九屆歐華作協年會的場合。這也是我第一次與張琴見面，儘管我們已在電郵上交流過幾次寫作方面的經驗與意見。那幾天的會期，我雖然僅是偶有機會單獨和米格爾匆匆交談幾句，但他的談吐與學識，溫文儒雅的身影，清晰而不徐不急的北京「國語」，已留給我深刻難忘的印象。最有趣的是，去年夏天他開車帶我們在暢遊馬德里名勝古蹟途中，我們不經意聊起了中外的電影，一時恍如山洪爆發，我從上世紀一九四〇年代以迄當今美國與歐洲、香港和臺灣所有類型的影片以及中外文片名、男女主角、劇情內容、導演風格等等引經據典朗朗上口，米格爾頻頻訝異於我的「影齡高遠」，記憶深刻，無形中更拉近了我們倆年齡相差約二十歲的距離，說聲忘年之交大概也可以吧。這正足以說明我們倆人相交雖淺，共同的語言卻有明顯的交集！

這段「新鮮往事」，回憶起來前後也只不過是7個月前的雲煙。正想著在我退休之後如何再覓時機細遊西班牙，以便好好從他和莫老兩位前輩身上多挖些珍寶，多學習點東西，可昨天晚上突然接到莫老一通電話——令人敬佩的米格爾老哥子卻於前日仙逝作古！事先一點兒預兆和跡象也沒有，一位健康而深富生命活力的文人藝術家就這樣不告別一聲地默然舍離我們而去！

我和妻子聞此惡耗，難過、不捨與悵憾，頓時交雜湧上心頭，剎那間也不知該如何向張琴表達我們複雜的心情才好。當下幾次試以手機聯繫而沒成功，可能她驚遇遽變，陷於紛亂情境，喪事的處理是多麼地千頭萬緒，肯定令她難以面對。

米格爾祖籍江蘇無錫，畢業於西班牙國立電影專校和馬德里電影實驗研究院，並通過西班牙國家高考取得裝簧師及設計師認

可執照；更是西班牙國立綜合科技大學最高建築學院室內建築系高才畢業生。他曾參與國際影片美工設計，製作影片百餘部，其中九成為美國好萊塢巨片（例如一九六〇年出品的「北京五十五天」等），早年也曾參與臺灣好幾部電影的製作。文字著作計有「電影燈光的處理」（中文）、「中國藝術介紹」（西班牙文）以及西文譯作散文集「田園牧歌」和詩集「天籟琴瑟」等。在他和張琴合著二〇〇六年出版的「琴心散文集」裏，可以從他字裏行間見識到他多方面的才華。

真的，人生不可預料的事情太多太多。我們確需把握當下，好好活過當下，養身自珍，其他爭名逐利之舉都是虛幻膚假的。

有過共同歷史歲月、體驗過同樣艱苦年代而擁有相同人生語言的我們這一年齡層人士，更應好好把握上天恩賜我們的一切，莫再蹉跎光陰，虛度僅餘的下半輩人生。

張琴文友，寄望妳在悲傷之餘，千萬要節哀保重，堅強地打起精神，將妳從米格爾身上傳承的藝文氣息化入妳的筆尖，走進字裏行間，努力試著忘卻愁苦，就像丹麥的元蓮姐一樣，在歷經終身良伴遭到無情病魔奪去生命之大痛後，重新踏出人生的腳步，讓心靈寄情於文字，每天努力驅使自己把日子過得更有意義、更有生氣。如此，張老哥子在天之靈定然含笑樂見！

文輝偕高萍感慨

二〇一三年二月二十八日於瑞士

人生不過百，生死有時

　　張寶清兄旅居西班牙達六十四年，筆者在西班牙也住了五十年，雖然同住馬德里，但是多年來彼此交往不多，更未深談。因為在不同的領域工作，各有不同的社交圈子，很難碰到一起。直到數年前，寶清兄的夫人張琴女士組織了一個華人的文藝社團，要筆者擔任顧問，才與他有了較多的接觸，並細讀了他寫的自傳《地中海曉風殘月》，對他有了更多的認識。除了在電影藝術方面的成就之外，其對中國文化的造詣，在旅居西班牙的華人裏面也是屈指可數的。正在筆者慶倖有了這樣一位談到投機的朋友之際，忽然在二月二十六日，接到張琴的電話，得知寶清兄不幸邊爾去世，實在太突然，令人悲痛不已。

　　寶清兄未及弱冠，即於一九四九年與數位天主教青年得一位西班牙神父的協助，由大陸經香港來到西班牙，他天資聰慧，國學基礎深厚，對中國之詩書繪畫均有很深的涉獵，亦可見他讀書之勤奮。在西班牙他除了在西語方面努力學習之外，並攻讀了建築與電影攝影方面的專業，可說學貫中西通古識今，對中西文化有既深且廣的識見，具有我們所謂的「文人」的修養。

　　寶清兄一生從事電影工作，參與了許多重要影片的拍攝工作，親臨了各國城市，更在許多年前，在學人返國的號召下，應聘回臺灣省電影製片廠擔任總設計師數年。近年來曾多次前往中國大陸，並且為四川一小城作古街修舊復舊設計工作，均顯示其對故國的一往情深。

寶清兄常用他的外文姓名米格爾‧張（張琴注明：因為去國以來所有證件一直沿用這個名字），他為人低調，處事沉穩，不與人爭，不讓理悖。與張琴伉儷情深，夫妻倆常外出旅行，他開車一開十餘小時而不累，身體一向健康未聞有重大疾病。

　　人生不過百，生死之間無人能免，逝者已矣，生者猶須奮發，寶清兄留給我們的是他厚重的文人氣質，清風亮節。筆者因失這樣一位朋友而悲。而西班牙華人僑界，亦以走了一位有深厚學養的長者而痛！

莫索爾
二〇一三年三月二日於西班牙

學裏東西，高風亮節

——緬懷國際電影藝術家米格爾·張

　　張寶清，又名米格爾·張。知名國際電影攝影師、室內設計師、建築師、畫家。1931年五月三十一日生於南京書香門第，從小深受中國傳統文化薰陶。17歲由西班牙神父挑選來到西班牙。1950年畢業於馬德里大學附屬國立高中，1960年畢業於西班牙國立電影專校。1965年畢業於馬德里電影實驗研究院。1972年獲西班牙國家室內設計師資格證。1993年畢業於西班牙國立多項科技大學高級技術建築學院室內建築系。1994到1995先後結業歐洲十八、十九世紀傢俱、馬德里國家植物園園藝講習課程。在攝影，美工，室內裝潢設計，繪畫，藝術理論研究方面均有卓越的成績和造詣。

　　米格爾·張從1960年代開始，即與史蒂芬史匹柏、大衛·林奇等諸多國際導演合作，在國際影片中擔任攝影指導和藝術總監，兼任佈景、陳設、道具設計師，百餘部國際大型電影「太陽帝國」，「北京55天」、「唐吉訶德」等，其中95%參與的電影屬於好萊塢和英國的製片公司。1965年到1967年，任職臺灣製片廠總技師。

　　繪畫方面，曾在西班牙多次舉辦個人畫展和參加聯展。為馬德里美國新聞處、中國曉星書院、地中海儲蓄銀行作多幅巨型壁畫。

　　室內裝潢設計：1964-1965任紐約萬國博覽會西班牙館裝潢技術主任。曾任西班牙裝潢／設計師行會藝術部門主任。在西班牙、美國、中國各地留下大量的建築設計及裝潢設計。

著作：《電影燈光的處理》、《中國藝術簡介》《中國私家園林》，回憶錄《地中海曉風殘月》，為妻子張琴翻譯作品《田園牧歌》、《天韻》。與之合著《琴心散文集》。

　　米格爾，二〇一三年二月二十六日清晨6:55生命走完了他在人生最後的歷程，踏向新的境地。二十七日早晨，陽光穿投大地卻漫天飄灑白雪，均勻而柔和的瀰漫在空氣中，像極了他生前給我們的舒適的愛和溫馨。在最後告別之際，他安詳無憂的面容仍在安撫著身邊朋友的心，米格爾，一個永遠不給別人煩擾和束縛，獨立自主，具有大愛無私精神的人。他尊重所有生命，以擁有地球村人為幸！

　　他參與過的藝術工作和活動不勝枚舉，用一顆對藝術真摯熱愛的心創造和留下了無數的美，較這樣藝術的美，任何華麗誇虛的形容詞都顯得媚俗；他有世人羨慕的總總頭銜和光環，走遍世界山川河流，然而出身書香門第的他卻一生最享受質樸清淡的生活；多少名與利都敵不過一套設計圖紙對他的誘惑，任何對作品的宣傳報導都比不上明者真心欣賞的一句讚歎；儘管對上天下地飛禽走獸、經典、民俗等博學多聞，然而他對妻子和學生的指導從不賣弄玄虛，從而一字一句，一筆一畫留足了教誨；他一生中遭遇了人世間最痛的各種親情分離，然而他卻沒有怨天尤人，更沒有被生活打垮，而是把對親人的思念埋藏在內心世界裏，帶著生生不息的愛繼續開朗的生活，用包容去理解所有人，用律己來避免給別人製造麻煩。

　　米格爾，他把愛看的重，卻讓它飄得遠；他把情用的深，卻使它看著淡。他的人生就像豐盈的電影畫面，而他的心就像走時那天空飄落的雪，潔白明亮。帶著我們所有的思念和愛，就這樣悄悄地走了……

道可道非常道

　　初識米格爾、張琴夫婦，是在希臘的雅典。二〇一一年五月，歐洲華文作家協會在此召開。我們這幫所謂的文人墨客，借著參觀歐洲文明發祥地的古蹟，侃侃而談。米格爾‧張行動得慢，我就跟在他後面聊了起來。想不到我們還談得很投機，可說不談不知道，一談嚇一跳。張老的中華文化知識非常豐富，談古論今，一一道來。從交談中我還得知，他早年還是個電影工作者，參與臺灣、香港的很多著名電影拍攝工作。他在西班牙居住幾十年，精通西文，靠自己的打拼，開有自己的公司，融入西班牙的主流社會。我對他產生幾許的敬意。

　　會後，我們有兩天的自由行，一問米格爾與張琴，他們也說待兩天再走，於是我們約好第二天大家一起到市區走走。我夫婦倆與米格爾、張琴夫婦四人在雅典市區邊走邊談，閒談中得知張琴早年還在我的家鄉海南島當過記者，在那裡留過她生涯的筆墨。而我那時也在海南辦過雜誌，話題自然就多起來。米格爾在旁，有時插上一兩句，有時與我太太談歐洲的情況。不知什麼時候，話題突然談到我的文友歷史學家辛灝年先生。米格爾說，辛先生是我佩服的一個學者，他演講幾小時，不用講稿，娓娓道來，實在是奇人。我說我與辛先生是朋友，我的那本哲學著作，是由他寫序的。由此話題轉入，我與米格爾就談起哲學來。我很驚異米格爾的哲學知識，對希臘蘇格拉底、柏拉圖的哲學也很熟悉。他說他是個泛神論者，不否定神的存在，也不認定只有一個上帝的存在。這個哲學境界，正是我研究老莊哲學所要論述的一

個論點。於是我向他簡單說明一下我的哲學，說回去後一定寄一本我的拙作給予他指教。我們年齡雖然有所差距，但我視他為我的人生知己了。

回家不久，我的書還沒有寄出，就收到她們夫婦寄來的「琴心散文集」。這是她們夫妻合作的書，前一部分是張琴寫的，後一部分是米格爾・張寫的。妻唱夫和，琴瑟生輝。此書寫得很有文韻。張琴文字生動活潑，熱情奔放，知惡如仇，真誠袒露。而米格爾的文字則深沈有力，圓韻豐厚。而他的文化涵養，是在沒有受過體制內文化教育的另一中文世界養育出來的，他的文筆，用語，陳述，與我這個在紅旗下長大的人看來有一個巨大的文化反差，一個小小的故事在他的筆下寫起來，讓人讀了別有一番風味，覺得既新穎又有趣，我讀了非常感動。我寫了一信給張琴說，我很喜歡米格爾的文字。米格爾確是個多才多藝的人：電影、繪畫、裝飾設計、寫作都能涉及，而且都有成就，確是個才子。

入冬以來，我與家人曾想到西班牙一遊，電話張琴文友想拜訪她夫婦倆，期待在馬德里與米格爾煮酒論英雄，叢談天下事。後因事無法成行。不想三月初突然接到噩耗，說米格爾去世了。真是晴天霹靂，一個在雅典與我侃侃而談印象深刻的人，就這樣離我們而去了。

本人是老莊道無之人，對於生死存亡，則是順其自然。米格爾生前曾與我談過他的世界觀，有神也好，無神也好，他都不去確定。我相信他是抵達老莊的道界的。以此來說，米格爾死得其所，也沒有什麼所遺憾的。莊子說蝴蝶是莊周，還是莊周是蝴蝶？已無所謂了，了然，了然。生生的不生，死死的不死，進入「櫻檸」，就「沒身不殆」。願米格爾先生與時俱化，和光同塵，坐忘在那天道之上。

與米格爾有一面神交，作此文以記念。

黃鶴昇
二〇一三年三月十四日於德國

世間最悲淒的「哀樂」

　　二〇一三年三月十三日中午，馬德里又飄起絲絲春雨，忙裏偷閒的我撥通了旅西華人作家張琴的電話，原想相約拜訪米格爾夫婦，卻徒然聽到電話裏，傳來一聲聲撕心裂肺的哭喊，我大驚失色，緊接著聽到張琴斷斷續續地說：「在二月二十六日凌晨6:45左右，Papi走了。江鳥，你這個混蛋，飛到哪去了？電話都打不通。你春節前打電話來，說來家小住幾日，米格爾知道後非常開心，可現在他已經撒手人寰走了⋯⋯嗚嗚⋯⋯」隨著張琴的哭聲，我的心落入穀底，欲哭無淚，我茫然地立在那裏，張琴在電話那頭整整哭了十八分鐘，這是我人生歲月裏聽到的最漫長最悲淒的「哀樂」。

　　我旋即匆匆趕往車站，直奔那個熟悉而又很長時間沒有去到的米格爾與張琴曾經溫馨生活過的那個家，進門見到一臉哀傷的張琴，人瘦了一圈憔悴許多。我沉重地走進客廳一隅，在米格爾的骨灰和照片前深深三鞠躬，並默默地對他說：「Papi，恕我來遲了，沒想到您走的這樣急。前不久，我剛從中國回來，電話還聽到您一切安好，我還計畫將在中國撰稿的《追尋湯顯祖足跡》新書，煩請您寫篇西語序言，向全世界介紹中國偉大的文學獎、戲劇家、詩人湯顯祖逝世400年。然而，當下我心目中最敬仰的文化前輩、如同親人一樣的您Papi，您卻駕鶴西去⋯⋯」

　　回憶Papi的一切，歷歷在目，您溫厚謙卑擁有尊者風範、儒雅的文人氣質與世無爭，瀟灑坦然的處事態度，以及您對晚輩的惜才呵護，淳淳教誨，無不深深地耕植在我等後輩心中。

記得90年代末，西班牙華文報刊上署名令狐朽夫的一篇篇大作使人眼前一亮，作為記者的我迫不及待地前往採訪您，不久後，全方位報導旅居西國半個世紀，學貫中西文化藝術、國際電影設計大師兼畫家、作家、出類拔萃的西國華人稿件見報了，一時引起華人世界高度重視。

　　您自幼濡染天主教，但您終身未涉及政治、宗教、華人等任何圈子。半個多世紀來其生活環境與您的專業一直在西方社會，所以在華人圈裏極少有人知道您。之後，通過張琴才有幸接觸到您，從張琴的中國文化情結那裏，您開始關注華人世界，並大力支持張琴的文學創作，令張琴在文學創作方面取得可喜的成績，目前在西班牙社會和華人社會獨樹一幟，您並把張琴的中文作品譯成西語介紹給更多西班牙讀者。二〇一二年十月，你們居住所在地政府為你們夫婦成功舉辦了「張氏伉儷畫展」，你們夫妻似民間大使一樣默默在為中西文化交流作出貢獻。

　　Papi，您學識淵博文化內涵極深，與您交談所涉及的各個領域都令人受益匪淺。如今，您的突然離開，怎麼不叫人惜哉痛哉!?我們為失去您這樣一位令人肅然起敬的長輩而痛心疾首，您的離去是我們華人社會乃至西班牙社會的一大損失。我將牢記您曾經留給我的可貴教益，還有您做人的高風亮節，淡定人世媚俗物欲的精神境界。

　　尊敬的師者，我最後再叫您一聲：Papi，您放心走好，張琴身邊有很多摯友，他們會像我一樣一如既往關心張琴，保持純樸的友誼！

江鳥敬上
二〇一三年三月十七日於馬德里

（二〇一三年三月十七日，旅西詩人江鳥逝世，享年59歲）

春暖花開時，斯人卻遠去

　　二〇一三年二月二十六日上午9時多，接到友人張琴悲傷欲絕、微弱無助的電話，米格爾走了。陰雲瞬間籠罩心頭，無法用語言表達當時的心情、靜默良久，有一種馬上趕去馬德里的衝動。想到此刻孤獨悲情的張琴，二人廝守的世界傾斜了，她將如何應對今後的一切。

　　終於在三月十八日抵達張琴家，往日溫馨書香的廳堂已顯空蕩凝重，斯人已去。唯有庭院的櫻花徒然的開放令人唏噓人生的無常與短暫。凝視著米格爾的遺像與遺骨深深地躬身無限哀傷，曾幾何時、他溫文爾雅和藹可親的與我們笑談人生和社會，他的音容笑貌是那樣的灑脫，神情淡定。他充滿哲理和文化底蘊的談話，每次都充實著我們的頭腦。有這樣一位尊敬的長者和朋友，是有幸和難得的。米格爾所寵愛的琴，經歷了近一個月的切膚之痛，待緩緩走出哀傷的陰影，她意識到，她必須堅強理智、務實的完成自己的承諾，為愛她如妻如女的親愛的米格爾做一些應做的事情，以慰逝者的在天之靈，以示自己的愛。

　　與琴和米格爾相識於1999年秋天的馬德里，夢幻中的西班牙曾是心目中浪漫與自由的國度，初來時不認識任何人，直奔中國面孔的電話通訊門市部，結識第一人就是琴，不久就認識了米格爾。人生的舞臺如同戲劇般、愛恨情仇、悲歡喜樂一幕幕演譯，我所見證的是人世間一幕極人性化、感人而又充滿色彩的忘年情愛、逐而又彌漫著父女之愛、友愛、師尊之情的大愛。米格爾與琴的相遇是偶然也是必然，因為偶然是緣、必然是他們的精神世

界和價值觀的取向。

　　米格爾是一個多才多藝的人，他除了在電影、建築、攝影繪畫、文學方面卓有成效外，且在做人方面非常正道，道德高尚、生活有品位，他文質彬彬卻又自由不羈。生活中的他俠骨柔腸，琴的出現喚醒了因喪妻女之痛而沉淪不振的他，琴的勤奮進取與追求又煥發了他深藏的才情，米格爾喜歡琴的不成熟，傻乎乎的原生態的個性。對於看破紅塵的他來說，這才是實實在在純粹的人，因此也造就了他們生活中的共同語言和樂趣，米格爾像伯樂般識琴的進取心為動力熱心扶持，令琴天馬行空般翱翔在文學創作的天地。同樣在琴的字裏行間會感覺到他淡雅的身影在徜徉，真的十分美妙。可以認為琴的文學創作也是他們精神世界的完美顯現。

　　米格爾走了，他留下了寶貴的精神財富和對他的深深地緬懷，我對時時沉浸在傷感中的琴說；你要振作起來，米格爾已譽滿歸天，你在世間還有很多事情要去做，米格爾喜歡你的執著和勇於追求的精神，不要辜負他啊。琴憂傷的說；現在我最想說的話是；我覺得自己還是做得不夠好，留下許多遺憾，雖然米格爾常常對我說，他已是非常滿足了。但我知道琴對米格爾生活上照顧的如同自己的父親，好吃的東西都是先他而後己，上上下下噓寒問暖均十分關照。唯一的是琴有時間因參加世界華文一些活動、會議，往返在國內會離開幾個月，令琴想起來淚流不止。琴還說；所幸這次米格爾突發疾病的前後一段時間，我都在身邊悉心照顧。直至他住院五天後去世，這是唯一令琴感到寬慰的。但琴轉而又哽咽地說；他是這樣疼我，不願我為他多操勞，就這麼迅疾的飄然而去，我多麼想在床前多侍候他一些日子，多麼想再傾聽他的輕言慢語。

　　琴說，米格爾原本是一位道家思想的人，他淡薄的性情來

自看破紅塵，但因看到我對生活孜孜不倦的追求，吃苦耐勞的精神，如此牽引著他產生對生活的積極態度，啟動了他的才情。琴說；我們在感情上，從最初的情愛自然轉換到一種親情對他的那種尊敬和呵護中，但在精神上我們的心態相似，像同齡人，擁有柏拉圖式的精神上戀愛。

實際上，我所瞭解的米格爾不僅是一位灑脫寬容的人，也是一位胸有華文情自揚的人，有時他會藐視一切的。他曾說，情愛是一種浪漫高尚的感情，不是自私和佔有，是一種成全，有時是一種靜靜地付出，默默地守候，他藐視為愛不擇手段的人。琴談起米格爾有無限的眷戀，她說他造就一個昇華的琴，他的逝去更加深對他厚重人格的緬懷。琴觸景生情，一切歷歷在目，她無數次的流淚哽咽令人心痛。朋友希望琴珍惜自己，去完成對米格爾生前的承諾。

在米格爾生前已經完成的：一、二○○八年促成米格爾簡體版自傳《地中海曉風殘月》的出版，時下已將原版本付梓臺灣出版社發行繁體版本；二、二○一一年，米格爾完成了四川為著香夫人故居老街修復、復舊的古典建築設計；三、二○一二年十月，米格爾夫妻所在居住地政府文化中心，為張氏伉儷成功舉辦了繪畫展覽，這是米格爾生前最後一次送給愛妻最珍貴的生日禮物。

未完成的：一、二○一二年米格爾攜之琴合作電影劇本《蜀山常青憶長留》目前正在融資，將由峨眉影視集團西南影視文化藝術中心拍攝，西班牙著名先鋒派導演安黑爾主導。二、為了緬懷夫君，正在日夜兼程撰寫《春寒料峭二月風》日誌；三、琴會尊重米格爾生前的意願，將把米格爾的骨灰撒在他所鍾愛的自由國度西班牙地中海，餘下骨灰將與前妻發梢遺物帶回中國，並讓這對少年夫妻一起安葬在故國（目前不確定：因為父母墓碑不是

公墓，擔心日後政府開發），讓米格爾回到離開了整整64年的故國；四、目前米格爾留下的電影作品還有電影設計、以及電影實物，琴正在整理準備募捐給相關機構，把知識產權募捐給社會，這也是夫妻倆最大的鳳願。

米格爾他把畢生的大部分的精力與藝術技能都奉獻給西班牙這片熱土，他熱愛並身體力行，積極融入這個社會，遵紀守法是西籍華人的優秀表率，贏得西班牙國民真誠的信賴與友誼。同時他相互翻譯中西兩國叢書、為增進兩國的文化交流做出了不可磨滅的貢獻。

米格爾雖離開塵世，靈魂卻已飄向永恆的天堂，這是每一個正直善良的世人夢寐以求的永恆的歸宿，祝米格爾在天堂永遠快樂。

薛月
二〇一三年三月二十日4:39時於巴塞羅納

兩張合一，神仙眷侶

因為和張琴是朋友，所以才認識了米格爾・張。

記得在他們婚前，有一天張琴突然打電話問我：「麵包和愛情哪個重要？」當時我並不知她和張先生的事，覺得都這把年紀了，還問這種問題有些突兀和幼稚，就以調侃的口吻去回答。不久，張琴打電話邀請我參加她和張先生的婚禮，這讓我大吃一驚，才聯想起那天的一問，心中難免不解和疑惑，儘管張琴怎樣向我介紹張先生的才學，但張先生在我腦中還是一片空白，無法理解張琴的選擇。由此在給他們的結婚賀詞中，也是用調侃的口吻去寫：「忘年之戀，心真意切冰雪愛情；兩『張』合一，麵包愛情皆喜得。雙棲才子，紅粉知己白首締盟；燭影搖紅，梨花海棠神仙眷侶！」其中這句「兩『張』合一，麵包愛情皆喜得」就是調侃她的，想不到張琴當了真，竟把此賀詞收進了她的《天籟琴瑟》書中。後來當我瞭解了他們兩人的愛情生活後，每想起這句賀詞就感到臉紅愧疚！

由於忙，其實我和他們倆夫妻接觸很有限，但就從這些短暫的細微的過程中，從張先生談起張琴那慈父般的眼神和委婉的語氣，從張琴談起張先生怎樣對待張琴兒子的過程等等瑣事中我理解了張琴的選擇，完全理解了這段真愛摯愛，也對張先生肅然起敬。張先生讓原先流離無助的張琴有了一個安定的生活環境和寫作環境，在寫作上給予的指導、引薦，造就了一個「西班牙女作家張琴」，張琴給予張先生無微不至的關懷、照顧，給予張先先

精神上極大的慰藉，使張先生精神煥發，返老還童！他們兩情相悅、相互扶持、佳偶天成。

　　張先生性情平和，生活處事從容淡定，睿智灑脫、豁達大度、寧靜致遠，榮辱不驚，是他的長者、學者風度和風範、他的人格魅力讓人起敬。張先生對學識孜孜不倦，對電影繪畫建築設計文學都有很高造詣，成就斐然。記得最後一次見到張先生是在去年十二月份的馬德里博覽會上，他對文物古董的見解娓娓道來，讓人嘆服。

　　張先生是純粹的學者，他雖不熱衷政治，無黨派、教派，但他默默地執著地把自己的聰明才智貢獻給社會，正直、善良、勤奮、進取、淵博就是他的政治。他是華人中的精英，是出類拔萃的佼佼者，值得一提的是，幾十年來，從事電影設計的張先生曾奔走於世界各地，足跡遍及歐、亞、美、非四洲，每年平均兩部電影，這在西方世界才俊雲集的藝術人才中，可謂為我們華夏子孫揚名了。但張先生不事張揚，世人知道他的很少，正所謂：「悄悄的我走了，正如我悄悄的來，我揮一揮衣袖，不帶走一片雲彩」，對於張先生的溘然仙逝，深感痛惜也！

　　米爾爾・張已矣，雖萬人何贖？

董超蔚書寫
二〇一三年三月三十一日於西班牙

西鄉留夢常驚雷

　　驚聞慈祥的、智慧的、藝術的米格爾‧張離我們而遠去，深感悲痛，親朋、好友都為失去這一位可親、可敬、可愛的愛國華人而難過不已。記憶中的米格爾往事歷歷在目，雙鬢微白微黑的髮際，藝術家的小辮子，豐潤的面容，字字珠璣，第一眼就覺得很親切的樣子。

　　幾年間，在家鄉中國酒城瀘州多次見面，聽他講遊學經歷、電影美術製作、裝修裝潢、藝術創作，我等雖沒有文藝細胞，仍然聽得津津有味，充滿想像，只覺得他很偉岸，默默為電影藝術奉獻著自己的終身。聽他講在祖國、在西班牙、在臺灣的經歷，一段段奮鬥、努力、成功的情節，讓年青人聽得熱血沸騰。平心而論，我們沒有他的豐富多彩的生活，更沒有他的達成事業的雄心壯志，因此說，成長不因為年代，更重要的一路的心境。帶著希望去旅行，與探索為伴，正是一代一代華人足跡全球的前提。是他們，融通了中西文化，將中國古老、博大精深的民族文化傳播到世界各地，也是他們，將國外、西方的文明，帶回中國，使他們能夠紮根異族，促進了國人對外界的瞭解和提升。

　　我想，至少，米格爾，請允許我這樣稱呼您。

　　「他總是說叫我米格爾好了。」他盡其一生，找尋了一條中西結合的道路，搭建了一個我們觸摸西方的平臺。其實，一個人的歷史，除了生存，更重要的就是做自己喜歡做的有意義的事情了。

有四件事，一定需要說一下：一、他在故居裝修的房子，完全有別於我們的思維和方式，傢俱、牆面、手工畫，完全是貫穿東西的手法，讓人眼前一亮，不是讓我們感覺格格不入的西式，而是中西合璧，拿得出手，看得入眼，很有韻味；二、對生活的態度，樂觀主義者、開朗、豁達大度，他說物品都是為生活服務的，不必太在意規矩，不要太苛求自己，使我深受啟發；三、曾經親自搜索、觀看了他參與製作的電影《太陽帝國》，真的是大片，能夠親自構建那樣的場景，並展示在廣大的觀眾面前，這是對自己、對工作、對信心的極大勇氣和鼓舞；四、他對線條的運用，看了他多幅抽象畫，多以幾何線條搭配相對濃稠的色調，體現一種相對圓潤的美，只歎不懂美術，深深體會，不敢再說。

米格爾是一位有才華、有開拓精神、有國際視野的人，他的人生經歷，東西千萬裏，前後80餘載，在我們現在看來，難以想像，難以複製，他用畢生精力，演繹了一部中國高知在西方的傳奇故事。

我和他交往不是很多，但學到很多，相信每一位和他接觸過的人，都能夠感受到他高尚的品格和人格的魅力，都能夠從他那裏吸取不少精神食糧。他是一位好友，是一位良師，一位值得尊重的智者和長者。

少小離家終不悔，歷經滄桑建樹堆，如今離去音容在，西鄉留夢常驚雷。

米格爾，您一路走好。

徐懷盛書寫
二〇一三年四月七日於四川

授人之風山高水長

二〇一三年二月初回中國過春節，一待就是兩個月，在這些穿梭的日子裏，很久沒有打開電腦了。一日得閒偶坐到電腦前，竟有許多留言，一一打開，當看到張琴給我的留言：米格爾‧張於二月二十六日走了。我竟不能相信：哪能呢？春節前他們曾邀請我們去他們家作客，因為我們回國所以未能成行。

和米格爾的最後一次見面是在我家。二〇一二年的中秋節，張琴因為在國內參加文學研討會，米格爾獨自在西班牙，中秋節的前一天我打電話給米格爾問好，並邀請他來我家過中秋節，他欣然答應了。第二天我先生開車把他接到了我們家。

在席間，他還是和以往一樣和我們談笑風生：他的神情還是那麼地淡定，他的笑容還是那麼地灑脫；他用他那特有的溫文儒雅和藹可親並充滿哲理和深厚文化底蘊的話語和我們談人生，談西班牙的經濟，談中國的社會現狀，談我們的生意。並時不時誇我們：這個餃子好吃，自己做的和買的就是不一樣，這月餅也好，這個菜也好，在西班牙這麼多年從來都沒有正式地過中秋節，今天是最開心的中秋節了。還說他晚餐都是吃到七分飽就夠了，今天沖這麼多美味佳餚破了個例。從他那儒雅的談吐，敏捷的思維我們根本看不出來這是個80多歲的老人家了。

臨走時還一再感謝我們，說明天要打電話給張琴，告訴她在我們家過了個最開心的中秋節。

然而想不到的是這一別竟成了永別！

認識米格爾是因為張琴，和張琴的認識卻是在一次筆會上。十多年前，我剛到西班牙不久，在《歐華報》的一次筆會上，我正好坐在張琴的旁邊，她那時已經出版了《地中海的夢》，在我們華人當中有點名氣，而我也有幸拜讀了。就這樣我主動和她攀談了起來。

　　從此我們成了好朋友好姐妹，也因此有幸認識了米格爾這位如父如師的好朋友。從他身上我們學到了不少做人的道理。

　　他博覽群書卻從不誇誇而談；他才華橫溢卻淡泊名利；他授人之風山高水長，他對人生充滿熱愛並把愛播撒到身邊的每一個人。

　　痛失這樣一位師長，我們惆悵百轉。

　　人死雖不能復生。但有的人活著卻已經死了，有的人死了卻仍然活著。

　　米格爾他的人格魅力將永駐他所愛的人和愛他的所有人心中！

　　願天堂裏的米格爾幸福快樂！

麗娜

二〇一三年四月十九日於西班牙

何日君再來

──追憶寶清哥及其親人的塵封往事

　　說起米格爾‧張（原名張寶清，為簡便及親切以下均稱寶清哥）的往事及我們與寶清哥的交往，那已是半個世紀以上，六七十年以前的事了。回憶起來似模糊又似清晰，真有恍如隔世之感。

　　要說寶清哥的往事及與我們的交往，就不得不說起寶清哥的家庭、親人，以及張家和我們丁家的密切關係。

　　要說還是從1938或是1939年住進「聖公會」說起吧。當時，安徽省郵政管理局的大部分職員都住進了屬於美國資產的「聖公會」。大家分別住在前進和後進的兩幢樓房裏，我們家則住在後面一幢樓房裏。寶清哥的父親身世顯赫，是局長一人之下，眾人之上的會計長。他們家住在兩幢樓房之間的一幢別墅式的兩層樓房裏。有時我們進到張家樓房裏看到：樓上樓下，電燈電話。房間寬敞明亮，擺設漂亮講究。心裏真是非常地羨慕和驚喜。張伯伯為人幹練豁達，很受郵局職員們的敬仰。張媽媽亦睿智能幹，很受大家尊敬。寶清哥和我二哥丁良瑋，年齡相仿，多有交往接觸。他們都喜愛並具有繪畫的稟賦，因此常在一起練習和研討繪畫。張媽媽喜愛並擅長繪畫，自然就成了他們繪畫方面的良師益友。他們經常在一起描繪花鳥畫，尤其喜歡並繪畫松竹梅，所謂是「歲寒三友」，意在欽羨和讚賞松竹梅的不畏嚴寒而傲然挺立的氣節和秉性。

　　寶清的二哥寶和與我姐姐曉薇，青梅竹馬，兩小無猜。兩人經常接觸，耳鬢斯磨，逐漸地由相互喜歡發展到產生愛情。然

而，由於寶和哥頸部患了一種結核病，很難治癒。因此，他們的結合，遭到了我們全家的反對。然而，寶和哥與曉薇姐卻堅持不渝。張媽媽及張家人，包括寶清哥，都對曉薇姐有非常地好感。他們的鼓勵和支持，給予了寶和哥與曉薇姐的堅持以巨大的力量。

家父在古文方面造詣頗深。當時，寶和哥的大哥寶生、大姐海玲及龍登程、胡章南等一班年輕學子，常登門向家父求教學習古文。家父曾為他們講解《古文觀止》上的〈阿房宮賦〉、〈滕王閣序〉、〈吊古戰場文〉等文章。家父的透徹解析，使

這班年輕學子受益匪淺。海玲姐是個美麗端莊的女子，家父曾戲稱她是「豔如桃李，冷若冰霜。」海玲姐這位冷美人，是當時多少青年才俊追慕的對象啊。龍登程、胡章南都是海鈴姐的仰慕追求者。海玲姐起初有些屬意於龍登程，二人似有較為親近的關係。可是後來海玲姐發現龍登程用情不專，同時又追慕別的姑娘，海玲姐便忍痛毅然與其分手。這才答應了胡章南的追求，最終二人結為連理。他們在學習古文過程中的接觸，則成了他們結緣的媒介。

日軍偷襲珍珠港，美國向日本宣戰，太平洋戰爭爆發。日本沒收美國在華資產，郵局職員被逐出了「聖公會」。日寇蠻橫地限定大家在半日內搬出「聖公會」，大家搶火似的搬出來後，一時間無處投住，瑟瑟於冷風苦雨之中，好不悽惶。

後來張伯伯一家和一部分郵政局職員遷往國統區的霍山縣，在國統區的郵政管理局任職。我們家仍留在淪陷區的安慶，生活日益艱難，再加上國民黨飛機的胡亂轟炸掃射，擔驚受怕。此時，正好接到張媽媽從霍山寄來的勸說父親遷往霍山供職的信。接受了張媽媽的建議，家父先行。到霍山后，張媽媽熱情接待，父親暫時寄住在張家。父親好喝點小酒，常用花生米就酒，自斟自飲，自得其樂。寶清寶偉常站在一旁觀看，父親於是便抓上一

把花生米遞到小傢伙的手裏，他們吃得倒也津津有味。父親來信，報告平安後，我們遂舉家遷往霍山。此時，才逐漸安定下來。往後，我和良瑋哥與寶清哥及寶偉等小夥伴們亦多有接觸。記得我們曾一起在大沙河中游泳嬉戲。歡聲笑語，直破雲霄。而且由於大家的攪擾，魚兒不得安寧，亦尋處躲藏。於是我們就渾水摸魚，在橋椿邊能抓到一條條的大活魚。當時的歡躍之情，難以言表。

抗戰勝利後，郵政局的職員們又隨郵政管理局回遷安慶。家父於回遷途中的桐城，不幸因病遇庸醫誤治而去世。曉薇姐與寶和哥的婚事，在經歷了許多波折後，終於有了好的結果。其間，由於曉薇姐的堅持，寶和哥的頸病也已治癒，再加上張媽媽滿腔熱情地遊說，兩家遂結為秦晉之好。曉薇姐自然也就成了寶清哥的二嫂。

爾後，約在1947到1948年間。安慶一班男女青年才俊，曾被組織起演劇社。當時組織者是孫祥臨，參加演劇社的有丁曉薇、張寶清、馬自天、焦明、夏慶玲、柯慧倫、丁良欣等人。請來著名導演方瑩，先後排練演出了曹禺、陳白塵的許多著名話劇。諸如《芳草天涯》、《結婚進行曲》、《雷雨》、《北京人》、《原野》、《升官圖》等，開了安徽省演出話劇的先河。在國民黨統治萬馬齊暗的年代，這些進步話劇的演出，起到了勇猛投槍、振聾發聵的作用。被譽為振盪安徽，響徹周邊的聲聲春雷。記得排練《結婚進行曲》時，曉薇姐扮演女主角黃瑛，寶清哥扮演王科長。王科長向黃瑛求愛，不惜跪地苦苦哀求，醜態百出。寶清哥分寸拿捏的準確，表演惟妙惟肖。觀眾看了，覺得可笑可憎；熟人看了覺得饒有興味。受到導演的誇讚。

排練《北京人》時，我亦被邀參加扮演小柱兒，被剪了桃形的孩兒頭，形象乖巧滑稽，常被大哥大姐們引為笑談。

大家都知道，當時參加話劇演出，是為了宣揚進步思想，傳播先進文化，當然也不排除年輕人興趣愛好的成分在內。因此，雖然經費緊張，生活清苦，大家都感到自得其樂。平時飯菜都很清淡，偶爾從馬順齋飯館叫賣來炒牛肉絲，大家都吃的津津有味。

排練《北京人》時，、寶清哥、馬自天、柯慧倫都被分配了角色。寶清哥與柯慧倫扮演的角色有愛情戲。排練中，寶清哥非常投入，言談舉止中，均透露出無限地深情愛意。雖然這只是演戲，然而漸漸地卻假戲成真，寶清哥愛上了柯慧倫。柯慧倫是一位美麗、聰慧、活潑的可人兒。當時的馬自天，也鍾情於她。面對著寶清哥與馬自天這兩個各有優長的青年才俊的示愛與追求，她這顆芳心究竟該給予誰呢？確讓她這位妙齡女郎感到為難與彷徨。於是她只能讓他們平分秋色。對寶清哥的示愛，她是投桃報李；對馬自天的追求，她是投李報桃。始終與他們倆都保持著卿卿我我，若即若離的關係。這樣，就讓這兩位年輕人感到捉摸不透，莫衷一是。一時間歡欣，充滿希望；一時間又煩憂，垂頭喪氣。對此，這位矜持的柯慧倫，雖然感到有些不忍，卻又覺得有趣好玩。在《北京人》整個排練和演出過程中，這種三角式的戀愛，是始終維繫於他們三人和整個劇組人們的關注及趣談之中。這種對柯慧倫的摯愛與追求，歡欣與煩愁並存的感情，可能就是寶清哥的初戀吧！後來馬自天與柯無果，寶清哥亦因遠赴西班牙而無果而終。如今雖然早已時過境遷，可寶清哥對柯慧倫那熱切愛慕的目光，那時而閃光，時而憂鬱的表情，卻依然鮮活在我的腦海中。

如今寶清哥斯人已遠去，可是他的形象，他的音容笑貌，卻依然鮮活在我的心中。他的思想，他的精神，他的作品，他的成就，他的一切遺存，卻仍然在影響、啟發、娛樂、激勵著人們，

寶清哥將永遠和我們在一起。為了紀念和寶清哥長存的友誼，寫下上面這段話語，以示懷念！

丁良欣

二〇一三年四月寫於北京

懷戀

在歐洲華文作家協會中，旅居西班牙多年的華裔女作家張琴，享有「高爾基似的女作家」的美譽，寫了一本中西雙語詩集《冷雨敲窗》，緬懷夫君張寶清（Miguel Chang）逝世一周年，乃紀念五月三十一日在他的誕辰日。

這本詩集計有二十餘首，寫作的日期自二〇一三年三月，至二〇一四年二月，歷時整整一年，從她在西班牙馬德里的「琴心苑」，寫到馬來西亞的首都吉隆玻，古城怡保，和渡假勝地邦柯島;真情流露，哀婉動人，寫出作者生前和她的夫君的真摯的愛，兩人生前研討文學、藝術、音樂的共同對話和喜愛，以及甘美往事的回憶，令讀者深為羨慕與感動。

筆者去年十月間，從巴黎應邀前往吉隆玻，出席「世界華文作家協會」的年會，與張琴首次相遇，緊接著筆者前往馬來西亞的怡保，主持「第三十三屆世界詩人大會」，張琴非但主動捧場，前往怡保出席大會，並成為「世界詩人大會」的永久會員，尤其使我感到意外興奮的是：許多出席吉隆玻「世界華人作家協會年會」的旅歐華人作家，包括郭鳳西、麥勝梅、黃鶴昇、高關中、穆紫荊、朱文輝、楊翠屏、池元蓮和旅美作家王克難、劉詠平、蓬丹、魯竹，以及台灣詩人綠蒂、林明理、官有位等二十多位詩人參加，使這一屆出席世界詩人大會的詩人，增加到涵蓋全球二十六個國家兩百多人，張琴和各國詩人在會中誦讀自己的作品，交換創作心得，非常愉快，有助於使她稍減喪夫之慟！

張寶清一九三一年生於南京，從小深受中國傳統文化浸染，早年負笈西班牙。一九六〇年畢業於西班牙國立電影專校，一九六五年畢業於馬德里電影實驗研究院。從一九六〇年代開始，即與史蒂芬史匹柏、大衛‧林奇等諸多國際導演合作，在百餘部國際影片中擔任攝影指導和藝術指導，兼任佈景、陳設、道具設計師，參與的電影有《沙丘》、《大班》、《太陽帝國》、《羅馬帝國衰亡記》、《天國王朝》、《火山情焰》等。曾多次舉辦個人畫展，並受邀在中央美術學院、臺灣大學、臺灣新聞學院以及西班牙大學等高等學府和著名博物館做有關藝術、電影、中國園林、書法等演講。著有《中國私家園林》、《電影燈光的處理》和《手國藝術》等。是一位享譽美國好萊塢以及全球的電影攝影師、設計師，建築師和畫家。

　　張琴非但是一位重情義的女詩人，也是一位畫家（承蒙楊公抬舉，張琴且敢僅是塗鴉而已），多才多藝，她的詩緬懷夫君，情感奔放，樸實自然，血淚隱藏，平易近人；她的畫則近於印象派，色彩淡雅，線條熟練，讓你面對時感到輕鬆

　　張琴的詩和畫之中有永恆的懷念，流在淚裏，藏在心中。

楊允達

二〇一四年三月於法國巴黎

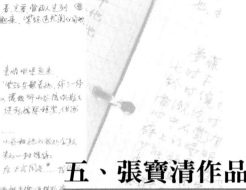

五、張寶清作品選

你執著的信念，遠離聲色犬馬，
權勢名利。你不屑他人為己貼
金。塵世如白駒過隙，精神才是
永恆！

　　　　　──選自張琴詩集，
　　　〈淡漠〉，《天籟琴瑟》

我的繪畫生涯

我站在媽媽旁邊，看著她怎樣在桌上把一張厚厚的粗面白紙張開，怎樣把一個大紙盒打開，見到裏面堆滿了五顏六色的小「牙膏」似的鉛瓶，怎樣擺好一大碗清水、一個梅花形的白瓷調色盤、以及一大團海綿，又怎樣選擇了幾隻大小不等的羊毫筆……意識到媽媽又要畫畫了。

我眼睛一眨不眨地看著媽媽怎樣去畫。

首先，不知她哪裏找來一隻鉛筆頭，在白紙上迅速勾了幾筆輪廓；然後，將海綿浸滿了水，將整個紙面潤濕。等了一會兒，見紙不乾，兩手將紙拈起在空中晃了幾下，再放回桌上。隨後便開始作畫了。

她用普魯士藍加上一點黑色，再用清水稍微沖淡渲染成大海，一條條顏色沒到處是浪花；用淡色土黃畫了沙灘，後面用不同色調的青翠黛綠畫了叢林；在叢林深處留下的一塊塊長方形小空白上端添上紅瓦頂；最後，用天青填滿畫面的上方，怎麼用側筆渲染時，還不經意留出了溜溜白雲。

哇！頃刻間一幅綺麗的水彩畫呈現眼前。

日後，我也學著那樣畫，怎奈我的下筆太拘謹，沒有媽媽那般灑脫，所以白雲也無從獲有飄曳感。

我愛媽媽，打我出世起就愛她，當時見到她竟能在那樣的短促的時間裏完成那樣美妙的沙灘海景，使我更加愛她了！那時我才九歲。

媽媽是民國二十年代就讀於南京第一女子師範，那是中國

第一所新式女學堂，所以她所學的是西洋水彩畫。我得天獨厚有會畫畫的媽媽，是遺傳？否則我怎會那般醉心繪畫。自小便喜愛瞎塗鴉，媽媽並沒有刻意系統性教導我，僅有時予以指點指點罷了，因為爸爸媽媽所受的都是洋教育，認為應該讓孩子自由發展，不宜像讀私塾那樣填鴨式的死背死念。

　　我初期所畫的當然是西洋水彩，爸爸見到我對繪畫那樣有興趣，一天，給我帶回家一套線裝本宣紙石印的《芥子園畫譜》，自那時起，我又尋到一條繪畫的新途徑，開始循著畫譜一步步畫起國畫的人物山水和花卉翎毛……幾年後，無師自通，其實，通不通只有天知道，所畫的作品被父輩行家看到，還獲得了如此讚語：「這孩子的筆觸和色調還不俗」。

　　直到我出國留學，從來沒有間斷過繪畫。只要一有空，總會拿筆隨心所欲亂塗一陣。我不太喜歡墨守成規去臨摹，經常自創些新構圖和新花樣，媽媽看了倒蠻欣賞，她說，當你把基本功掌握了以後，應該用自己的風格去創新。

　　在上海臨行時，媽媽給了我臨別贈言：「……當你作畫時，切記不要討好他人和顧慮人家是否能欣賞你的畫，最好完全依據你的感觸去發揮。因為純藝術是作者的心靈展示，不可能摻入任何無須有的雜念！至於你的畫是否能到達預期的境界，那就要看你的藝術修養程度了，至少那是你自己的真實作品，因為忠實自己是為人之道。」直到如今，她的這番教誨，一直是我繪畫和做人的座右銘。

　　在西班牙我首先攻讀的學科是建築系，為了對物體的光影有充分認識，有門學科是「素描」，內容是用碳條臨摹石膏像、建築浮雕，以及古希臘羅馬建築物上的裝飾零件，所以，像斷臂的米羅維納斯、米蓋朗奇羅的大衛……還有，雅典神廟上的浮雕等，都在我們學建築的素描之列。這樣，給予了我西洋繪畫中素

描的根基。

　　馬德里大學擁有面積遼闊環境綺麗的大學城，裏面滿布各科學院和專校，偶爾也有極少數的學生宿舍，但大多數公立或私立的學生宿舍都坐落在大學城周邊，這些大學生宿舍不僅供學生膳宿，還負有德育責任，經常舉辦各項學術、運動、藝文等活動。一次，我所居住的宿舍舉辦了全體大學城學生宿舍聯展，我畫了兩幅65×40公分中國農村田園水彩畫參展，其中一幅的主題是：有個農夫背影正在朦朧的晨霧中踏水車，非常幸運，那幅畫居然被一個同學母親看中買去。那是我畢生賣出的第一張畫，使我雀躍不已！遂將所得悉數買了一套油畫畫具，至今還珍藏在我的畫室裏。

　　在留學期間，為了賺些零用錢，課餘曾去美援總署製圖，此外，「美國之家（Casa de America）」其實就是美國新聞處，他們見到我除了製圖之外還能繪畫，便聘我為他們所辦的雜誌繪插圖。後來又請我為門廳的半圓旋轉樓梯矩形牆繪上大幅壁畫，那是我畢生首次獲有如此良機，在那樣巍峨的大廈裏作畫，好不高興！更何況還有一筆不菲的報酬。那幅壁畫的內容是美國建設、人文、習俗、風光……的大雜燴，所以，我把自由女神、白宮、科技研究、西部牧場、好萊塢影城、和諧家庭等等典型山姆大叔家園的形形色色都畫了進去，那幅壁畫的藝術價值談不上，裝飾性很強，美國新聞處的門廳嘛，只要達到宣傳功能便算盡職了。

　　自此對畫壁畫有了信心，後來在設計酒吧、咖啡廳、舞廳、商店時，每每親手畫幅壁畫過過癮。一次，我為馬德里一家中餐館設計裝潢，在一座餐廳極寬闊的牆上，畫了李白的名詩「花間一壺酒，獨酌無相親；舉杯邀明月，對影成三人……」，那是一幅黑白水墨畫，並且還將詩的全文以行草書法添了上去，看起來

尚覺雅致，對餐廳來講，也相當合適。西方人中也有不少知道李白是中國著名的古代詩人，餐館主人因此有話題向食客吹噓一番，以便拉攏彼此間的「友誼」。

上世紀七十年代末，馬德里創建了一座相當豪華的中國大學生宿舍，名之為「曉星書院」，董事會請我為他們的禮堂——那是一座非常堂皇的劇院——兩側畫上壁畫。我在左思右想後，向他們建議以八仙為題，每側四仙，因為中國道家的八仙戲劇性很強，並且還可宏揚華夏文化，董事會聽了一致贊同。那兩幅壁畫的尺寸相當可觀，每個仙人的立像達八九米高！由於八仙的形象各異，有的是瘸子撐著拐杖、有的是裸著大肚皮拿著蒲扇、有的竟是抱著荷花的妙齡女郎……還有一位童顏鶴髮的老叟，怎麼倒騎著毛驢跑？老外見了沒有一個不向宿舍裏的中國大學生問個究竟，這下可苦了那些留學生，他們一個個必須把八仙的身世用西語簡單講解給外國友人。

結婚後連續三年，我在馬德里一個畫廊舉行了個人潑墨淡彩國畫展覽，大多數題材是花卉翎毛，間或有些人物山水。當時西班牙人士對中國文化鮮有認識，因此中國的寫意畫對他們來講，具有相當好奇心和吸引力。也許那幾次展出的作品篇幅不大，並且價格亦不昂貴，所以每次均售出三分之二上下的作品，可謂畫展中少有現象，根據分析，那些西國雅士雖然辨別不出畫的優劣，至少認為那些中國水墨畫還是些雅俗共賞的藝品，掛在家中的廳堂或書齋，也蠻有情趣。

我本可如是繼續下去，將水墨畫展作為名利雙收的消遣，但身居西歐，所見所聞一切接觸都是西方情調，設若在無靈感的情況中閉門造車，墨守成規將已畫過的題材反覆作畫，毫無創作之言，這也就是一般傳統國畫畫家的苦衷。於是，我毅然徹底放棄國畫，開始從事西洋水彩和油畫。

無論是欣賞或是繪畫，由於對美術的認識和修養深淺，其喜愛程度通常會分若干層次和階段。對欣賞者來講，一般人喜愛和接受有和悅美感的具形寫實藝術，他們希望能在畫面上分辨出所繪的是現實生活中可見到的事物。首先不妨撇開羅曼尼斯克和哥德時代的古畫不講，例如古典畫院派、巴羅克和新古典式、浪漫主義、印象派……等等具形藝術，均是非常取悅於大眾的作品；像後期的達達主義、立體派、表現派、超現實主義、野獸派、未來派……等作品，雖然具形，但已屬於變形藝術，對一般群眾來講則較難接受；至於各潮流所創新的抽象藝術，畫面上所表現的是一些現實中找不到的事物形象，僅是一些線條或色彩的組合，是藝術家的想像和情感在畫面上的表現，那當然無法為一般無欣賞這類藝術能力的群眾所接受了。

　　至於部分獻身繪畫者，在啟蒙和初期階段，自素描到著色訓練基本功時，也都是從寫生臨摹具形藝術著手，當對線條渲染獲有把握，作畫時能隨心得手作畫時，不會像照相式地將實物「攝取」於畫面，總希望摻入自己的意念和情感，將作品賦予本人的風格，於是便產生了變形藝術；儘管畫家將所見或所構想的主題事物怎樣變形表現，雖然主題原物形態已變，有時竟不復認識其物，但終究還在有限的範疇裏漫遊。任何具有創造精神和不安現實的進取藝術家，渴望將自己的構想和熱情，在毫無約束的景遇中併發出來，抽象藝術便因此而生。當然，在現代畫家中，經過長期探索而尋得自己風格，不欲變換者亦大有人在。不過，像畢卡索、米羅，甚至於張大千等世界級的大師，他們的一生繪畫生涯中，隨著歲月的增長，時代的變遷，不知多少次更換了自己的繪畫技術和風格。

　　我非畫家，僅是一個醉心藝術，同時也是不安現狀永遠追求創新的愛好繪畫者，所以，自幼開始習畫到目前，自國畫到西

畫，自具形到抽象，不知改變了多少次畫風，永無止境在挑戰在探討……即使沒有作畫，逛畫廊欣賞世界大師名畫時所獲的心得，往往較自己親筆作畫受益要高！我畢生從事繪畫，時畫時歇，當每隔一段時間再執筆作畫時，所獲的系列成品風格與前者必異，自認為也比較成熟；然而，在畫廊展出時的效果則適得其反，能對我的畫發生興趣選購著的數量遞減。反正我作畫是自娛，有時自己滿意的作品被賣出時倒覺心疼，如此的矛盾心理，相信很多畫家均有同感。某次開畫展時，與畫廊預先交涉的條件是，不收租金，每張畫賣出畫廊抽成百分之三十，此外，當畫展結束後，畫廊有權一件作品。選留作品這項條件使我非常忐忑不安，假如將我未賣出的作品中最心愛的留下怎麼辦？結果，出乎意料，將我一張最不滿意濫竽充數的畫給選留了，讓我掉下了心頭一塊巨石。由此可見，連對賞識藝品富有經驗的畫廊也會走眼，後來分析，很可能那張被留下的畫篇幅較大，他們憑尺寸而沽價值所致，究竟商家與作者的價值觀大有軒輊！

有一次，在藝術圈朋友聚會中，有一位在巴黎和馬德里經營油畫的著名「肩客」，聽說我家藏有自己的油畫和丙烯畫作品，硬與我約定時間到我畫室看畫。一日上午他終於來訪，見到我的作品，竟意想不到非常喜愛，立即選購了兩幅中等篇幅的丙烯畫，那兩幅畫的內容是我在墨西哥拍影片時，遊覽當地印地安土著集市的印象所畫，主題是集市彩色繽紛的天棚，雖是具形，卻極富有抽象意味。結果，他付給了我不菲的潤酬，並且還說，他將收藏這兩幅畫掛在牆上，自家欣賞用不售出。無論此言是真還是客氣話，都使我特別興奮，我高興的不基於將畫售出，而是像那位曾經手上經營過畢卡索和伯拉克立體派鼻祖作品的畫商，竟青睞上了我的拙作！

後話：琴自幼在北方鄉村長大，濡染姐姐閨室「女紅」的影響，在家境貧寒之時，竟能遨遊在天空下以大地為紙枯枝為筆，隨性胡亂塗鴉，久養性情成真得以潛移默化，近年來興趣所致也開始尾隨老朽作畫。她天性聰慧，勤奮好學、思想敏捷，幻想無窮，一經構思倒也能成畫。老夫一旁觀之聽之從不對她塗鴉指手畫腳，取悅愛妻的厚愛，在成行後最終定稿時，老夫略來一點「畫龍點睛」之功，那醜小鴨的塗鴉還真得登之大雅之堂。

二○一二年十月十五日，時值愛妻生日之際。居住所在政府文化中心，成功為我們伉儷舉行了畫展。這在當地也成為佳話，因為怎麼些年來，還沒有夫婦同時舉辦過畫展的。

選自米格爾隨筆
二○○八年書寫於「靜心齋」

我的集郵故事

　　一九四九年初，春寒料峭，我正準備行裝欲赴滬出國去西班牙留學。

　　那時，北方戰場國軍節節失利，解放軍轉瞬南下，渡江在即。我與母親、大哥、大嫂以及小弟住安慶南水關一座樓房，院中一棵大銀杏樹高聳穿越屋頂，枝頭已滿綻扇形嫩葉。母親在廂房為我整理行裝，「喜歡嗎？這是我替你趕織的。」她拿著一件胸背米色兩袖咖啡色的絨線衣給我試了試，立即低下頭把它塞進皮箱，顯而易見，不願給人發現她那傷感濕潤的雙眼。當時，我本想好好安慰她幾句：「時光易逝，媽，我很快就會回來的……」可是，話到口頭便哽住了，一字也無法吐出，眼淚猛往肚裏吞。

　　大哥大嫂和小弟默默在旁，似乎有千言萬語無從說起。突然，大哥跑進內室，拿了兩本厚冊給我：「這些郵票是當初父親幫助我們搜集的，經過我和葆和（我的二哥）繼承整理，蠻像樣了。如今帶出去在空閒時翻翻，也可廖解寂寞。」我接下郵冊非常激動，驚喜之餘，突感一種莫名負擔。自忖這是父親的遺物，再加上兄長們的心血，雖然不是什麼「傳家之寶」，可在情感上的意義，卻無物能與之比擬，我該如何去珍惜它們！一枚郵票就是一段歷史，一段感情的收藏。更何況今天它們的存在，凝聚了父子兩代人三弟兄的心血和勞苦。如果有一天，能把這些真貴的小郵票，存放在一個供後人欣賞到的地方，想必父親還有大哥哥二哥哥，他們在天有靈，一定會感到欣慰的。

房中又恢復了使人窒息的沉寂，窗外黑黝黝一片，只有微風吹著樹葉嗖嗖作響，一盞低瓦的頂燈發出微弱的黃光，加強了淒涼的離別氣氛。

我到了西班牙首都馬德里中央大學——這是當初的稱號，現在已易名為貢布魯登塞大學——就讀，課餘將帶來的郵冊和一些尚未整理的雜郵翻看以解寂寞。有時，也到馬德里市區集郵社去「淘」我沒有的中國古郵。通常西班牙老字型大小集郵社也零星存有一些中國過去的整套郵票。由於西國集郵社人士不專門搜集中國郵票，所以有些非常昂貴的國郵，其所售價格較之國內便宜得多。當時我窮學生一個，只有將零用錢省下去購買郵票，太貴的買不起，但是，以那點省下的微薄之數，竟能將前清第二次所發行的成套三枚「小龍」郵票買到，後來又有機會購獲一套「西北科學考察團」難得的珍貴國郵，至於中國民初的「開國紀念」，新生活運動的「禮義廉恥」等早期郵票也有機會找到。

一九五零年十月十二日清晨，那天是西班牙國慶，我尚在大學生宿舍睡懶覺，同學把我叫醒：「米格爾，快起來，今天首日發行『西班牙郵政百年紀念』郵票，我們趕快去買，遲了就被搶購一空，買不到了！」我連忙起身梳洗，和同學一塊趕到馬德里郵政總局排對，等了很久才每人限買到珍貴的「西班牙郵政百年紀念」郵票，當時八枚一套的面值票價是西幣54元7角5分，五十九年後的今天，其價格已升至600歐元，相當於西幣10萬元上下，漲了幾乎兩千倍！

馬德里假日或星期天早晨，人們除了去公園散步外，有三個可去處：

一、舊貨集市，人們稱作「海盜市場」或「跳蚤市場」，那裏商店、攤位群集，不但有二手貨，還有古董，我就在那裏曾經「淘」到幾件價格還算公道的「東印度公司」

在十九世紀中葉，從中國進口到西歐在國內少見的青花瓷器和鑲有青銅口端及底座的冰紋瓶。

二、舊書市場，那是在馬德里大公園側面一條小街上所搭建的永久性木屋書鋪，那裏你可「找到」各色各樣的舊書，那也是過去我常光顧的場所，我曾在那裏買到過許多藝術和有關建築難得的專業書籍。

三、郵票錢幣市場，每週星期天上午，馬德里市政府廣場，人稱「大廣場（Plaza Mayor）」，那裏是名副其實的集郵和集錢幣的市場。過去我常去那裏購買郵票。有次，我尚在大學讀書的時候，一天攜帶集郵本去大廣場溜達，突然遇到幾何老教授也在那裏東瞻西望，我便上前打招呼寒暄，結果，我們也互換了幾套郵票，我記得清清楚楚，他給我的郵票中，有一套是非常好看的樊蒂崗教皇頭像郵票。

前星期天我又到大廣場集郵市場溜達，偶然見到一套民國期間發行的「美國建國百五十周年紀念」郵票，那是早年中國發行的四張一套非常美麗的大型票，其售價僅兩元半歐元，我不知國內郵票市場的行情，但我確認這套郵票的價格非常便宜，於是我立即將之買下，夾在書中不時欣賞把玩。

嗣後，由於工作各地奔波，無暇整理雜亂郵票，但從未間斷過搜集，多年來所集的郵票數量也相當可觀，中國方面，加蓋「中華民國」的前清龍票、什麼帆船呀烈士呀普通郵票都應有盡有，解放前的各種整套紀念郵票，更不在話下。此外，由於身在西班牙，該國三十年代末共和政體的部分的全套珍的貴紀念票也很充實。解放後新中國國郵方面，因為我自出國起就與國內有親人通信從未間斷，只要有新郵發行，他們便會藉寫信，便成套郵票貼上信封寄來，甚至於「毛主席去安源」的紀念票都有，可惜

只一張未成套；臺灣方面也有朋友和我通訊，況且，我還被臺灣電影製片廠聘請，在臺北工作了半年有餘，友人知道我集郵，有時把整年的郵冊贈送與我，這樣，中國兩岸的郵票都不缺乏。

近年來，大家均用手機和電子郵件相互聯絡，既快速又方便，更為經濟，所以很少有人用筆再在信箋上刻畫談心，於是，郵票似乎有被淘汰之趨勢，將來郵局發行郵票的目的，專為集郵之用，那時郵票已失卻其原本的意義和用途。我是一個非常「羅曼蒂克」的人，對世界上諸事物因時代演進而被淘汰都感到某種失落和感慨。例如，家人提到我的──不，應該說我兄弟們前後所搜集的這份「郵票產業」，將來應該如何處置，有人建議將之售出所得各房均分，我對此想法堅決反對，因為這是當年由先父協助，後有長兄、二哥，一直移交到我手中，每人都花費了多少心血，付出了多少感情而獲得的成果，其物質價值無論多少，都不能與多人所投入的情感來衡量。

二哥哥在世前，琴多次催促儘快把保存半個多世紀的「家業」帶回國，讓病快快的二哥哥還能欣賞到這些寶貝。兩年前我們回國探親時，曾將這批「收藏」悉數帶回國交給家人保存，目前負責保管者是二哥的女兒，也就是我的親侄女，日前我還和她還通了電話，希望她在保管期間，使這批「收藏」的質和量有增無減，因為，這雖然稱不上「傳家之寶」，但卻是我們一家親人間精神和情感上絕妙聯繫。

選自米格爾隨筆
二〇〇九年書寫於馬德里「靜心齋」

人與貓未了情

可愛至親的姬姬

　　細雨濛濛，我還是和往常一樣，呆呆地佇立在花園的一角，凝視著那棵小丁香樹，樹腳圍繞著一圈「貓爪花」的太湖石。你，心愛的姬姬，便安祥地長眠在下面。已經幾年了，我幾乎每天清晨或是黃昏都來看你陪陪你，而且每次離開的時候，臉上總是帶著淚痕抑鬱而去。

　　那天上午我正在城裏辦事，突然手機鈴響，是琴從別墅打來的，她那驚慌失措的聲調把我嚇了一跳，說是姬姬驀然不適，兩眼圓睜小嘴張開，似乎呼吸困難。

　　我安慰了她幾句，立即開車回家。不到半小時的路程，通常悠哉遊哉頃刻便到，那天時速竟達一百四、五十公里，似乎公路增長了許多，永遠到達不了家⋯⋯

　　「姬姬，姬姬！」一進門，我便迫不及待地叫著。

　　琴的表情好象平靜了些，她說已經把「她」送到小鎮獸醫診所醫治。於是，我馬不停蹄立刻又上車趕去診所。在醫療室裏見到獸醫阿德拉ADELA小姐正在給姬姬輸液。躺在手術床上的姬姬一看到我就「喵，喵！」向我喊著，好象在訴苦：「瞧！把我弄成這等模樣！」我立刻上前輕輕地撫摸著「她」的額頭，「她」脊背上光澤的烏毛，同時柔和地安慰著：「乖乖地，小姬姬！阿德拉姐姐照應你，一會兒好了，Papi就抱你回家！」姬姬看到親人和「她」說話，似乎平靜得多。可是事實不是如此，獸

醫小姐告訴我姬姬的病情不簡單，她已抽血化驗過，沒有或得任何具體結果，需要進一步用X光和其他精密儀器檢查，她的診所設備不夠完備，必須到上十公里外的一個大鎮去診斷。於是她將姬姬小心地放入專為攜帶寵物的籠箱裏，讓我火速趕去另一個診所。

一路上姬姬又不安起來，喵喵不斷地呻吟著，那時我胸中真不是滋味，不知道「她」是什麼地方不舒服，還是不習慣乘車，因為往常每次我帶「她」乘車外出時，總是局促不安地哼叫。我只有毫不間斷地和「她」說話，希望「她」聽到我的聲音能得到一點安慰。

抵達大鎮診所，獸醫立即把姬姬抱進內室用X光檢查，約莫二十分鐘後出來告訴我，找不出什麼特殊症狀，待另用別的方法檢查後才能獲得分曉。那時已是響午時分，讓我下午五點鐘再來看結果。我見到姬姬連X光都檢查不出什麼症狀，以為病情不至於太嚴重，便放下一顆忐忑的心安然回家。一進門，琴焦急地問及姬姬的病情，我從容地將經過告訴了她，大家安心午餐，照例悠閒地打開電視聽取新聞報告，準備休息片刻後就再去診所。

抵達診所在會客室漫不經心地翻閱一些寵物雜誌，照片上的行行色色貓狗和蟲鳥，可愛極了。沒等多久獸醫便從內廳出來，我一見他那嚴肅的臉色，心中立刻蒙上一層陰影。

「對不起！我要告訴您一個壞消息，小貓剛剛去世。」

「Nooooo——！」獸醫沉重的聲音像五雷轟頂，我失卻了儀態絕望地大叫起來，眼淚像湧泉奪眶而出。

「假如您想知道確實病情，可以把它留下解剖，它是那樣虛弱，還沒等我們仔細檢查便過去了……」

解剖！多麼可怕的動詞，姬姬既然離去，希望「她」沒受多少痛苦，怎能忍心讓人剖服研究？即使獲知病源，又不能起死回

生，豈不多此一舉，何必再去打擾「她」的安祥長眠。結果，獸醫把裝有姬姬的紙盒遞了給我，我捧著紙盒，手中感覺到，曾經抱著「她」多麼熟悉的重量，我癡癡呆呆地凝視著手中的紙盒，腦中一片空白，半響回不過神來……。

一路上我淚眼婆婆開著車，不時轉看旁座上的紙盒，不敢相信裏面竟躺著，一動也不動，我自小餵大疼大的姬姬。

回家一進門，琴見到我悲傷的模樣，泣不成聲，意識到姬姬在什麼地方，立即搶過紙盒緊緊摟在懷中，號啕大哭起來……。我們倆不知悲慟了多久，究竟還得料理姬姬的後事。於是，將紙盒平穩放在廳堂的地毯上拆開，原來姬姬還被放在一個塑膠袋裏，拆開塑膠袋，一身黑毛的姬姬即刻呈現眼前，免不了又是一番悲傷！最奇怪的是姬姬渾身透濕，琴說不能讓「她」這般濕著，會感冒的。隨之把壁爐點著，把姬姬放在一塊離熊熊烈火不遠的柔軟墊子上，我倆用乾毛巾輕輕地細細地把毛擦乾。可是，我們的淚水滴下，不時又把「她」的額頭和背脊打濕，再慢慢把全身烏黑的毛擦乾，使它重新恢復美麗的光澤。

最後，我們找到一個有美麗花紋的精緻硬紙盒，此刻，我們不約而同拿出各自心愛的、琴選了一條心愛不捨得用的新絲巾，我則把常年伴我過冬的絲圍巾，小心翼翼地把姬姬包裹起來放進盒裏。又到花園一棵丁香樹下挖了小坑。在埋葬姬姬之前，琴先用一塊塑膠把盒子包裝起來，忽然跑到花園的另一邊，拿來四個小瓦盆墊在紙盒下面，說是這樣免得潮濕不至於過早腐蝕姬姬身體。她對姬姬的愛和癡心，使我感動不已！

埋葬完畢後，我們在墳上放了一塊白色玲瓏剔透的太湖石，幾天後，我到花圃買了幾株小「貓爪花」，圍著太湖石種了一圈，讓「她」能享有一個幽雅美好的環境，同時，我們可以有個憑弔的目標，隨時去探望「她」，不讓我們的小姬姬感到寂寞。

儘管姬姬的天年已達十四歲有餘，對一隻貓來說，可算是高齡的了，可是我們始終把「她」喚作小姬姬，就和孩子一樣，在父母的眼中是永遠長不大的。

　　記得1989年炎夏的一個下午，前妻娥笳和我到一個朋友家去找書霓同去游泳池消暑，一進門便見到起居室角落一張搭鋪上，擠著一窩出生不久的小貓，似乎眼睛剛睜開來，起碼有五六隻。它們的大小和花色各異，因為貓爸爸是只非常威嚴的灰色大暹羅貓，而貓媽媽卻是屬於披著黑白黃花色相間美麗長毛的波斯種。在那窩貓崽中，最顯目的是只全身烏黑的小貓，那就是未來人見人愛的姬姬。據說哺乳動物的分娩時，最健壯的先出生，最後輪到的是體積最小最孱弱的胎兒。

　　那隻小黑貓，就是因為它最幼小最可憐而被書霓領回家餵養，取名「姬姬」，從此便成為我家的一員，我們的掌上明珠，大家搶著愛「她」疼「她」。那時書霓早就不住在家中，她愛自由，成年後不久便離家與朋友合夥租房獨立居住，並且特別嚮往倫敦，不時去那裏盤桓數月半載，於是姬姬便由我們餵養，娥笳把「她」當作自己孩子一樣看待，照顧得無微不至。

　　記得那年秋天，姬姬才兩個月，西班牙著名建築師費薩克聘我去阿裏甘德，為他所設計的地中海儲蓄銀行大廈作系列壁畫，由於工作量龐大，至少需要兩個月方可完成，於是我在海濱租了一套小公寓單元，闔家藉此機會能在海濱度假，姬姬當然也不例外。同時我讓書霓當助手，使她能賺點零用錢，娥笳則成天在海灘上享盡海水和日光浴的樂趣。

　　壁畫初步告一段落後，娥笳和書霓她們母女倆先回馬德里，卻把姬姬留在我身邊作伴，我得其所哉，每天工作結束後，「她」的確為我減除了不少寂寞。但是每晚上床睡覺時，姬姬總是爬到枕頭邊，把我耳墜當作乳頭不斷吮吸，癢絲絲地搞得我不

能成眠，但是又不忍心把「她」趕走，直到「她」漸漸越吮越輕、越吮越緩安祥入睡後，我方可安然夢見周公。但有時「她」久久不停止吮吸，攪得我也不能入睡，只有把「她」關到房外，誰知那個小淘氣要進房，把門抓個不息，響聲雖不大，在更深人靜萬籟俱寂的子夜，更使人煩躁，莫內何，只得投投降，從新起床把門打開，瞧「她」那興奮的模樣，立即跳上床趴在枕邊等我⋯⋯真使人哭笑不得！

當時我們還沒搬來別墅，住在市區公寓五層樓時，只要我一進公寓門廳按電梯時，根據娥箵說，她便知道我回來了，因為不知怎的，姬姬立刻會竄到門邊等我開門進家。難道姬姬有第六感覺？或者，人與寵物之間竟能靈犀互通？因為我每次進入公寓大門時，第一個意念就是我心愛的小黑貓，「她」真能間隔五層樓之遙收到我關懷「她」的電波嗎？

今生所愛的兩個女人，一個是西籍太太，一個是女兒她們先後撇下孤獨的我。沒有想到遇上心愛的琴，她竟然是那麼知我瞭解我，如同我一樣愛護照料著小姬姬。這小動物似乎又有了媽咪，整天歡樂得不亦樂乎！

忘記了在那本雜誌上讀到過一篇有關貓的文章。說是在所有家畜中，貓是保有最獨立自由、最原始獸性的動物，在一個家庭中它與人相處，並不認為人在餵養它，而是它讓人在它所佔據的地盤中與它同住。十九世紀末的英國大詩人兼劇作家王爾德 OSCAR WILDE 曾對貓所寫的讚語稱：

「由於虎的雄美，上帝創造了貓，好讓人能撫摸和疼愛它。」

通常認為狗比較通人性，貓似乎懵懂些，其實不然，就因為它的高傲，從來不像狗與主人那樣親熱，美其名是忠順，貶語是諂媚。君不見，當你喚它過來時，它絕不會失態立刻前來，必定恰似時裝模特兒一樣，一步一步在T形臺上，慢吞吞地姍姍來遲。

說她懵懂吧，其實不然，姬姬就懂得一些簡單詞句。例如，「她」喜歡躲在窗簾後窺探窗臺上嬉戲的小麻雀，無論「她」在什麼地方，只要你喊著：「¡Mira! ¡Chichi, pajarito! 瞧！姬姬，小鳥！」，「她」立刻會聚精會神地朝窗臺望去；假如你喊著：「¡Acomer! 吃飯了！」，「她」馬上會跑到「她」習慣吃飯的地方；「¡Al escondite! 捉迷藏！」，「她」便會很快躲起來，當你把「她」找到時，「她」便裝著嚇壞的樣子，把背躬著把毛髭起來和你鬧著玩……。

　　有一天，琴一進門便激動地喊著：「Papi，瞧！快來，快來！我給你帶來了什麼？」

　　我連忙迎上去，只見她懷中摟著一小團黑絨絨的東西，走近才發現是只小黑貓，估計才個把月，因為一身還豎立著柔軟的胎毛。琴說她從語言學校回家時，在附近花園旁看見一隻貓媽媽領著一花一黑的貓孩子散步，尤其是那只小黑貓可愛極了，忍不住，便把它抱了回來。我怪她怎麼這樣衝動，家裏已有姬姬，怎麼又抱只小貓回家，因為我深諳姬姬的性格，「她」一向嬌生慣養是家人的掌上明珠，如有新寵加入，會感到嫉妒的。她說這樣好給姬姬有個伴，不至於成天一個「人」太寂寞。好了，好了，既來之則安之，況且那只小黑貓和當初姬姬小時候一樣的確可愛，僅僅眼睛小了一點，臉寵也少遜姬姬的漂亮。我們為它洗澡撒上香水，泥腥味頓時消失，並給它起了個名字：咪咪。

　　果然不出我所料，咪咪一進門，姬姬就感不適，見到咪咪和我們親熱，「她」就避開。通常夜間姬姬總是在我們床腳，或是鑽到被裏和我們同睡，如今咪咪也擠上床睡覺，「她」便一個「人」憂鬱地跑到閣樓地毯上過夜；過去，每天飯後我習慣躺在搖椅上看電視新聞，姬姬總是伏在我胸前一道看新聞，並「呼，

呼！」發出貓特有表示安樂的響聲，自從有了咪咪，她再也不來和我同看電視了；甚至於我察覺到「她」吃飯時也沒有過去的香……於是，耳邊立即蕩漾起娥笳臨終時的托言：

「我去後，你要好好照管我的花草，特別代我盡心地看待姬姬！」

如今，我雖然不時在痛愛姬姬，無微不至地在看待「她」，但是收養咪咪，不但沒有給「她」解除寂寞，事實「她」原本從未感到過寂寞，是我們的愚昧而給「她」帶來了煩惱，在虐待「她」。眼見「她」那委屈可憐的模樣，我心痛如絞，於是只有和琴商量，唯一的辦法是替咪咪找個合適的人家撫養，琴雖然喜歡調皮可人的咪咪，希望姬姬有個伴。可適得其反。不久後，終於給我們物色到一個替我裝潢的木工，他很希望有個寵物做伴，這樣咪咪又獲有一個安適的家庭。姬姬突然發覺咪咪的不在，也許不相信這是怎麼回事，所以並沒有立時高興起來。過了幾天後，確定那只不速之客再沒有出現時，便漸漸和我們和好如初，結束了一場噩夢！

似水流年不再！愁如織，往事怎堪回首。

書霓永遠離我們而去，把她心愛的姬姬留給娥笳和我撫養，當我們把「她」摟在懷中時，深深感覺到「她」的熱，「她」小小心房的跳動，同時在疼「她」吻「她」的時候，在那光澤柔軟的黑毛上也聞到了書霓的氣息。

多少次我向娥笳建議外出作為時一周半月的旅遊，她總是婉轉說一兩天的短途散散心換換空氣夠了，何必走那麼遠花費那麼長時間。我意識到，姬姬！媽咪的不願久久離家，是不放心把你一「人」單獨拋下那麼久，她不但朝夕疼你，還為你獻出多少犧牲！她還在臨終前特別囑咐我盡心關照你，但是你知道，即使她沒有那樣的託付，我會對你有所疏忽嗎？

娥笛終於也撇開你我而去，讓我把書霓和娥笛的愛一併加予你的身上，藉物寄情，看到你我似乎就看到了她們，摸你吻你就好象接觸到她們。可是你不要誤會，我對你的至情無可比擬，已杜絕了異類之分。記否？每當我遠行的時候，為了不讓你夜間感到孤獨，我總是預先安排好，出重資請一位女傭或女學生，每天來家餵食，夜間伴你同眠。

　　你是否知道，娥笛去後那段悲傷的歲月，在琴來到我身邊前，你曾經給了我多少安慰，剔除了我多少寂寞。如今你也這般忍心離我去了，每到夜間浮光幻影，我總是以為你又回到了我的身邊。我確知你不喜歡家中的房門或櫥門關閉，使你要進去的時候有所阻礙，所以過去家中每扇門總是留條縫，便予你的進出，現在亦然。有天夜晚，琴問我為何僅把房門虛掩，我含糊地答稱：「讓流通一點空氣！」其實，我要把家中每扇門永遠為你常開。我想琴一定會意識到這一點，因為她太瞭解我對你的情義之深！

　　日後，每當琴用雞肝炒菜，筷子夾到雞肝時便想到你，再也無法下嚥，因為那是你最喜愛的食物。記得我經常親自到超市為你購買，回家後替你用文火煮熟，為了不讓煮得太老，一分鐘都沒離開，守在灶旁用木勺慢慢攪拌，使其熟度均勻，並且加上少許雞精末，希望味道更好些。然後把雞肝切成小塊，放在你專用的小缽裏給你食用。每當我為你這樣抄作時，你早已聞到其氣息，即使在很遠處，也會迅速跑來，用肩背不斷地摩擦著我的腳踝和小腿，同時喵喵地叫著，見到你那般激動，等待不及的勁兒，能使你樂意我心中感到多麼溫馨……可是現在，我再也沒有機會來服侍你，同時，琴也意識到不願再次購買你最喜愛的雞肝。

　　如今一切均成過去，愛女書霓的骨灰早已在里斯本近郊，她曾經和友人歡樂過的海灘灑在大西洋裏，溶於白色的浪花中，將和生前一樣逍遙在天涯海角。多年後，愛妻娥笛的骨灰亦依照她

的志願，我與琴特地到西班牙東部海濱，在一個淒風細雨的早晨灑進地中海，讓她永無盡期泳浴在藍天白雲下的碧波之中。

你呢？我心愛的小姬姬！過去你一步也未離開過我，如今仍將你永遠留在身邊，我會隨時到花園東隅的丁香樹下探望你、慰問你！可是呈現在眼前的，僅是被幾叢小草花圍繞著的一塊太湖石，我再也見不到你的那雙米色的大眼睛，摸不著你烏黑光澤的柔毛，聽不見你喵喵的叫聲，無限神傷不由從心底油然而生……。

當下，身邊又養著兩只小貓咪，一隻叫灰灰，另一只是琴在半年前撿回家的流浪貓，後腳腐爛花去幾百歐，我們用了整整四五個月的時間為牠換藥包紮。琴就是這樣任性，流浪貓流浪狗都會在她那裡起死回生。乃之無何我只好作出犧牲，留守家中看護牠們，倒也樂在其中。由此，人與貓的未了情還在持續……

選自米格爾之《地中海曉風殘月》，〈丁香樹下的神傷〉

書為媒，筆佐證

　　通常一般作家當他寫就自己認為有特殊意義的著作，希望在出版時，有篇師長或親友的序言，或賦詩詞於書前，題跋於書後，藉以共慶書成，實屬雅事。但有些作者特請些毫不相關的名人顯要為之撰序，無非企望倚他人之名望提高自己書的身價，得以錦上添花點綴增色，似大可不必。蓋這些名士與撰書者往往素昧平生，即使有之也僅限謀面之交，怎願花費時間精力為之作序，即使礙於情面請人捉刀，亦僅是些浮言淺語客套之詞，使書徒增篇幅，讀者閱來也覺乏味。

　　承張琴器重厚愛，讓我為適本鉅著作序，實受寵若驚。因為我僅是個極平凡的藝術愛好者，能受此抬舉，也許是她認為我對她的認識較他人透徹，因而下筆亦比較中肯而致。

　　回憶當年她向我採訪時的情景猶新。那是初春時節，一個明媚的星期天清晨，朝陽從銀杏樹的稀疏嫩葉間灑下，我們並坐在「善隱園（Paroque del Buen Retiro）」裏的一條長凳上，張琴娓娓向我詢問來西求學的原委和就業經過。此外，因為我是第一批負笈來西的學子，對早期西國華人情況較為諳熟，這樣也就順便為她提供一些當初旅西炎黃子孫的資料，張琴初次給我的印象是心直口快，精幹爽朗的新女性，此後果然不錯，讀其文如見其人。每每在《西華之聲》、《華新報》，以及《歐洲之聲》諸報上，讀到那些文筆簡練，具有風格而不帶女兒氣的文章時，無需再看署名便可意識到作者是誰。最難能可貴的是，她在《地中海的夢》中，不但翔實求真，不改被訪者的原意和語氣，竟能使每

篇以不同筆調和節奏，如懸崖瀉瀑或清溪流泉般一氣呵成，如非擁有扎實文學根底和充分寫作經驗，絕難達臻如此境界，此外，可能基於多年執筆報界的習性，她筆暢如流的作品具有極高的「可讀性」。就是說她文章的結構，造句，用詞都極其洗練單純，不似有些故作玄虛賣弄辭藻的作品，咬牙結舌不堪朗讀。她在撰寫《地中海的夢》過程中，曾付出極大的犧牲。據我所知，為能採訪全面華僑，幾年間跑遍西國諸省。在經濟環境並不充裕的情況下，必須省吃簡用樸實維生，白晝在外奔波奮鬥，夜闌人靜才能秉燈寫作。熬了多少夜，付出多少心血，投入多少情感才能完成這本鉅著！任何一個忽略精神價值，少有百折不撓毅力的人，怎能獲有此等成就？

她付出寶貴的時間和精力，所換取的為何？致使一部分旅西華人能藉《地中海的夢》，將其奮鬥史和心聲，無論是失敗後所嘗的辛酸，抑或成功後所感的欣慰，能赤裸裸毫無忌憚地布諸於世：這封已安家立業的可回瞻檢討再接再勵：對尚未紮根的可供以借鑒，讓他們確知，如果希望到達預期的目標，首先要如何充實自己，然後要怎樣勤奮工作，方能如願以償。書中亦不乏某些投機取巧，不務正業，終趨失敗的實例，使人警惕不屑效尤。況且，試問在西的華人中，有多少能略知其所在國的歷史背景，能明瞭早年來西求學和創業的先驅所經歷的艱苦途程？張琴卻在「前言」中詳盡介紹無遺；能說她封現以漸成雛形的西班牙華人社會，沒有做出認識上的空前貢獻？

經歷風雨人生和飽受生活洗練，是經得起任何考驗的，張琴雖出生及受業於「天府之國」的四川，幼兒和少年卻孕育在「華夏文化搖籃」的開封黃土地帶，她兼有南方姑娘的嫵媚和北國女性的剛強，曾上過山下過鄉，當過記者辦過報刊，創過企業染過金融……曾深深地愛過，也嘗過失意的半酸。任憑環境的驅使和

外在的因素，讓她足跡大江南北，目前又來到西歐，迴異的生活鞭笞，卻並未影響她素有的人格和情操。她年歲不長，已幾曾走遇康莊大道和崎嶇山小徑，所以下筆自然有血有肉，絕無華詞泛語之虞。她雖然在《地中海的夢》一書中，不能發揮其渾身解數，盡情運用其生花之筆，但不論在結構用語各方面，都能品味到她的純樸寫作修養。

最後，借篇寄意，我曾在報章上讀過多篇她的散文，承她不棄並讓我欣賞到多年來的隨筆文集。懷舊，抒情均屬實感，讀之沁人肺腑。這裏我僅以「忘年交」的情誼，希望在《地中海的夢》之後，能見到真正能表現其心靈的作品，如輕風徐來陸續問世，吾儕當拭目以待。

　　　　　　張實清書寫在張琴紀實文學《地中海的夢》序
　　　　　　一九九九年十月於馬德里

幾多童年幾多珍

　　當厚厚一疊電腦印就的文稿放在我面前時，一個引人入勝的書名《田園牧歌》立刻呈現眼前。翻開扉頁，一連串充滿田園風光、鄉土氣息和村俗民風的小標題便接踵而來。

　　這是張琴所撰的童年回憶散文集。作者希望我能為這本詩情畫意洋溢的集子寫篇序文。

　　好不容易借得一本《駱駝祥子》錄影帶，本欲再度欣賞一下斯琴高娃的精湛演技，見了此集，立刻放棄前念，起身斟了大半杯威士卡，加入幾方冰塊放置床幾上，燈光調得比通常柔和，再把枕頭墊得更加舒適點……一切安頓就緒，我趁這夜闌人靜，以閒逸平和的心情去品味這位女性作者的心聲。

　　幾曾多少時分逝去，附近鐘樓敲過四巡，我終於一口氣將近三十來篇真情流露的散文讀完。於是，我閉上眼睛，重新回味著書中的情節，就如沉醉於貝多芬的田園交響曲中一般：我彷彿聽到了牛哞羊咩，雞鳴狗吠，村童的嬉笑，農忙的歌聲。同時，那一幅幅田園景色，映射般重疊眼前：炎夏中的遼闊原野上，如火如荼的熱流，把一切景物變幻得恍惚不定。還有，那寒冬白皚皚的銀色世界，是那麼沉寂、寧靜。

　　張琴借她無瑕的童心，滿充稚氣不經修飾的辭句描繪出《乳燕放飛》、《偷兒》、《野火、野味、野趣》……等篇中那些頑童的天真爛漫。她並以淳樸的筆觸，描繪黃土地上龍的傳人，如何艱辛地和命運搏鬥。他們不怨天尤人，默默耕耘、靜靜期待，天災人禍使他們流離失所，卻不能折服那純良、但堅強不屈的心。

一個作者若沒有切身的體驗、澎湃的感情，怎能在純杜撰的筆下，刻畫出那些動人的場面？

張琴雖已逾不惑之年，只因她自幼生長在豫東農村，那單純的環境、樸實的習俗，塑造了一個爽朗善良的她。直到如今，她雖處於世態炎涼，崇尚物質的社會中，還保持著一顆純真的心。

她無時不眷戀著那塊華夏文化發源地，把那時刻縈繞腦際的念情訴諸《過年》、《走親戚》、《挖野菜》……等篇。對那群忠厚農民的遭遇，她均運用童言俚語生動的筆調，描繪得淋漓盡致。例如：《啞巴嬸》的賢淑，那任勞任怨的耐性；《妞》和《寡婦》的悲劇，她們為了維護節守，是否不得已必須受到傳統的縛束。但《三表哥》這個憨厚的農村青年，憑藉他百折不撓的毅力和奮鬥，總算圓滿達到預期的願望。

〈情繫校園〉、〈雨夜〉、〈雪夜中的情書〉以及〈那一片土地〉諸篇，是張琴脫離了孩提時代的作品，可以清晰體會到，在詞句中已流露出少女奔放的熱情，充分表現出她對親情和友誼的珍惜。至今，這份情感和蘊藏胸中稚氣未泯的童心，未嘗因時光的飛馳而稍有折減。

以上所述，便是閱讀這《田園牧歌》後給予我，也可能會給予任何讀者的第一感受。

夜已深，假如是夏季，天將拂曉。杯中威士卡早罄。我放下文稿，熄滅了燈。若希望在現實中再能找到那些田野小村，時兮逝矣，礙難如願。只有在夢幻裏，或在《田園牧歌》中，才能享受到那般心靈的恬靜。

事隔已久記不清了，意識中不下一年，張琴又駕臨寒舍。她總是那般匆忙，抱著厚厚兩大信封文稿，上氣不接下氣地告訴我，那是她過去的舊稿，再添上新作，其中不少是已在報刊上發表過的文章，經過整理歸納後編成兩集，命名為《塵世的浮躁》

和《愛的飄零》，前者是她從淳樸的農村中走出進入城市，在世事複雜的社會中生活，心靈所受衝擊的感慨；後者是她情感上的得失體驗和在西歐僑居的各種感受。她欲將《田園牧歌》和這兩集編纂成人生三部曲的完整著作──《浪跡塵寰》。同時再要求我為她續序。

於是乎，我不得不卸卻雜務，雖未廢寢忘食，還是日以繼夜地拜讀大作。

今年，馬德里氣候反常，不似往年天高氣爽，終日陰雨連綿，花園裏的白楊葉子還沒黃透，幾乎被一場風暴摧殘殆盡。雨點打在玻璃窗上，濺出水花斑斑，淅瀝不止的單調雨聲，並沒有打擾讀書人的雅興。

我仍舊依循舊習，靠在窗前的安樂椅上，泡了一大杯濃濃的鐵觀音，為了不浪費上廚房往返時間，索性把熱水瓶放在茶几旁備用。

細讀《塵世的浮躁》後，發覺張琴在每篇文章無論是立意或用詞，一反《田園牧歌》格之嫻雅和柔美。字裏行間充分表現出作者歷經顛沛流離之苦，備嘗遺棄壓迫的抑鬱。例如在〈重荷〉裏，年方十二，即將進入豆蔻年華的少女，本當充滿綺麗的幻想，過著無愁無慮的生活，卻幫父親把「千古罪名」的木牌隱藏在水缸後面，避免母親知道傷心……例如在《堤岸》那篇中，怎樣描繪母親領著女兒們去堤岸為父親送飯，見到父親自江邊頓船弓著背，駄著百把來斤的鹽包，爬登不下四十五度傾斜、數十米長的石階高坡送到鹽倉……例如見到父親那種鐵打的漢子，為了一道渡長江南下的部隊戰友孫伯伯，同樣被打成「右派」在一起勞改，由於體力不支永遠倒下而悲傷、而流淚……怎不教一個純潔幼稚的心靈不受到無情的嚴重打擊！〈秋風落葉不再愛〉和〈網〉可以說是張琴脫離了少女時代情竇初開，以及尋得「歸

宿」貧乏得不能再貧乏的愛情史縮影。《秋風落葉不再愛》的過程充分顯示出一個毫無經驗的純良女性的愛，但十分幼稚。她只圖外貌，莫名其妙地愛上了被姐姐放棄的朋友，竟「……在一個桂花飄香的日子裏，帶著黃澄澄的桂圓和他最喜歡吃的資陽豆瓣，踏上了北去的列車。」自送上門感情被人作弄，結果落得個自討沒趣。〈網〉則是個無選擇無愛情的婚姻，為了社會

輿論不願做嫁不出去的「老小姐」而嫁人來組織家庭。況且，張琴自己知道，她並不是個嫁雞隨雞嫁犬隨犬的女人，如此將就的婚姻其後果可想而知，以至她在《愛的飄零》中，所載的〈一顆被偷走的心〉和〈天涯月色〉來敘述她自己認為「真情的愛」的豔遇，而導出「紅杏出牆」的一幕人生插曲。

夜已降臨，窗外一片漆黑，雨似乎稍停，晚風吹著殘留的樹葉兒沙沙作響。我起身到廚房重新燒了一壺水，煮了一碗「康師傅」牛肉麵，胡亂充一下饑，立刻又回到安樂椅，泡了一杯新茶，繼續閱讀。

嚴格來講，《愛的飄零》這一部主要是將在上個世紀八十年代末，張琴丟下鐵飯碗，孤軍奮戰來到了海南島，由此開始了浪跡天涯的日子，最終飄泊到西班牙，就親身所見、所聞、所感、所及而撰寫的雜文匯集。該集題材非常廣泛，其中大多數曾在西班牙和歐洲華文報刊發表過，少數的西語譯文亦曾刊載於中西兩國西文報章雜誌。以我的品味認為，在人性情感的描繪比較深刻題材文筆上比較生動的佳作有：〈永恆的回憶〉，張琴將到西班牙名畫家畫室聚會，自始至終的過程用極細膩風格予以描述，讀其文如身臨其境，笑語樂聲鏗鏘於耳。〈是誰？把你推上了法庭〉，她振振有詞，如訴如怨，把被起訴冤情，以生動的筆觸發揮得淋漓盡致，尤其是〈別離的惆悵〉、〈姬姬〉和〈貓與人的未了情〉等篇，其情感的奔放和心情的傷痛，使人讀了一揮同情之淚。

〈畢卡索陳列館〉、〈著衣與裸體的《瑪哈》〉、〈「戈雅」影片觀感〉等等，張琴不但對此等藝壇大師的生涯作了詳盡介紹，還對其作品根據自己獨特的見解加以評論。沒想到張琴當年在國內那種特殊年代中成長，根據她自己所述，上山下鄉當知青，蹉跎了不少歲月，應該沒有機會更沒有時間讀到很多書，居然對西方的藝文，在旅西短短的幾年中有如是的認識，其悟性可謂相當高了。

此外，在《愛的飄零》中，她纂入了很多篇遊記，無論是國內或海外的名勝古蹟、鄉土民情，都以輕鬆活潑的散文筆調，描繪得栩栩如生。例如〈領略鬼城文化，飽覽三峽風情〉、〈石頭小鎮的故事〉和〈小鎮四季〉等，均不入俗套予以敘述，讀來有一種沁心悅意的感受。這些有關旅遊的作品不下十數篇，當然，她曾經遊覽過的地方何止這些，尤其在國內東至黃埔西到青海，南到海南北至遼吉，俗語言：「行萬里路，讀萬卷書」，張琴之所以知識豐富廣見博聞，不是取之於課堂，而是旅遊，況且，與多方種族和人士接觸過的作家，其心胸自然開闊，下筆也隨之流暢，不至於坐井拘泥。

夜深沉，葉飄零，遠處偶爾傳來幾聲狗吠，幾上茶竭，人已困。

走筆至此，讀張琴的人生三部曲《浪跡塵寰》後給我的印象也該告一段落，這僅是我的管見，希望與其他讀者不甚相左。

上官牧野（米格爾筆名）
2003年暮秋於馬德里
選自米格爾為張琴散文集《浪跡塵寰》書寫的序

給一個不成熟的女人

你是天空裏
飄忽不定的一片雲，
你是一葉
無帆無舵的扁舟，
落拓的天涯遊子，
海闊天空，
任性遨遊。

你
無巢的小麻雀，
無主的小狗，
無目的
徘徊在西歐街頭。
不計冷暖，
不顧春秋，
徹夜秉燈筆耕，
白晝擺攤市井，
拼搏、奮鬥！
一切都為了
昨日的幻想，
今天的夢。

斷線的風箏
自幼隨風飄零；
童年的坎坷，
心靈上的感受
消失了
少女的夢。
一粒粒珍珠翠玉，
綴滿了一頁頁素箋，
話盡了
人生的苦辣甘甜。

不知哪來的
冥冥中的一隻手，
把你引入另一個境域。
是他
剔除了你意識的彷徨，
心靈的迷茫。
是他，
為你揭開了人間的虛偽，
導向崇高的真善性情。

你
不成熟的女人，
雖歷經滄桑
漫遊寰宇，
愛過恨過，

尚不知畫眉樂趣，
燕爾溫柔。

是他
把你開導，
讓你真正體驗到
愛的寬容，
你堅韌的進取，
淡化了他的散漫惰性；
他的謙和修養，
陶冶了你剛強、
好勝的個性。

才情煥發，
幽思連綿；
一首詩
一個天地，
遊記中
領盡華夏景色；
懷舊中，
委婉悱惻……
讀詩集，
如和風拂面
清茗沁心。

但願
不成熟的女人，

永遠不要成熟，
保持赤子之心，
道出不戴面具
淳樸的心聲、
人間的不平！

米格爾於馬德里靜心齋
二〇〇五年情人節
選自張琴詩集《天籟琴瑟》

琴心卷首語

　　我酷愛藝術，尤其對繪畫和建築更為醉心，半個世紀以來僑居海外，儘管已用西語出版過書，以中文在報章上發表過文章，但極少以母語中文出版書。久久以來，我生活在西歐異鄉，與中國的傳統文化幾乎隔絕，如果不是結識原籍中原的內子，很可能沒有機會將自己的理念和觀點顯示於書。

　　她，一個對祖國文化懷有永恆情結的女子，自幼熱愛閱讀，雖然在青少年求學階段，少有優良文學環境，但由於生極強烈的興趣和執著的精神，不斷在文學園地辛勤探討和耕耘，日長月久，終於得應享的成果。正是這種堅忍不拔的精神，使我感動並受感染，複燃起自小原有對文學的興趣，續集了已脫節幾十年的中國文化。重新執筆撰稿投諸西歐華文報章，幾年來，倒也發表了不少奇談謬論，乃至把對社會和時事的內心感觸揭發出來。大凡從事藝術的人，其性格和情操，都與常人有異，不受規範而創作，觀點當然亦不同，無論是否能為一般人所接受，其論述當然也有獨到之處。

　　她，我生命的另一半，在那段苦難深重的年月裏，時常卷不離手廢寢忘食。她之所以歷盡人生苦辛，能在極惡劣的境遇中走出低谷，出污泥而不染，正是懷有文學創作的執著，文學給了她奮鬥和堅忍不拔的毅力。她雖然沒有進過大學，卻自學成才；她雖然沒有文憑，卻為世人留下了兩百多萬的文字，無論在她的詳實敘述，或抒情詩篇裏，都可領會到她對中西文化傳播的熱忱和努力，以及所歷經的心靈路程，她無時不把懷念家園和故國的情

懷傾注在字裏行間，由於命運給予了她身心的寧靜和生活的無憂無慮。昨天在國內的飄泊流浪，走遍了大江南北，今日在地球各地的遊覽，滋潤了她的文思，豐富了她的寫作財富。

《琴心散文集》書中所表達的，正是作者對社會和世事的感悟和見解。所有作品幾乎均在海外華語報章發表過，從中可明確分辨時間、內容和境遇的不同，領域包括中西。由於我們倆的生活背景差異，文章風格和題材的選擇也隨之不同。內子，性情中人，為人豪爽，其文風鋒芒畢露，看其文如見其人，在她的散文裏充滿激情、細膩真切，可謂「琴心」所致。而我的作品，則多屬於論述或是剖釋理念，即使在敘述文中也常加個人的陋見，離「劍膽」遠矣。由於兩人的作品取材和文筆不同匯之成集，相信能互補相得益彰，希望本散文集讀起來不至於乏味，是我兩人至誠的願望。

米格爾·張
二○○六年夏於北京香山

賀老爸七十有八華誕志慶

少年喪父家貧寒，孤兒寡母奔他鄉；
初涉人世入行伍，隨軍挺進過長江。
入川轉政理黨務，秉公守則不循情；
歲月蹉跎一瞬間，青榜留名兩袖清。
巴蜀宦海良緣締，夫唱婦隨相憐惜；
七朵金花膝下繞，坐享天倫樂無極。
豈知風雲不測至，苦楚挨盡向誰雲；
若非明政起平反，徒受坎坷無盡期。
風風雨雨七十八，雨過天晴陰霾散；
人傑地靈物華時，壽比峨嵋共天長。

二〇〇二年冬米格爾為岳父華誕書寫
選擇張琴詩集《天籟琴瑟》

老爺子，我為您畫像啦！

　　琴，您的愛女，我的愛妻，給了我一張您昨晚和老媽的合影，兒孫們起哄，要您倆老人家手牽手，您被歲月折磨得蒼老臉上，綻出一絲似笑非笑的笑意。今晨琴第三次去醫院化驗您帶血的痰，希望否定幾天前在另一個醫院所得的結果：痰中具有惡性腫瘤症狀。我留在家中把窗簾高卷，紙鋪開，老爺子，我為您畫像啦！

　　不到三小時，您的一幅6B軟鉛筆肖像便結束，當我仔細端詳您無奈的眼神，您似笑非笑的嘴角時，淚水忍不住奪眶而出，我充分知道您已意識到天年即將走到盡頭，只沒明顯表現出來，好讓愛您孝順的女兒們稍存一線希望，看看是否兩個醫院的化驗中，其中一個會出現錯誤，可是我心中明確知道，那是做晚輩的一種幼稚妄想。同時，我也意識到手中剛畫完的肖像，不久後，半年？三個月？一個月？……即將成為遺像！我不敢想像，誰也不能預料到哪天我們將永遠失去您，再也看不到您的顏慈，再也聽不到您那濃重河南老鄉的口音。雖然我與您的四女琴成婚後，每一兩年回國到您所住的地方小住，並和您與老媽相處的時間不太多，但您倆對我的關愛，使我銘刻於懷，雖然您倆的歲數比我長不了多少，但我一直總把您倆看作長輩相待。

　　別瞧我一生學業工作一帆風順，其實我的身世卻是淒涼得無以倫比，完全可稱得上是個孤兒。當我正在讀初二才十三歲時，父親不願在日本鬼子佔領的淪陷區工作，全家遷居大別山裏的霍山山城，父親的嚴重胃病復發，由於山區偏僻無良醫拯救而亡；

六十年代末的國家困難時期母親在合肥與世常辭，那時我離家遠在西歐，連回國奔喪都不能如願；九十年代初，女兒患敗血症不治早夭，年方三十出頭；當我已近古稀時，愛妻卻因肝癌，永遠棄我而去！後來若非與您四女琴締結良緣，最終使我晚年有伴，否則真不堪設想今天的處境如何？

記得我每到您那裏用餐時，您總是叫我坐在身邊，不善言詞的您，這種關懷我怎不心領？飯後閒聊時，您經常娓娓向我敘述您參與解放戰爭的經過，如何在安慶渡江，當地農民如何將船隻予以支助；在野戰部隊裏如何身背行囊和槍支，從這裏到那裏在山野中連夜行軍，給您留下了只到如今彎曲的弓形雙腿！至於您所參加的什麼軍團什麼師什麼團，或是什麼野戰部隊，我無須清晰記得，我只知您在槍林彈雨中，出入於生死之間，為正義而英勇戰鬥！如今，假如說新中國能享受到國泰民靖，是基於您和您一般的無名小卒，不！應該說是無名英雄的賜予，而不是那些坐享其成的高官貴胄。可是，您的賞報卻是自1957至1973年的受冤處分，被開除黨籍勞改教養三年，直到1981年獲得平反，兩年後，也就是說1983年才被取消處分，在那段詛咒期間，您倍受尊嚴和身心上的誣衊，天哪！誰能忍受得了如是的冤屈和苦難？您卻毫無怨言，這就是咱們中原地帶好漢的氣節！

不久前您病了，而且病得非常嚴重，不得不進院治療，您具有充分權利住入單人病房，並非企圖享受，這樣可使照顧您的親人方便些，您卻堅決要住雙人病房，說是可為國家節省點錢，曾為國付出了那麼多的您，就憑這一點愛國情操，怎不教我們這些自以為愛國的人汗顏！至於那些高唱為民服務口號的貪官污吏，更不屑一談。

好了，昨晨為您畫像時忍不住眼淚，目前寫就的這篇短文，不是用「筆」，也不是用「電腦」，而是用「心」用「淚」，用

無限的「愛」和「敬仰」而寫成！老爺子！也許您可能見到我為
您所畫的肖像，不敢確定您的女兒們「七朵金花」願意讓這幅畫
給您看，但我肯定不會在您有生之年讀到此文，只有在日後，但
願在很久很久的日後，希望您的在天之靈能理會到我對您從心底
所發的心聲。

米格爾・張

二〇〇七年六月十四日於四川雅典苑

選自張琴紀實文學《秋，長鳴的悲歌》

六、張琴作品選

藍天
白雲一線牽跨越時空的愛，
竟然那般
無限無限……從遠東到西歐
從珠穆朗瑪峰
到地中海
萬里迢迢阻隔不斷……

——張琴

地中海一線牽

　　這是一個金秋的日子，北京首都機場已被冷氣籠罩著，倍增離家出國和奔向未來悲喜交織的激情。一架瑞航公司SWISSAIR的班機，載著我和多年來的舊愁新歡飛往西歐。西歐，這個多麼使人迷戀嚮往的地方——那是西方文明孕育的搖籃！

　　上十個小時的航程，足夠我打開遐想源的閘門，讓它盡情無限地暢流。我的靈魂已不知飛向何處？憑藉兒時所見的畫片，後來電視螢幕上的異鄉風情介紹，給我腦際留下的清晰印象：我又看到了倫敦的泰唔士TIMES河上巍峨鐵橋，巴黎高聳雲霄的艾依菲EIFFEL鐵塔，羅馬古色昂然圓形的鬥獸場COLOSSEUM以及馬德里西班牙廣場上受萬人憑弔的堂吉訶德和桑覺般莎DON QUIJOTE SANCHO PANZA銅像……加在陶醉的幻想中，擴音器報告已抵達蘇黎士ZURICH；那龐大錯綜的空港中，滿布各國文字的指標和免稅商店的招牌，那如過江之鯽的各色人種，使我眼花迷離，是時差？是疲乏？抑或是那異鄉情調的影響？使我正在踟躕莫策之際，幸虧一位稍具長途旅行經驗的臺灣同胞，領我去伊伯利亞航空公司IBERIA的轉機，抵達馬德里。

　　由於我是商務考察來西，事先就有聯繫，一到馬德里巴拉哈BARAJA機場，便有人等候為我安排一切。這樣我便開始了我的異國生涯。

　　為了謀生我曾幹過不同活兒。在國內從事新聞十多年，旅西後為多家報刊撰稿，而後曾服務於馬德里一家華文報紙，所見所聞，接觸面廣泛，認識了各行業的華僑，並深深知道了他們的處

境和遭遇。雖然不盡是可歌可泣，但那非常感人肺腑，新鮮的生活題材深深地引起我的興趣。於是乎，那蠢蠢欲動之心，促使我撰寫一部翔實華人文字的意念，在胸中油然而生。

幾曾多少的資料搜集和奔波採訪所得，茲將在西華人之沿革和近況布諸於世，俾便《地中海的夢》的讀者，能進一層對上中下三部的主人翁有更深的瞭解。

西班牙位於歐洲西南部伊比利亞半島的面積百分之八十五，西鄰葡萄牙，北瀕比斯開灣，東北與法國，安道爾接壤，東和東南臨地中海，南隔直布羅陀海峽，與非洲的摩洛哥相望。扼大西洋和地中海航路的咽喉，被稱為通往歐洲，非洲，中東和拉丁美洲的「橋樑」。

旅西華僑歷史，追溯到清末民初。早期到西班牙從事演藝生涯者，是山東省馬戲班人員，經由西伯利亞陸路前往歐洲各國獻技者，亦以西班牙為據點。續後有浙江青田等地人士，攜帶青田石製品，前往歐洲販賣。後有湖北籍同胞，製作紙花來歐洲兜售，部分留在西班牙定居繁衍，華僑人口乃逐漸形成。

一九三六年至三九年間，西班牙發生內戰。上述的華僑，多半回國或轉往歐洲其他國家。因此，第二次世界大戰結束後，留在西班牙的華僑，只零星數十人，且多與西籍女子成婚，融入當地社會。

由於中國與西班牙的文化經濟交往一向並不頻繁，而造成兩國的隔閡和互不瞭解，加之二次世界大戰中，西班牙是中立國。然基於過去西班牙王室在中世紀以來與德國皇家之密切關係，以及在內戰中西國備受希特勒政府接濟而傾向軸心國集團，更加與屬於聯盟集團的中國斷絕外交和經濟關係。

二次大戰結束以後，西班牙成為軸心集團戰敗國的軍政要員的庇護良所。因此抗戰期間，汪精衛的偽政府要員、華北維護委

員會主席王揖唐的長子主德炎，曾在民國政府外交部任職，被派法國、比利時諸國使館工作。

在西班牙承認汪偽政府後，王德炎因其父關係被派任駐西公使，其弟王德寅則被任命駐柏林總領事。大戰結束後，弟兄二人均僑居馬德里。嗣後，於一九五六年春，王德炎在家中被一菲律賓留學生搶劫殺害，其弟王德寅因中風居住馬德里「霓虹」老人療養院。現已逝。

當時在馬德里尚有偽滿政府駐西使館秘書劉希賢和王明耀兩人。劉在五十年代初病亡，其妻為日本人，後返日。王曾於日本駐西使館任職，因精通日文，後赴日僑居，終於六十年代末患癌病亡。

此外，尚有一位黃瑪賽女士，任職西班牙外交部，後於聯合國文教處任譯員。該女士之父是前清駐西大使，其母是比利時人，她卻出生於古巴哈巴那。黃女士精通西、法、英語，因幼年在國內（北京）時間不久，中文僅諳口語，於八十年代末病亡瑞士。

尚有一位玩雜耍技藝的王茂亭，其特長是要「抖翁」，曾與陳質彬合夥經營「中國雜劇團」，後獨自應聘表演，遂赴法國音訊不知。陳質彬娶西籍女子名MANOLITA，其特長是「飛刀」，以其妻名組織劇團稱「TEATRO CHINODE MANOLITA CHEN」。全國趕集表演，非常著名。

在西國北部GIJON，有位經營紮中國彩燈紙花的僑民，名叫衛小牛。他娶西國女子為妻，生男育女在北部經營本行，前幾年病逝GIJON，曾得到西班牙人的隆重葬禮。當地居民談起衛小牛，大都肅然起敬，深切懷念。

在VALENCIA市中心有位金光奎先生，娶葡萄牙女子為妻，開有一家專營旅遊紀念晶的商店。僑居西班牙七十多年。九十二

歲高齡的金光奎先生，現因中風，療養在家中，耳聰漸弱，但口齒清晰。

上述者均系為五十年代前的西國華僑。

一九四九年中國解放後，始有西班牙神父率領安徽等地教會的年青信徒們來西留學，為中國人在西班牙最早的留學生。

一九五零年前後，由西班牙在華天主教傳教區所辦的教會學校，保送西班牙留學第一批學生共計六人（簡稱六君子）。

鮑克俊，祖籍安徽，來西時已是上海震旦大學法學學士。來西後曾攻讀博士，後致力留學生運動，創辦「曉星書院」，COLEGIO MAYOR STELLA MATUTINA，現定居馬德里。

曾憲揆，祖籍湖北，曾在上海震旦大學攻讀政治。來西後開始攻讀政治，畢業後曾赴臺灣任蔣介石的西語翻譯官，後曾被派往國民政府駐西使館。西班牙與中華人民共和國建立邦交後，他被派駐拉美國家大使。於八十年代末患喘病而亡。

王安博，祖籍安徽，在國內高中畢業。來西後曾讀法律，具有音樂天才，攻讀作曲及小提琴，曾任職美國駐西使館文化處，後進民國政府駐西使館工作，並在西外交學校教中文及西電臺任職。現退休定居馬德里從事寫作。

施正祥，祖籍安徽，在馬德里中央大學化學系畢業後，曾赴德國實驗工作數年，後又返回西國就讀獲化學博士學位。曾任美國、英國、德國、西班牙石化公司要職，設計發明塑膠泡沫機械設備成績斐然。

張寶清，祖籍無錫，畢業於西班牙電影專校ESCUELA OFICIAL DE CINEMATOGRAFIA，後經過高考被審定為室內裝潢設計師。此外並獲馬德里多項技術大學屬下之高級技術建築學院ESCUELA TECNICA SUPERIOR DE ARQUITECTURA之內部建築師銜。

張寶清曾多年服務國際影界，參加西、英、美及中國之鉅型影片和連續電視片準備和攝製工作。此外並曾為西班牙和中國餐館、舞廳、商店以及私宅之設計裝潢任務。經常被邀在諸大學、博物館及學術中心作學術演講，亦曾赴北京中央美院作「新藝術」和「裝飾藝術」專題講座，著有西文版《中國藝術介紹》一書。與西國女子結婚現定居馬德里。

由西班牙教會中國傳教區保送到西之第二批留學生共計十餘人：劉前沐，畢業於BILBAO之天主教DEUSTO大學經濟系，曾在西金融工商界任要職多年：與西國女子結婚，已於不久前作古。

余春燾，與劉前沐同學畢業於同校同系，曾留校任教，於八十年代患癌去世。

張宇恭，亦畢業於上述大學經濟系：後棄塵為天主教神父耶穌會會士，赴臺北天主教昕辦之輔仁大學任教，曾任該大學之法學院院長，現為校長：張鳴玉及張必健均畢業於馬德里中央大學醫學院，後移民至加拿大行醫。

張必剛系必健兄，為天主教神父，現服務於美加。

張新潤，先於馬德里中央大學化學院就讀，後轉學到瑞士ZURICH技術大學攻讀畢業，現留居瑞士工作。

溫無錫和何文友原為越南華僑子弟，來西留學後即回越南為教會機構服務，越戰結束後不知去所。

朱石波，來西就讀後赴法深造，不知去所。

屬於此批留學生中繼續來西者尚有多人，其姓名及去所均不詳。

在此期間尚有數人具不同身分者：吳祖禹，系民國政府憲法起草法學家及曾任駐梵帝崗教廷大使吳經熊長子，偕妻梁宜玲來西。曾於西班牙最高科學研究院CONSEJO SUPERIOR DE INVESTIGACION CIENTIFICA作研究工作，到一九五四年西班

牙與國民政府建立邦交後，即被聘任駐西使館秘書。當時大使是其父故交乾俊吉。直到中華人民共和國加入聯合國並與西班牙建交、民國政府拆館，便回臺灣外交部曾任多種要職。現駐紐約代理總領事職務。

張慕飛，原系蔣緯國屬下軍官。來西時為上尉軍銜，曾入西班牙參謀學校ESCUELA DE ESTADO MAYOR就讀。畢業後赴臺灣服役，曾任裝甲部隊上校團長，退役後曾一度返西在南方海濱開設飯館，後偕妻潘秀江赴美發展。現任職安維AMWAY直銷集團中國及亞太代表，辦事處在上海。

林連水，在西期間曾為人民政府進口德國機械零件，後經營餐館及香港、上海幫裁縫業，專為美國駐外基地及艦隊之美軍服務，後返原籍浙江寧波養老。現已去世。

在五十年代後期來西者尚有自國內各天主教區中國神父和修士。此批神職人員中大多數在西耽留數年後便轉到德國、加拿大、美國各國服務，赴臺灣亦不乏其人，其中有：張少伯神父，原系北京輔仁大學國文系教師。在西為華僑服務多年，其態度、精神頗受讚譽，於八十年代赴臺灣為教會服務。

楊伯德神父，曾在馬德里耽留後赴BARCELONA開設餐館，用以支助其大學生宿舍經濟來源。現仍居巴賽隆納，並開設太極拳武術館，撰寫有關太極拳著作。

阮心煜神父，在西時原為修士，與另兩位王、賀修士同在馬德里大修道院進修，結業後同晉升為神父。目前王、賀兩神父均赴臺灣任職。阮神父留西曾任馬德里語言學校ESCUELA DE IDIOMAS中文系教師，現已退休，但仍經常繼張少伯神父之後為華僑服務。

吳玉德神父，五十年代初期，在西華人大多數為學子，故曾組織中國學生留西班牙學生同學會。首任會長為吳祖禹，次任會長系吳玉德神父，現在臺灣為教會工作。

喬治，來西時為阿古斯汀會修士，後退俗與西班牙女子結婚。現留居西班牙服務於餐館業。

阮學誠與楊桂蓮兩位女學生，曾是鮑克俊等六人安慶教區所辦的教會學校同學，來西時已出家為女修士，在SALAMANCA修道。後同赴菲律賓服務，阮學誠現為菲律賓耶穌會女修會會長。

其次則是于斌總主教關係來自臺灣的三十餘名學生，後由西班牙政府贈送的五十名獎學金學生。部分學成後，留在西班牙就業或自行創業謀生。

其後由鮑克俊自港澳臺選來西的一批青年學子，頗有影響外，臺灣留學生中較為影響有：

蕭繼鑾，祖籍山東，曾畢業於馬德里中央大學文學系，原屬於斌學生集團，後轉入鮑克俊集團培植。曾開設「寶塔飯莊」、「竹屋文書店」、「東方貨行」。曾任西班牙華僑協會主席，開創華語學校，為華僑服務建樹頗多，於一九九五年不幸患腦充血去世。

黃民權，現為西班牙外交部中、日文翻譯，並在馬德里開設律師事務所。

鮑克俊自港澳選來西早期學生有：馬詠生，來自香港，在西攻讀醫學，畢業後赴英國倫敦進修，後赴香港服務，再次移民加拿大，於一九九二年患癌病逝。

何永安，來自澳門，在西國立音樂學院學習鋼琴，並於國立電影專校演技系攻讀。後轉赴義大利羅馬電影城實習工作，最後返香港被邵氏電影公司聘為基本演員，曾主演《唐明皇》。在該期間結識名女演員高妙思並締結良緣。現夫妻倆均脫離邵氏公司，獨立與香港、國內臺灣、菲律賓、馬來西亞等地簽約拍片。

陳志瑛，祖籍廣東，系來自澳門之女留學生。曾於馬德里中央大學文哲學院攻讀，獲文哲和英文文學兩學士學位，曾為「曉星

書院」秘書，後與鮑克俊締結良緣。現任教於馬德里德國高中。

陳月萍，系來自香港之女留學生，曾畢業於馬德里中央大學，與蕭繼鸞結婚。現任馬德里國立語言學校英文教師。

簡冠顏，系來自澳門之女留學生，曾畢業於馬德里中央大學醫學院，後留居CATALUNA區行醫。

凌勇，系來自香港之女留學生，曾畢業於馬德里中央大學醫學院，後赴美行醫，已去世。

熊建成，系來自香港，畢業於馬德里中央大學文學系。曾任鮑克俊創辦之「曉星書院」首任院長。後赴臺灣任淡江文理學院西班牙文院長。

溫智新，來自香港，攻讀於馬德里中央大學文哲學院。曾任「曉星書院」次任院長。後赴美國發展，患病去世。

陳乃源，畢業於SALAMANCA大學教育系。曾任「曉星書院」三任院長。後移居美國至今。

在六十年代中期「曉星書院」創辦的同時，鮑克俊為貫通中西民間文化，曾在台、港、澳地區物色了一批年輕姑娘。其中一些是臺北復興劇校出身的京劇演員，另一部分大都是高中剛畢業或尚未畢業的女學生。他們來西後，均住宿在馬德里近郊一個名叫MORALEJA的豪華宅區內，一座修女院的附屬宿舍中，入馬德里工藝學校ESCUELA DE ARTEYOFICIOS學習。極少數分別求學於普通及專科學校，課餘則練習中國民間舞蹈，暑假到南部海濱度假時便到各城市演出。

六十年代香港之「郵遞服裝」業突躍興起。尤其是在港的上海幫裁縫紛紛響應；專為美國世界各基地及駐太平洋和地中海艦隊之美軍量裁成套服裝，先收款後郵寄成裝，利潤非常豐厚。於是海外有些輟學留學生亦參加此工作，結果在六十年代末期此行業漸趨蕭條，在西之中國裁縫遂轉業中國餐館。林連水首先開

「中國飯店」兼做郵遞服裝，繼起的有陳惠康與其同行合夥開「大上海飯店」，一開張便生意興隆。另有一位曾在上海僑居的葡萄牙父親、中國母親的混血兒JOHNNY OLIVEROS。他長得一副中國面孔，只會說一口上海話，亦棄裁縫業轉行餐館，與友人合夥開設「文華樓」。至此中國餐館如雨後春筍般，在馬德里和巴賽隆納比比皆是，中國餐館業在西國呈現一派生機。

同時，從香港輾轉來西經商的華僑亦不少。

嗣後，一九七三年，西班牙與中國建交後。大批青田、溫州同胞來西。另外，一九八零年越南半島劇變後，西班牙政府亦收容若干名越南華僑，惟近年來，多轉往他地，留在西班牙者並不多。一九八六年，中國開放以後，數以萬計的同胞跨出國門，湧入世界各地。由於西班牙較易入境，來西謀生者逐漸增多。因此之故，迄至一九九九年底，西班牙全境，華僑人數，大約四萬多人左右。其中近萬人來自臺灣，另三萬人系國內。另從香港、越南等地來此的，估計亦有四、五千人，均包括華裔家屬在內。

早在十年前，旅西班牙華僑僅占今日的四分之一。有人說，有海水的方就有龍的傳人，這話一點不錯。那麼，在這塊古老的西班牙土地上，浙江華僑歷史究竟源於哪一年，目前尚無準確的考證。據清田縣誌記載：「清初，已有縣人僑居國外。最早的記錄見於民國廿十四年《中國年鑑》。在十七、十八世紀就有青田人循陸路經西伯利亞前往歐洲經商，初期前往者以浙江青田籍為多。」現代史上最早到西班牙的華人應是第一次世界大戰時招募到西班牙的華工。二十年代初，一批雜耍藝人從中國來到西班牙，有些人參加當地馬戲班子，有些則設地攤為生。

西班牙華僑，主要僑居地是馬德里京城，約占半數。其次是巴塞隆納海港，瓦倫西亞和加那利亞群島及巴厘亞利群島上的數

大城市。但近年來，差不多在西班牙五十二個行省省城或大城市均能找到中國人的足跡。

西班牙華僑經濟事業如同在歐洲其他國家一樣，大多以經營中餐業為主。截止一九九七年底，據統計約三千多家，初期僅在大城市或城市中心才設有中式餐館，現在稍具規模的城市，均可以找到數家中餐館，其次，在大城市如馬德里附近的衛星鎮市，也不難發現中餐館，目前分佈情形如次：馬德里及附近衛星城鎮有近五百家，巴塞隆納有兩百多家，另東南部瓦倫西亞第三大城市，亦有一百多家，加那利亞群島共有上百家，巴厘亞利群島則占第四位，共有五十餘家，其餘南部觀光勝地及海濱等城鎮有十至二十家者亦不乏其處。此外在各大城市，均可找到數家中餐館。近年來，由於華僑移民人數日增，新開設的餐館數目亦日漸增多，故同行業間競爭趨於激烈，亦有經營不善關閉或轉手者。

至於餐館規模，除少數較大型外，以中小型者及家庭式經營者居多。前者，投資高達七、八十萬以上美元，後者投資額僅十至二十萬美元；除餐館外，華僑亦經營進出口貿易，其主要專案為電子音響、器材、電腦、服裝、工藝品、玩具，投資額達百萬美元；其次為食品罐頭進口及手工藝晶，投資額平均有二、三十萬美元：在批發零售業方面，近年來亦增加不少，多半經營食品及手工藝品，且多以馬德里及巴城為主，估計有上百家。

近年來華僑經營的事業，亦逐漸多元化。為適應當地社會的需要，有開設快洗照像業，有開設旅行社及航空公司代理者；有漁業代理者；有從事食品加工業者；在農業方面，亦有初具規模的農場出現。服裝加工業聯網銷售已脫穎而出。

在專門職業方面，有華裔律師、會計師、醫師者，從事印刷、電腦、電訊、錄影音樂或繪畫教授者亦不少。另外，在西班牙大學擔任教職或當地工商行號工作者亦有數人。

隨著中國人進入西班牙人數增多，參與西班牙有關政府部門工作的華人，尤為中西文翻譯不斷上升，此多為華僑青年及早期留學生。曾在西班牙當地接受高等教育被當地社會所接受，且均有傑出的表現。始獲西班牙社會所接受，亦曾榮獲當地頒發獎章或編入年名人錄志者。

以上所述的華僑華裔均為第一代，起初經濟基礎並不鞏固，經過數十年的慘澹經營，已略具規模。更有值得安慰的，是第二代逐漸形成，皆接受良好的教育。相信其就業範圍更為廣泛，也能將原有事業更加擴大，並更深入與融合於當地的社會。

在首都馬德里和巴塞隆納、瓦倫西亞幾個大城市逐已形成了獨特的華人文化和生活圈。華僑在西班牙的經濟發展中起著重要作用。

近兩年來中國經濟趨外向型發展，加之國內體制改革下崗人數倍增，導致人們走出國門。其多為商務考察的名義，而留在西班牙，這批人大都為山東青島人。還有許多借船過海，從大陸被雇到臺灣的漁民，這些人都為東北人、河南人、四川人。這是近期來勢比較猛的新移民。隨著內陸移民的增加，打破了一個世紀以來，江浙人一統伊比利亞半島的格局。華僑社會迅速形成規模，華僑人數有增無減。

華僑在西的歷史遠遠不及美國、法國、加拿大悠久深遠。但早期華人嘔心瀝血的創業史對後人來說仍然賦有神秘的色彩：長時間以來，這個古老的夢，並未隨歷史的演變褪色而消失。多少人又被這古老的夢所誘惑，重疊出新的夢幻，使這個夢從地球的東半球，繼續延伸到整個地中海。

是啊，一個難以了卻的夢……

張琴紀實文學《地中海的夢》前言

雙棲才子

翻看張寶清先生的履歷，映入你眼簾的，除眾多學校名稱，便是電影了。畢業於馬德里國立電影學校、馬德里電影實驗研究院、馬德里技術大學最高建築學院的張寶清先生，最終還是與電影結下了不解之緣：三十幾年來，從事電影設計的張寶清先生奔走於世界各地，每年平均二部電影。這在西方世界、尤為歐洲才俊雲集的藝術人才中，作為一個中國人，能在世界電影界嶄露頭角，鋒芒畢露，可謂為我們華夏子孫揚名海外。無可否認。在電影藝術的領域中，替國人爭了一口氣。

張寶清先生為人隨和、率直，面對我的採訪，他顯得特別從容，言談中流露出對故國的深深懷戀之情——

我祖籍江蘇無錫，出生於南京，中學就讀在安慶。安慶。是從前民國時代安徽省會。

一九四九年，在西班牙天主教耶穌會創辦的崇文中學，高中畢業，被保送到西班牙留學：我們同來六個人，其餘五個人的名字是：鮑克俊、管茂生、曾憲揆、王安博、施正祥，我在六個人當中年齡最小，那時未滿十八歲。

語言預科班通過後，以同等學歷獲得馬德里西斯乃若樞機中學畢業證書。後來讀了四年建築，在此同時，考進了西班牙國立電影學校，同讀兩門專科。後來因時間有限無暇應付，暫停建築學習。本想學有所成回國報效，怎奈當時歷史條件所限，使我們

這批海外學子永遠留在西班牙了。

一九五八年在西班牙電影學校攝影系畢業，遂參加西班牙和國際影片攝製工作。一般在歐洲的電影技術人員，都是自由職業者，不受聘於任何公司，而是論片計酬的方式工作。不像美國、蘇聯、中國的電影公司，長期雇用技術人員。我歷年來所參加的影片，90％是英、美大公司來西或在國外所攝製的片子，因工作的關係，曾到世界各國工作，除了澳大利亞洲沒去過，足跡遍及歐，亞，美，非四洲。由於我讀過建築專業，在美工部工作超過我本行攝影工作。

一九六五年，是一個很特殊的經歷，被臺灣製片廠特聘擔任該廠總技師，任職兩年期間，除了總技師本位職務外，還主持了四部劇情片的攝影指導工作，其中兩部是《天之驕子》、《橋》、還有《王寶釧》上下兩集。在製作的片子當中，重要的有世界名片《北京五十五天》、《羅馬帝國覆亡記》、馬克・吐溫名著《王子與窮漢》、大仲馬傳記名著《三劍客》，《辛巴德水手遇險記》等。後幾張影片都是世界上青年最愛讀的文學所改編。我在國內中學時就讀過這些小說。

上述都是年代比較久的片子。最近幾年中主要的片子有故事、神話、太空幻想片。比如說：美國華爾狄斯奈視聽傳播頻道攝製的「黑箭」。那是一部中古時代像羅賓漢型的劫富濟貧的俠義片，美國連環圖畫中的英雄——柯南的傑著史跡片，以及另外一部非常引人入勝火星上的科幻片《TOTALRECALL》，片名很難譯為中文，姑且叫做「全面挑戰」吧！

一九八五年，我曾回國參加一部以廣州和珠海為基地，全部在中國拍攝的《大班》，女主角是陳沖，由於她在片中飾美國男主角的情婦，有幾場床上戲，衣服比較單薄點，而遭到國內人士的非議。此外，又參加美國名導演SPIELBERG所導演的《太陽

帝國》，那是一部在中日戰爭末期。日本人佔領上海，將英美僑民關進集中營的故事，這張片子開始一部分在上海攝製，三分之二在西班牙南部沼澤地帶搭景拍攝，內景則在倫敦攝影棚製作。

最後一部比較重要的工作，是任職西班牙電視公司所攝製的六集連續劇《ELQUIJOTE》。在這片中我任職美工設計，由於賽凡提斯的「唐・吉訶德」是西班牙文學代表作，而唐吉訶德不分青紅皂白的俠義勇為，是對西班牙民族性的射影。這本鉅作攝製成電視連續劇，而聘請中國美工師來設計，曾遭到西國同行閒言，但我能任此片的美工設計，非常引以為榮。

由於我是學建築的，曾參加國家高考，被認命為室內裝潢設計師，所以在沒有參加影片製作的空檔間，時常受聘設計舞廳、餐館、酒吧以及商店。早在六十年代到七十年代間，西班牙的中餐館，包括馬德里首都，南部甚至於外島，70％可以說是我設計的。

由於設計工作的需要，我又重新回到了母校──馬德里技術大學最高建築學校，獲得了內部建築師的頭銜。在這以前，已經經過國家審定為裝璜設計師：所以，我在西班牙工作範圍內，是一個雙棲技藝工作者。

母親在國內是畫家，畢業於民國初期中國最高兩江師範學校。凡是年齡大的，在教育界人士提起兩江師範都知道的。我自幼喜愛美術，全來自母親的薰陶。七、八歲開始在家習畫，出國時，本想進修美術，這點很重要，我一定要講出來。在上海臨行時，母親給我的贈言：你出去了，肯定是想學畫的。但在學畫中，真正要出頭的，有幾人啊！一般畫家甚至連溫飽都要成問題。在這種情形之下，為了生活，在下意識間會影響到創作。所以，我勸你啊，要進修一項與藝術有關係的學程。你先把生活問題解決了，然後再去從事藝術。這樣，你的作品，可以在不受影

響的情形下，隨意去發揮你的意念。作品的好壞，是在乎你的修養程度。作品即使不十分出色，至少是你百分之百的自己創作，而不會受到了迎合收藏家的品味而來作畫；你知道嗎？一個做母親的不願孩子們受苦，也不願意孩子，為了追求物質享受而忽略了精神價值。所以，母親這番話我奉為終身座標。說到家庭方面，我在一次大學生晚會中，認識了一個年青學巴蕾舞的西班牙姑娘。結識以後，互相增加感情，終於在六年的交往中，結為眷屬。

那次臺灣製片廠聘請，太太隨同我在臺灣住了一年多，先我回國。她也學了一些中國話，在普通的交往中，談上半個小時，沒問題。因工作關係，我所接觸的人都是西方和英美人士，所以在西班牙的一般中國人，我與他們很少來往。

一九七八年，中國政策正式開放的第二年，我便攜妻參加了「西班牙左傾知識青年訪問團」回到了中國。這是由西班牙各個階層知識人員一百二十人組成的一個訪問團，我是唯一的中國人。

我幾乎是西班牙第一個回國的華人。由於這個原因，國內有關方面對我的關懷無微不至。在隨家人各處旅遊時（二十一人），當地政府特意指派一部小轎車，並且又租了一部小型旅遊車。在我乘坐的小轎車上插了一面「貴賓」的紅旗，當車行駛在街上時，交通警察都肅然起敬，勸阻所有行走的車輛，讓我們通行無阻。這一點不是自我宣揚，後來政府內部人士告訴我，政府把我劃為愛國人士來接待。這是鼓勵在海外的華僑，報效國家應該是天職。

在我所接觸的西班牙人士當中，他們對西藏的問題不甚瞭解，經常說些偏激的話，主要是他們不知道中國的歷史。在可能的範圍內，我確實盡量解說西藏是中國不可分離的一個自治區。就如同西班牙所有的各個自治區共同來組織西班牙王國。你不能

把CATALUtNA，PAISVASCO或是GALICIA等自治區和王國分開，我們必須有責任要澄清事實和他們的觀念。

西班牙不像英、法等國對中國有深刻的認識，一般人都是人云亦云。有些記者只到中國採訪一月數旬，回來後就膚淺地對中國作了很多政治、經濟的報導，尤其是在很多地方用詞不當。比如說；中國軍隊侵略西藏，侵略這個詞INVASION的原意是一個國度用武力征伐另一個獨立國家。哪有自己的國家侵伐自己的省份？我徹底否認他們這些說法，更要使他們對西藏地區在中國境內的政治地位有所認識。

我雖然獲得了西班牙國籍，但應該隨時隨地報效祖國，為自己的國家揚眉吐氣。

近期，華人社會中一小部分人做了許多損害國譽的非法事件，導致西班牙各界人士對中國人的信譽大減。我們都是炎黃子孫，看到這些很痛心。雖然這部分人代表不了全部，但畢竟是華人啊！所以我希望任何一個旅居西班牙的華人儘量要檢點行為，挽回人家對我們的偏見。

據我親身經歷，在我結識的西班牙、美國以及其他國度的人士中，沒有遇到過一次，產生過受人歧視的感覺。因你在接觸外界，你的形象、舉止言談是最好的表率，這完全取決於自身。最後，我真誠地希望旅西的同胞，團結起來，心往一處聚，勁往一處使，時時檢點自己的言行，擺正自己應有的位置，讓國內的親人放心，讓祖國放心。

選自張琴紀實文學《地中海的夢》採訪米格爾

幻夢乍甦

時間：一九九九年初春
地點：馬德里米格爾‧張建築裝潢設計事務所
人物：米格爾‧張
性別：男
學歷：大學本科
職業：電影美工設計師／建築設計／裝潢設計師
國籍：西班牙
祖籍：江蘇

　　米格爾‧張（Miguel Chang）是第一批天主教會保送到西班牙留學的學子之一。結業後為自由職業者，曾任職電影美工師、攝影師、室內建築師、裝潢設計師。與西班牙小姐奧爾加‧岡薩雷斯（Olga González）締結良緣，感情甚篤，數十年如一日，是跨國婚戀中極少數美滿婚姻之一。可惜不能偕老以終，娥笳於上世紀九十年代初離世。米格爾‧張在西歐定居半世紀有餘，因電影工作，曾遊遍世界各地，享盡自己所好，到頭來孑然一身，常有人生幻夢之感。目前文中主人公又進入另一綺夢，但非跨國，就另當別論了。

　　我認識娥笳是1951年冬季的事。每年十二月8日是天主教四個最重要節日之一的「聖母無原罪瞻禮」，西班牙全國放假，普天同慶。那天早晨我突然接到電話，是一個西班牙陌生女孩子的聲音，她說想認識我，能不能約個時間？我欣然應允，就約她

在當天下午我所住的聖保羅大學生宿舍（Colegio Mayor de San Pablo）見面。

　　晚會中我們交談得很愉快，那時我來西一年多，西語會話已運用自如。我好奇地問她，怎麼會想到打電話給一個中國留學生，並且從哪兒獲得我的電話號碼？她說從小就喜歡東方，尤其是中國，也許是好奇。稍長後讀了很多有關中國的書和小說，比如：林語堂的《京華煙雲》、魯迅的《阿Q正傳》，巴金的《家》，菲姬‧邦（Vicki Buam）的《上海飯店》，賽珍珠（Pearl S‧Buck）的《大地》、《龍種》……等等，因而對中國的嚮往更為加深，一直希望交個中國朋友。直到不久前，認識了一個大學生，無意中談起他宿舍裏有中國學生，她於是急忙把我的名字抄下，便給我打了電話。後來我們結婚以後，我和她開玩笑：「你嫁的不是我，而是中國人。」她連忙反駁說，這是「因」而不是「果」，因為除你之外，我曾經也有過越南和中國朋友，彼此間的關係都沒有什麼具體進展，僅是普通友誼而已。你與眾不同，照中國說法，我們之間有「緣」。說實話，你並不帥，更不富有，我們交往時，你僅是一個讀建築的窮學生。當時有個塞戈維亞（Segovia）的建築師在追我，他是當地首富，擁有城堡式的古老住宅和莊園，家財萬貫；還有在馬德里求學的哥倫比亞總統的侄兒，我們在一塊時揮金如土，他也在追我。可是我對他們毫不動心。和你嘛，就是談得來，沒有任何原因。

　　也許這就是應合中國那句賀詞「天作之合」或「千里姻緣一線牽」了。其實，這段姻緣何止千里？無論以公里或華里計算，都是數萬里以上了。不過，作者倒有點為那個西班牙大學生叫屈，把所喜歡的朋友介紹給人，自己卻成了個月下老人。

　　我清清楚楚記得初次見面時，她圓圓的臉，頭髮嘛，前面是劉海，後面高高紮個馬尾，把眼角微微吊起，她說這樣可帶點

東方味兒；只見她將淡灰色的大衣脫去，裏面緊身衫細腰寬裙一身黑，腳上穿著一雙綠色平底鞋；走起來婀娜多姿，站定時八字腳，一看便知是芭蕾舞姿。一問之下，她果然正在一家芭蕾學校習舞。

　　早年，西班牙社會非常傳統，尤其是社會地位高一點、家庭環境寬裕些的女孩子，因為將來不需要外出就業謀生，學歷僅到初中或高中，培養她們的卻是些業餘所好，例如：音樂、舞蹈、繪畫、雕塑……等等，以便陶冶性格培養情操，此外，還教她們學習些烹調和縫紉等必要的家務，好讓她們將來成為賢妻良母。高官貴爵為了他們的女兒將來必須適應高層社會的應酬，把她們送入特殊貴族學校學習騎馬、擊劍、玩高爾夫球、社交舞和禮儀等。

　　娥笳的家世並非豪門，但也不是普通家庭，父親曾任西班牙財政部首席工業視察官，母親是財政部登記部門主任，她是獨生女。據她自己說，平生只工作過一個月。父親想訓練她，把她介紹到一家企業辦公室工作，由於不習慣早起，為了趕時間，催傭人預備早餐、找計程車，搞得全家天翻地覆，結果母親決定讓她辭了這份差事。她父母對我們的交往，起先不大樂意，倒不是因為我是窮學生，原因是我是外國人。若是將來我們結婚，一旦我帶她回國，他們如何捨得愛女遠離家鄉，不能時常見面。後來，我們相處一段時日後，見我人品還不錯，似乎也還有前途，最主要的是我的性格平和，尤其和她的母親相處得非常融洽，我們似乎是一家人，時常在週末或假日一道外出就餐和旅遊。甚至於有一年暑假，他們一家3口到阿裏坎特（Alicante）海濱避暑，我也隨同，上午沉浮碧海之中，午後則遊覽名勝古蹟，愉快異常。可是他們住的是大旅館（Hotel），而我住的則是小棧房（Pension）。不過，除了早餐自理，中餐、晚餐都在一塊，當然費用一概由他父親付賬。

根據西班牙習俗，父母不輕易讓女兒把異性朋友請回家，始終保持一段距離，原因是男女交友尚未穩定時，不宜過於親近。所以不到正式訂婚（Pedida de la mano），通常不讓男友進入家門走動。因此，在外一道旅遊時，更不會同住一家旅館了。

　　20世紀50年代，我們頭幾批來西的學生，都是西班牙教會資助留學，學費、書籍、膳宿等一切由他們安排，自己不用操心。但是零用無所出處，結果，在多次向梵蒂岡教廷申請後，每個學生每月獲有西幣200元津貼。當時美元與西幣的兌換率是1:40。奧爾加性格非常文靜，嗜好音樂和文學，我則喜愛建築和繪畫。我們外出花費很少，散步閒談，話題通常都圍繞著上述各項藝術，即使坐咖啡廳或看電影也沒有多大花費。那時一杯咖啡或茶還不到西幣5元，任你坐上多長時間。首輪電影院門票也不過15塊錢上下。此外，還有一種連放兩部片子的影院，你可留在影院連看多少遍也沒人干涉，這種三流影院的門票當然更加便宜了。如果有國際著名樂團或芭蕾舞團來西演出，例如：巴黎歌劇院的羅蘭・伯蒂芭蕾舞團（Roland Petit B allet）和倫敦佳節芭蕾舞團（London Festival Ballet）等演出，其票價非常昂貴，但我們又不得不去見識一下，就只有把幾個星期的零用錢預先省下，到時買兩張劇院最高層座票去欣賞。我們這樣窮湊合，倒蠻有情趣！其實，她只要向父母開口，就有錢買票讓我們去，她為了避免傷害我的尊嚴，不願這樣去做。我於是發覺娥笳這個生長在中上等家庭的獨生女，父母的掌上明珠，一生嬌生慣養，和我這窮學生在一起，處處都在體惜，問她是否有點委屈，可是她含笑說了一句西班牙諺語：「Contigo, pan y agua.」譯成中文則是：「和你生活，不挨餓就行了。」

　　由此看來，無論中外，只要存有「純情」，物質要求便在其次了。不過，在物欲橫流、金錢至上的時代，尚有此等「只重

情，不求利」的可貴的實例出現，實在難得。

　　我們交往了兩年，雖是十分相投的朋友，卻從來未曾有過親密的接觸，更沒有談到涉及嫁娶的問題。那時，我在馬德里中央大學攻讀建築，功課本來就很多，同時又考進了西班牙國立電影實驗研究院攝影系，雖然學科並不繁重，但攝影棚中的實習，每天都占了我很多時間，經常還要抽空和娥笳約會。在無可奈何的情況中，我向她提出，我們的交往是否可以中斷一段時間，等我的學業稍為輕鬆些再繼續約會。她聽了並未有任何顯著反應，遲疑了一會兒，非常平和但冷冷地說：「算了吧！以後你也不必再來找我了。」說罷便掉頭離去，我愣住，已無法追上去解釋什麼……

　　以後幾個星期我時常打電話給她，不是不在家，即使在家就是不接。回憶不錯的話，至少有三四個月，沒法和她聯絡上。那段期間，是我一生中最苦惱的時日，六神無主，坐也不是，站也不是，翻開書本無心攻讀，即使在夢寐中，她的形影，始終縈繞在我的腦際。我曾找過其他從前交往過的女孩，企圖沖淡對她的眷戀，越是這樣，越是對她投入，最終只有向情感屈服。

　　一天下午，突然間我靈感到來，想出找到她的途徑，立刻趕到主道（Calle Mayor）丹麥老師貝爾風根（Berfunggen）芭蕾舞蹈學校門口，等著，等著，等了一段時間後，看到娥笳和她的同學談笑著出來。我連忙追上去和她搭訕，她有意無意地和我打了個招呼：「Hola!（你好！）」後，還是繼續她們輕鬆如舞的去了。

　　第二次去，撲了個空。直到第三次，又看到她時，決定再也不能放她溜去，跟在那一大群姑娘後面，一直等到她單獨一人時，才追上去喋喋不休地向她表白，讓她明白，我不是不愛她，的確是因為我的學習太緊張，幾個月來，吃了不少閉門羹，不願為了專心學習，以致犧牲彼此間的感情……嘮嘮叨叨良久之後，

她噗嗤一笑！於是我們便和好如初繼續往來，也顧不得功課不功課了。經過這次插曲，我們之間的感情與日俱增，更加鞏固，已到非她不娶、非我不嫁的程度，我們不需要山誓海盟，只要靈犀互通就夠了。

誠然，當一對異性輕年被丘比特小愛神的箭一旦射中後，任憑你有何等毅力，用何種方法，也難捨難分。這就是與無愛以利作為大前提的結合不同之處。

從此，我在課餘只要有空，必邀她外出；如果學業不允許，就用電話互相道安。若是一天沒有聽到她的聲音，似乎天就要塌下，太陽也要失卻光芒。

我們在一起時，除了散步、坐咖啡館和看電影，博物館和畫廊也是我們足跡常到的地方。她總是要我給她講些中國的民情風俗，她開始學習中文，我托朋友從臺灣寄來一套中國幼稚園所學的識圖方塊字，由於興趣所致，沒多時她就學會了不少單詞，再加上我教她的短句，很快便能應付幾句普通會話。我在電影學院畢業前，學科早完，僅在拍攝結業影片，時間比較充裕，所以可尋找臨時工作賺錢。曾到美國新聞處畫插圖，到美援總署繪製圖表，並且時常還可售出一些繪畫，或給私人家庭和餐廳酒吧畫壁畫及設計裝潢，雖然不是定期收入，但足夠維持一個簡單家庭，於是便想到該是結婚的時候了。我們終於在1957年秋天，一個天高氣爽的早晨，圓卻了我們夢寐以求的心願。

蜜月旅行所選的地點是摩洛哥的自由港坦吉爾（Tanger），行程是當晚從馬德里乘夜車先到阿爾赫西拉斯（Algeciras），翌晨再搭輪渡過直布羅陀去目的地。所以，在婚禮和酒會結束後，便去新宅休息等待晚間乘車起程，這時我倆單獨相處，無任何干擾和顧慮，遂迫不及待地盡情享受了鳳凰於飛的樂趣，那時我已26歲，她23歲，都還是處子（誰說西方人性開放？）。我在準備

結婚期間，曾經擔憂過，一個嬌生慣養的西洋小姐，而且還是獨生女，一旦與一個無正常收入的窮小子組織小家庭過活，怎能忍受得了，雖然不說是清貧吧，充其量也不過是個極其簡單的生活。不過，愛情至上，哪顧得了許多，當時我下了決心，即使物質上不允許，至少精神上儘量要使她過得舒適愉快些。誰知結婚後，她與過去迥異，不似從前那麼任性，那麼挑肥揀瘦，那股小姐脾氣發作起來，弄得全家不安。在新生活裏過日子，她擔負起主婦的責任，精打細算毫不浪費。原因是那個家雖沒有過去的排場，卻完全屬於自己，身旁還有個所愛的人，無時無刻都在疼她，在為她著想，況且這個人是屬於她的，是她自己的一部分。設若夫婦間任何一方面不作如是想，那麼這椿婚姻的基礎並不堅固，加上彼此性情所好有所不同，不互相容忍和體惜，必趨崩潰之途。

本來婚姻僅是夫婦倆人在法律上的一種依據，不能輕易離異，在權益上和對子女也有個保障。有人在結婚前就防備將來離婚，甚至於更有人為了離婚而結婚。至於情感方面，對兩情相愛的伴侶來講，有沒有那張「紙」根本無所謂，兩人「善便聚，惡則散」，不會為了社會地位和輿論，或是家庭壓力來背上這個包袱。

結婚後整整一年，愛情的結晶是個女嬰，起名書霓（Sonia）。因為是混血兒，非常聰穎可愛，外祖父母更把她視為掌上明珠，尤其是外祖母，當我們每週攜女去她家時，她總是把外孫女顯示給近鄰引以為榮。那個年代，在馬德里的中國人寥寥無幾，除了一批留學生和幾家中餐館老闆廚師外，還有為數不多的「中華民國」駐西大使館官員和家屬。中西聯姻的更是少見，似乎除我之外，只有另一對，他們早已分手。過去西班牙人士對中國人非常友善，見到中國留學生與當地小姐結婚，視為美事。

由於娥筛極其嚮往中國，但在60年代中葉，即使想回祖國，也無法成行。那時我已於西班牙國立電影學院畢業，並參與好萊塢電影公司在西拍片數年。正好在臺灣省的「國民政府行政院」發動宣傳攻勢，邀聘全球有成學人「回國」服務，當時我工作湊巧有個空檔，想到認識中國是娥筛的畢生願望，而且我來西已將近15年，既然回不了祖國大陸，臺灣本是我國的一個省，不妨去臺灣過一段時期，也無傷大雅。在台一年多，是我們一生中過得非常愉快的片段之一。當時臺灣經濟尚未起飛，我們住的是臺北最好的新村公寓，中午在附近一家無錫餐館包飯，晚間則吃盡臺北有名的餐館和飯莊，大陸各地方口味的地道菜肴在臺北應有盡有：北京的烤鴨、蘇州的松鼠桂魚、無錫的八寶飯、四川的回鍋肉……甚至於陝西的羊肉泡饃也都能嘗到。

　　回西後，在工作方面除了從事電影攝製外，又開闢了一個工作天地，那就是裝潢設計。70和80年代，我在拍戲的空檔中，設計裝潢了無數中餐館，同時很多西班牙舞廳、咖啡館以及商店的設計裝潢也出自我手。這20餘年是我事業的最高峰，當然收入也隨之增進。一個家庭當境遇寬裕時，通常生活也隨之輕鬆無慮。

　　亭亭玉立的女兒書霓，長得非常漂亮可人，性格內向，叛逆性極強，酷好自由，先天也許是遺傳基因，後天是我們的開放型教育所致。因為，我倆的性格就非常傾向自由，奧爾加和我，表面上似乎都很溫順和藹，實際內心卻相當倔強，向來我行我素，不顧外界輿論，任何人很難輕易改變我們的主見。她對挪威劇作家易卜生的《玩偶家庭》特別欣賞，因為劇中女主角終於醒悟，擺脫了家中所處的玩偶地位。女兒高中畢業後，在馬德里大學傳播視聽學院唯讀了一年便厭倦了，自動輟學，從此過著逍遙自在的生活。她極愛倫敦，一去就是半年。在外自食其力，並不需要我們擔負她的生活費用。

通常認為混血兒有一種複雜心理（Complejo）而感覺不自在，據我們的觀察，她不但不是如此，反而因為長得不中不西，人家都說她在漂亮中另帶一種特殊韻味，真可說人見人愛，到處備受歡迎，因此她更加過得放蕩不羈。當時在年輕人中抽大麻是時尚，不幸的是她很快便染上此惡習，繼而越陷越深，直到吸毒注射不能自拔。她遊戲人生，笑世人畢生忙忙碌碌，到頭來還是免不了一死。她曾說她將把一般人在世的年歲用一半時間過完，這樣可以生活得更濃縮，更愜意！由於吸毒身體日漸虛弱無抵抗力，終於染敗血病（Septicemia）而亡，那時才三十歲出頭。她曾經不知引用哪個名人的話：「年輕時死亡是最幸福的！」我們不知她的一生是否真幸福，不過她的逝世給了我們很大的打擊，我是情感外向的人，當時傷心得肝腸寸斷，如今一想到還會忍不住淚流滿面。可是，奧爾加卻沒流一滴淚，她是否在背地暗泣過？她永遠是那麼堅強。

中年喪女，這是人生中的一大不幸。好在他們相濡以沫，彼此獲有安慰。天公不作美，好好的一個美滿家庭，卻落得如此殘缺不全。女兒過早離世，娥箔把眼淚悄悄流進肚裏，長期的悲傷壓抑，身心往往會導致不良的後果，最終使她患上絕症，

書霓的行為使我們傷透腦筋，娥箔有時埋怨我不是嚴父，對女兒管教太鬆。其實，在現代西方社會中，自由民主概念已深深灌入孩子的思想，你管教得越嚴，常常適得其反，他們一旦十八歲成年，或是經濟獨立時，還不是我行我素的生活。我絕對不能接受「人之初，性本善」之說，我認為這是「本性」問題，我不願把「本性」妄自劃分為「善」與「惡」，每人有選擇的權利，只要在不侵犯和不傷害他人的大原則下，每人可享受人權的「自由」。當初，我們對書霓只能善導，不應該，事實也不可能強迫她去走我們所要她走的路。她的早逝是她自己所選擇的，做父母

的根本無能為力扭轉乾坤，只有白悲傷罷了。

　　過去，每當有電影公司聘我工作時，本是件興奮的事，現在對我們來講，卻是個難題，接受還是不接受？往往使我們傷透腦筋。因為每次我參加影片的準備和攝製，多數在國外，即使在西班牙本土，也必須離家外出，一去就是數月半載，把娥箈一人留在家中甚是不忍。書霓的逝世，促使我們之間的感情更加深厚，兩人相依為命。從此我幾乎未曾外出工作過，即使有之，也僅是極短時間。在這段時期，我倆形影不離。我們雖是跨國婚姻，並且還是黃白異族，在不同的言語、思想、習慣中共同生活，某些地方難免會有矛盾，但只要兩情相投，處處為對方著想，也能相處得水乳交融。互相信任和彼此忠實，也是確保婚姻不變的一個要素。婚後，她有時和母親到海濱或國外旅遊，我因工作不能相陪，或是我經常外出拍戲，公餘難免有諸多社交活動和異性接觸消遣，均一概無遺地告訴她，她那方面也同樣毫無隱瞞地告訴我，我們之間從未因猜忌而發生矛盾。例如在臺北時，我到花蓮等地尋找外景，到台南拍戲，她留居臺北家中，有個臺灣企業富豪常遣車接她外出用餐和參觀，她均告訴我一切經過，我不但未曾介意，反而為她慶倖，這樣她才不致一人在家孤守寂寞。

　　多少家庭的破碎，都由於夫婦間的不信任和猜忌，小則把家鬧得天翻地覆，大則導致離異。總而言之，互相信任來自愛，在投入真心真意愛中的人絕不會背叛對方。所以，猜忌在一個和睦家庭中是不該存有的毒素。

　　概括而言，中外一致，我永遠不能理解，更不能接受，一個丈夫或妻子雖然還愛對方，僅為了某些欲望，拋棄家庭遠走高飛，美其名是為理想，實際上，他們之間的愛，遠遠比不上他們彼此的需求。那麼這對夫婦僅為履行契約而湊合，若以「純情」價值觀而論，就大為減色了。至於那些為權勢為利益的婚姻，更

不屑一談。誰知好景不常，奧爾加終於在書霓離我們而去的第七個年頭患肝癌不治而逝。我孑然一身來西班牙留學，半個世紀中，雖不能講享盡榮華富貴，但過得非常充實，在情感和愛上，卻是億萬富翁。如今幻夢乍蘇，一切皆空，心灰意懶頹喪之餘，誰知天公作美，又進入另一個綺夢，將之若何？

選自張琴紀實文學《異情綺夢》

愛的飄零

　　自脫離「母體」，我一生都在漂泊流浪，從四川到河南再到青海，如果說兒時的逃難是為了饑寒交迫，那麼後來的二十年完全處於精神虛妄看不到前途在哪裏？這究竟是為了什麼？父母沒有辦法給我一個準確的答案，可憐多少惜花人自身都難以保全。物質的、精神的、身心的、心靈的，半個多世紀的生命始終與痛苦悲傷失落連在一起。再回首中國960萬平方公里的土地上，又何止我這樣一個小弱女子，個體生命像幽魂一樣被散落在荒野裏，與華夏與這個民族同哀同悲使之大地都在哭泣！

　　吾自幼顛沛流離，最終碇泊伊伯利亞半島，結識外子是他燃燒起吾生命之花，激勵吾對人文自然的熱愛；引發了對文學創作的靈感；今生如果沒有遇上他，吾的生命將永遠暗淡無光！

　　那是1994年十月，天空下著毛毛細雨，也就是離開家鄉準備前往北京申請簽證的三天前，路過廣場突發奇想讓一位盲人測算一下運氣究竟如何？那位四十多歲的盲人為其摸著吾的頭骨說：你要去西方，到了那裏遠比在東方要發展好，同時會遇到一個貴人相助。盲人說爾言之，吾聽爾了之，並沒有把這事擱置心裏。不過，之前，吾並沒有對盲人說起出國的事，是否拿到簽證自己心裏都沒有把握。盲人不知道站在他面前的女人是高是矮，怎麼又知道出國的事？

　　難道這個貴人就是後來遇到的外子？那是一九九七年三月裏一個春暖花開的日子裏，吾在馬德里皇室公園採訪紀實文學《地中海的夢》認識米格爾的，後來與他們夫婦成為朋友，我們偶爾

在一起聚聚聊聊，她妻子主動邀請吾去馬德里哥雅大街的「大運河」晚餐。由此，吾在他們面前留下一個傻乎乎的綽號。

　　1986年，中國開始實行身分證，由於父親被冤枉家庭受到巨大衝擊，促使吾似孤兒一樣被一次又一次拋棄他鄉寄人籬下，與之父母代溝深淵，直到二〇〇七年父親撒手人寰而去，吾在情感上才得以釋懷對父親的怨恨，理解了當年父母的無奈和無助所帶過的苦難重重。所以，當時在不得知自己出生時間，又不願意去問父母，自己做主在身分證上填寫了一個數字：10 12誰想到這個數字是哥倫布發現新大陸的時間，西班牙為了紀念哥倫布，把十月十二日這一天定為國慶日。如果說吾沒有來到伊比利亞半島的，這個數字沒有一點意義。問題是，世界上就有那麼的傳奇和巧合，外子居住的街道也正好是十月十二日。吾不知道這樣的巧合是不是上天故意為之安排好的，不然後面一連串發生的故事，竟然與外子都有關聯。看來這個貴人就是後來成為吾夫君的米格爾，而且我們的婚姻是他妻子生前緣何註定的。20年前吾陪著外子把前妻娥笳存放家中六年多的骨灰一起送到地中海，事後她竟然托夢給吾……似乎在說把米格爾託付給你沒有錯。從那以後，娥笳再也沒有入夢來過。

　　隨後的日子裏，吾徜徉在文學的殿堂裏，逐漸將過去與現今情感上所產生的淪漪志之於文，匯集成篇，名之為《愛的飄零》，和《塵世的浮躁》、《鄉間的呼喚》組成人生三部曲，傾訴畢生酸甜苦辣的遭遇。

　　上部《愛的飄零》，是敘述情愛中的感受得失和在西歐綺麗風光的讚賞。由於時代背景關係，吾從小漂泊在外，幼少年階段，很少享有父母家庭之愛。因此，胸中澎湃的感情極需呵護，但在這個世態炎涼的社會中，誰會關懷到一個人群中倍感孤獨的吾。在情愛的園地裏，也是荒漠欠茂，一旦獲有機遇，即使是異

類寵物，也傾心以待。在如是情況中，難免有時會觸犯固有禮教規範，但一向追求真、善、美的吾，只要心地純真高尚，無其他瑕疵目的，便無顧忌地坦然訴諸於文。

中部《塵世的浮躁》，是吾生命中精神上最坎坷的一階段，由於於庭個人在那個動盪不定，一切都處於混亂的歲月裏，倍受很多無須有的折磨。吾，可說不僅僅是個體生命，幾乎是那時代所有的青年，都遭受到那樣命運。痛定思痛，吾將用筆墨，去真實書寫當時社會黑暗的一面，披露那個時代的人情冷暖；標榜小市民可歌可泣的平凡事蹟，同時也傾吐一下自己淒涼身世的心跡。

也就是當時環境的逼迫，促使吾出走家鄉，來到海外，單槍匹馬孑然一身，在前途茫茫毫無目標的情況中，遠走西歐闖打天下。焉知「塞翁失馬，安知非福？」，在歷經困苦艱辛的奮鬥後，使吾獲得了一個安定的環境，是外子重燃其生命的火花，啟發吾創作之靈感，終於圓吾寫作的夢，不求榮華富貴，只希望心聲能一部部繼續問世。

下部《鄉間的呼喚》，是一個人飽經滄桑後，對天真無邪的兒時回憶。那一望無際的青紗帳，迤邐在白雲飄渺的碧空之下；那炊煙繚繞的農舍，掩映在老樹昏鴉之間；牧笛秧歌、雞鳴狗吠遠近相應；那些滿臉皺紋的鄉老大媽，不時的問候；衣著襤褸、但經常歡笑的頑童，成天穿梭在市區、田野……這種種滿布高樓大廈、燈紅酒綠的豪華都市里，找不到的感覺，不時湧進吾的心胸。吾憧憬、我追念，越是失而不能複得的東西，越讓人夢魂牽縈。當月明星稀、萬籟俱寂的時候，吾秉燈將之錄下，當吾被俗務攪得心煩意躁時，便會躲進那些篇章，獲得片刻的恬靜。

脫稿後，吾似乎從肩頭卸下了一副重擔，從胸口搬開了一塊巨石，否則，過去的壓抑縈繞心頭，會將我折磨致死，正如當年

哥德的憂鬱悲觀情緒，致使他幾乎走上自殺之途，當他寫完《少年維特之煩惱》後，才心平氣和下來。

真是因禍得福，吾浪跡半島馬德里之城，有緣結識外子，從此演繹出一曲浪漫溫暖的異國婚戀。這是吾生命中之最喜悅美好的人生，從此徹底結束了飄零的生活。

時後，吾更加勤奮努力，繼續進修，以便完成更成熟和完美的作品，不負外子對吾鼓勵之期望，以饗諸多愛護吾的讀者。

選自張琴散文集《浪跡塵寰》

驀抬頭，月上東山

　　周莊閉上了疲倦的雙眼，懸掛在長廊下成串成串的紅燈籠，在夜幕中悄悄點起。小橋流水城上城，突出得是那麼恬靜，與白晝間的喧囂形成反比。

　　我們坐在河畔酒家露天椅子上，叫來鹽水毛豆，椒鹽爆蝦，還有當地著名的「萬三蹄燴面」慢慢品味。遠處飄來陣陣軟語吳歌，外子喝著周莊土產啤酒，身心已被濃濃的故鄉情所感染。啥時走過來一介書生氣的藝人，手上拉著南胡，伴奏著徐娘半老風韻猶存的「天涯歌女」，沒等我們開口，她就細聲細氣唱了起來。「太湖美，太湖美……」，接著又是一首鄭板橋的：「老漁翁，一釣竿，傍山涯，靠水灣，扁舟一葉金波搖……」，鄉音突然勾起了外子離別家鄉大半個世紀和追思亡母之情，當歌娘敲著拍板，把道情尾聲「……一霎時，波搖金影，驀抬頭，月上東山。」唱完時，已見他老淚縱橫，泣不成聲。原來外子母親就是姑蘇人氏，聽他說，小時候母親就特別喜愛這首道情，並時常唱起這首揚州八怪之一的傑作。去國留學時，外子只有17歲，哪想與母親一別竟然成了永訣。此外，外子剛剛帶我去過他父母墳地掃墓，還未來得及走出昨日那份思念情懷。當歌聲與南胡落下時，外子雙手端起酒盅，敬給這一對賣唱藝人，這份情不僅僅是給予這對素不相識的流浪者，而是一個遊子歸來，對母親的一顆赤子之心！坐在外子對面的我，沒有去打擾那感人的一幕，只是悄悄拿起紙巾抹去頰上的熱淚。

　　夜已深沉，天空上偶爾閃爍著幾顆疏星，月牙淡淡地掛在茶

樓上空，時爾遠處又傳來一曲評彈，是那樣委婉動聽。我們沉浸在這民間絲竹、水上吳歌的氣氛裏，今生有緣能在古鎮之夜，徜徉在曲巷幽深、彩燈搖曳、旋樂悠揚、吳歌纏綿聲中，心境無法走出那醉人的境界，這是多麼美妙！

離別的清晨，周莊被昨晚的夜雨洗過，空氣中散發著一股潮濕的清香，青灰的石板路光潔明亮。我們行走在貞豐裏弄堂，腳步卻是那樣緩慢，試想在那多待片刻，是周莊留給我們太多的夢幻，還是我們留給周莊的情一時隔絕不斷。

選自米格爾與張琴合著《琴心散文集》

永恒的回憶

在一個炎熱的夏季，我突然接到米格爾‧張的電話，說是有位西班牙名畫家曼帕索（Mampaso），邀請我們前往他家做客，並且，假如可能的話，他要求為一個中國女孩畫像。

受寵若驚的我，心中就像被地中海六月的驕陽烘烤得暖洋洋的，同時懷中又似乎揣著一隻小兔怯怯不安起來。這並非自謙，如此大名鼎鼎的畫家，從未見過面就要為你畫像，怎不讓人有特殊感受，想必他想借此機會仔細端詳一下東方女性？

為使他不失望，我絞盡腦汁不知道穿什麼衣服是好。平時隨意著裝的我，總不能太冒昧地去拜訪這位大畫家，必須慎重挑選一套與畫室氣氛協調的服裝才好。雍容華貴的衣著似非我的風格，當我滿意地選出一件中國帶出來的粉紅色絲綢小花連衣裙，穿上它，充滿自信的我頓感見到大師時絕不會有所恐慌。

天空中的陽光是一片燦爛，隨同米格爾我們驅車上路。一路上我還在不斷揣摩著，即將見面的大畫家為何模樣？並絮絮地向米格爾打聽他的生平。

米格爾透露：「曼巴索是西班牙抽象畫派鼻祖的署名，他的全名是曼努埃爾‧曼帕索‧布埃諾（Manuel Mampaso Bueno）。他畢業於馬德里聖費南多皇家美術學院以後，便以極別致和極富有個人風格的作品出現於西班牙畫壇，推動抽象畫的創始潮流。由於他的作品不同凡響，國際間都對他矚目，尤其是美國和拉丁美洲的收藏家都以擁有他的佳作為榮。曼巴索的畫風，無論是早期的抽象畫，中期對社會批評的新表現派作品，抑或後期的風景

和肖像畫，都以同樣的手法一氣呵成。他的精心構圖、空間保留、色彩果敢毫不忸怩，下筆錯綜富有韻律、氣勢磅礡。

　　這可能與他生性有關，見其畫知其人。他豪邁好客，仗義疏財，但倔強高傲，為人如繪畫，穩健毫不遲疑。目前他雖已年過八十，仍然保有一顆炙熱年輕的心。每逢美酒佳人，便會從他沙啞但富有磁性的中音歌喉中，輕輕地、低回地送到身旁女士耳際！

　　畫家喔！真正有修養和情操的藝術家，就是如此倜儻風流！

　　下午兩點一刻左右，我們如約到達他家。當我們乘電梯來到這座五層樓的頂端，按門鈴約有三分鐘，卻不見室內有動靜。下樓買東西去了？但此時的店鋪早已打烊。臨時外出？還是忘卻相約的時間？使我們不知所措，十分尷尬。據米格爾所講，曼帕索早在三年前患憂鬱症，家人至親來訪一律閉門不見。即使昔日患難與共戰爭倖存下來的夥伴，還有那馳騁風雲的畫壇知己，他統統視而不見，終日與畫為伴，緊緊封鎖著那顆孤獨的心。

　　如今他已驅散了心中那片烏雲，走出那份孤獨，這對至親好友來說，還有比這更欣慰的嗎？門終於啟開，站在我們面前的是一位飽經風霜，大腹便便，軀體臃腫年邁蒼老的老人。只見他頭戴一頂草編牛仔帽，脖子系著一條藍白小方巾，身著一件湖色汗衫，汗衫上浸染著一簇簇顏料，腰間拴著一條紅黑相間有著四個大口袋的圍裙，其中一隻口袋裏放著一塊紅色的汗巾，腳穿一雙黑色皮拖鞋。近在咫尺的這位大畫家，普通得不能再普通了。如果他行走在大街小巷，你一定會誤認他是個流離失所的乞丐，可他確實是西班牙赫赫有名的美術大師曼帕索，我還是無法面對現實，接受這一事實，來時的判斷與猜測早已化為烏有。

　　「Hola! Muchacha!」

　　「Hola! Amigo!」

老人的問候，即刻使我回到現實中來，回到老人身邊。

室內見不到燈火輝煌，我們穿過客廳，沿著長長的走廊入內，兩邊牆上掛放的繪畫作品琳琅滿目。當我們來到面積大約50平方公尺的畫室，陽臺輻射的日光，將畫室照得光亮明潔，畫室中無一休閒，地上桌上堆放的畫具無數，紫橙黃綠色彩盈滿全屋，可謂信手拈來便是畫，胡亂塗鴉也值千金，誠然黃金有價，藝術無價。

眼前的那幅曼帕索自畫像，與身邊這位老人，不修邊幅形然一個阿根廷草原上的牛仔（Gaucho）逼真十分，但又類似巴黎街頭巷尾那些流浪漢的形象。

室內雖然雜亂無章，倒也亂中有序，繁中有靜。我們隨著彌漫煙霧來到陽臺，那裏亂堆的桌椅、花盆是一片狼藉，突然見燒烤爐上正烤著兩塊特大的烏頰魚，發出噴噴的響聲，老人拿起火夾翻著魚塊，並澆上葵花油。我們來之前他已在此操作，因此，想必未聽到門鈴聲。隨即他丟下我們，獨自匆匆進了廚房，不知怎的，我的眼眶濕潤了，對身邊這位老人除了敬佩外，油然而生一絲敬意，他為我們的到裏忙碌內疚不安。

「De ayudo?」（我來幫忙好嗎？）老人並不介意。這時門鈴劇響，他開門去了。

廚房牆壁上，鍋盤刀叉掛滿牆壁，子身一人何以用得著如此繁雜瑣碎的器具？百思不解後，進入掌勺操作。即刻快速將炸好的小沙丁魚起鍋，放進盤中。此刻隨同客人進廚房的老人，像孩子似的用手拿起一條放進嘴裏，顯出那副極樂頑皮悠然自得的表情。他的朋友，一位經濟學家阿古斯丁（Agustin），試著也要品嘗，卻被老人制止，對方似乎在抗議，你行得，我為何不能？一陣笑聲，大家走了出去。

陽臺上早已備好餐具等待入席，當天被邀請的還有一位女畫

家嘉麗（Chary）。

「孩子，坐在我身邊！」老人和顏悅色地吩咐我。

我為老人和在座的朋友倒上葡萄酒。

「乾杯！乾杯！」眾人碰杯而飲。

此刻，收音機裏傳來悅耳動聽的美國電影歌曲，只見老人打著響指，隨著樂曲的節奏起伏，不由自主地搖擺狂歡。一曲終了，接踵而來的是美國歌舞片（音樂之聲）的主題歌，老人不再刻意過去擁有的倜儻風流藝術家的派頭，而是一副玩世不恭的神態，臉上閃爍著頑童的擠眉弄眼，怪怪的樣子。我被他這副模樣逗得開懷大笑。

只聽老人說：「孩子，這魚是你炸的，多吃點！」

可親可敬的老人啊！你有一個與我同齡的女兒，那般親情是否也很自然蕩滌心間？

　阿斯都利亞斯

　我迷戀的故鄉

　阿斯都利亞斯

　我最寵愛的地方

　只要有機會

　我真想再到阿斯都利亞斯

　我一定要上樹

　我一定要採花

　奉獻給我的黑髮姑娘

　讓她把花放在陽臺上

　無論把花放在那裏

　我一定要上樹

　我一定要採摘一朵花

歡樂的歌聲時強時弱，時斷時續。大家忘記了歌詞時，只好改用樂譜來哼唱。此情此景已把他們帶入大學時代的校園生活。還有那些民謠情歌，更使他們墮入少年時的迷戀。面對他們這種強烈的歐洲文化認同感，藝術不分國界的氣氛，觸景生情，身受感染。歌聲再次進入高潮，頭頂藍天，烈日下的西班牙朋友們，杯中的紅葡萄酒盛了一次又一次，興奮的臉上洋溢著晚霞般的色彩，流淌的汗水視而不見，由低而高的歌聲飛出陽臺。老人孩子般歡欣盡情地唱著，情緒激昂難止。

　　「我們現在如果只有18歲多麼好！」

　　「我18歲的時候，正是一個大笨蛋，參加了西班牙『藍色軍團』前往蘇聯作戰，這無畏犧牲、見義勇為的精神，今日看起來對生命是毫無價值的，但是年輕時的衝動，留下了終身遺憾！」二次世界大戰期間，作為中立國的西班牙，組織志願軍協助德國攻打蘇聯，這段歷史為老人銘心刻下難以忘卻的傷痛。他撩起汗衫，只見左肩留有槍彈斜穿而過的七、八寸長的傷痕，那顆槍彈又從後背穿出，給他留下了心身上永不消滅的痕跡。

　　女畫家建議大家不要再傷感過去。

　　此刻耳際傳來日本《櫻花頌》。老人從痛苦的回憶中走出，柔和婉轉的樂曲頓使他轉變感受，不由自主地頭依偎著我的左肩，輕輕哼起了這首風靡世界的日本名曲。收音機裏不斷傳來阿拉伯的肚皮舞曲、阿根廷的探戈，老人羅曼蒂克地邊吃邊舞，並用那油膩混合畫色的雙手，拍打著那臃腫的羅漢肚。

　　「來，中國姑娘，我們來跳支優美的探戈！」

　　「對不起！我不會跳。」

　　「讓我來教你！」

　　「不要讓他教！」女畫家特意幽默地向我警告：「跳探戈會陷入情網，對你有危險！」

「我們即使陷入情網也沒有關係，舞跳完什麼也沒有了。」

詼諧、風趣的老人那一席話，把大家逗樂了。

望著身邊這位老人對生活的真摯追求，豁達進取向上的精神境界，無不使我折服。聯想塵世的浮躁、市儈的貪婪，與老畫家高尚美好的情操相比，顯得那麼格格不入。

曾有人問及老人：「你的生活過得像皇帝一樣，好瀟灑！」

他卻風趣地回答：「那個皇帝過的日子有我好？」老人一番別開生面的話，又引來了一陣歡笑，也道出了他對生活的無憂無慮、自由自在。

此刻，屋頂上喳喳飛來雀兒的啼叫聲，大家不約而同地向它們望去……

不知是誰建議，讓我唱一首中國歌，或跳一曲舞。為使大家高興，我毫不猶豫款款起座，隨即獻醜連唱帶跳起來：

　　大阪城的石路硬又平哪！
　　西瓜大又甜啦！
　　那裏來的姑娘辮子長呀！
　　兩個眼睛真漂亮。
　　你要想嫁人不要嫁給別人，
　　一定要嫁給我，
　　帶著百萬錢財，
　　領著你的妹妹，
　　趕著那馬車來。

喧賓奪主的我，在掌聲中落座。

興頭上，曼帕索開始為我畫像，我們起身入畫室。他拿起筆，用畫夾放平紙張，我靜靜坐張古典椅子上。「看著我的眼

睛！」他是那麼專注、投入，並不斷調整我的姿勢。還告訴我，這是他生平第一次為中國女孩畫像，緣分今日，可乃我幸運，福氣非淺。

約半個時辰，一張逼真的速寫揮就而成。我為畫家的慷慨贈畫，由衷地表示謝意。

「這幅畫價值50萬西幣！」女畫家特意地指出。

「我不要你的錢，我的報酬是：只需給我一個吻！」

吻，這在西方，每次朋友在相逢道別時少不了的禮節，在歐洲文明國度裏，似穿衣吃飯那麼隨意。有此天賜良機相識大師，並且胸中蘊釀著東西文化的我，怎麼會吝嗇？便熱情大方地給了大師兩頰親吻。哇！好可愛的小老頭！在場的朋友似乎也陶醉其中。走出畫室，我們重新落座品嘗著哈密瓜，意想不到老人將吃過的瓜皮隨手扔向陽臺下的博物館，驚詫的我啞然無語。身邊的老人如此不拘小節，又似頑童敞裸著那顆既無暇又原始野性的童心，他活得那麼坦然自如，無所羈絆。

隱居三載的老人似乎找回昔日曾失去的年華，借著今日有朋自遠方來，不亦樂乎！暢飲為快，杯中的紅色瓊漿早已映紅了老人的臉龐，醉翁之意不在酒。

突然，老人興致勃勃離開座位，對我起舞，並唱著一首塞維利亞（Sevilla）豔麗情歌：

> 我進到你的床上
> 你赤裸裸地躺著
> 在光滑絲織的被單下
> 我們甜蜜地纏綿著
> 現在不知你在什麼地方
> 下次再來的時候要告訴我

讓我們在那個地方

重溫這綺麗的舊夢

時間在分分秒秒逝去，三個時辰的相聚，將要在此刻拉下
帷幔。

經濟學家和女畫家辭別而去。

對我們的告辭，老人是那麼依依難捨，不肯讓我們離去……。

面對老人這份誠摯情誼，我的雙腿像灌了鉛似的沉重，心中
湧出一股苦澀。

是啊，雖說歡聚的餘意猶存，可留給老人的仍是一份惆悵、
孤獨。世間有聚有散，沒有不散筵席。老人終身與畫作伴，與藝
術相依濡沫，一般人們所追求的物質金錢都無與倫比，那曾擁有
生命輝煌的扉頁化作彩蝶翩翩宇宙，溢漫大自然。還有什麼比這
更留戀的啦？

老人目送我們消失，那優美動聽的音樂，還在耳畔回蕩……

選自張琴散文集《浪跡塵寰》

此文獲得一九九九年世華文作家協會西班牙首獎

同年刊登在「中央時報」頭版

賦，我們親愛的朋友曼巴索

曼努埃爾・曼帕索，1924年出生在LA CORUNA，享年77歲。

四十年代中期，畢業於馬德里聖費南多皇家美術學院，50年代初，世界前衛藝術潮流洶湧澎湃，為西班牙抽象畫派鼻祖。嗣後，又常在電影戲劇任美術設計，其電影情節演進圖，深受好萊塢讚揚。戲劇方面曾連年獲西班牙舞臺設計獎。多次在國內外舉行個人畫展，作品被國際收藏家廣泛收藏。

2001年六月六日下午，一陣電話鈴聲，倏然間把我從電腦旁牽走。電話那頭傳來您小女兒的聲音，得知您在一周前住進了醫院，儘管您年事已高，但聽到這個意外的消息，我們還是很吃驚。

第二天早晨，我們前往馬德里一家私人療養院，一路上連同昨日的幻覺裏，總是聯想著您叼著煙斗、大大咧咧的樂觀主義的精神。

當我們來到您住的病房，那份驚訝，簡直不敢相信眼前的事實。只見您坐在罩有白色床單的沙發上，整個上半身敞露在外，頸部橫豎左右吊著輸液管，兩條胳腕殘留著被抽過血的紫色斑痕，臉色黃得一點血色都沒有。房間的幾案、沙發上放著您看過的報刊雜誌、速寫本子，收音機裏還響著悠揚的樂聲。

當我們走到您的身邊，護士輕輕把您喚醒，您睜開疲憊的眼睛。可我看到的不是從前那雙有神的目光，也不再有往日談笑風生的神態，病魔已把您折磨得變了模樣。我激動地握著您那雙冰涼的手，眼眶沁滿淚水，並深情地注視著您……。把我們的合影給您看，您很費力地又睜開眼，隨即閉上。

當護士關照讓你多休息，我們會意便起身準備告辭，您又勉力睜眼說道：「希望我們下次再見時，不是在醫院。」

回到家裏，我們剛吃過午餐坐在那裏看報紙，突然被電話驚過神來，原來在我們離開三個小時之後，您永遠告別了這個世界。聽到這一噩耗，我們再也控制不住那奔放的情感……

明天，您將告別您的祖國、您的人民、您的親人、您的朋友，去一個很遙遠的地方。可您去得太突然了，還有多少心裏話沒來得及與家人敘述，多少朋友還來不及通知；您為故鄉要畫的近百幅作品還沒完成；還有您讓我穿上地道的中國服裝，為我再畫像；今夏相約朋友在您家涼臺聚會；如今這一切都煙消雲散，永遠永遠不會再有機會了。

親愛的朋友，您好好安息吧！明日我們將去為您送行。

……

往事再次把我帶到兩年前的今天，我是您首次認識來自中國的女性。您興奮地為我畫了一張肖像，那逼真寫實的畫面，沒有人見了不讚歎。也就在那年，我把我們的認識經過，寫了篇長達5000多字的散文《永恆的回憶》，應徵比賽獲得首獎。翌年，長篇紀實文學《地中海的夢》出版，我把您的繪畫作品置於封面。沒想到您的作品流入世界各國，今日卻成了我們永恆的紀念。

我非常珍惜我們的相識，把您視為父親般的尊重。對這父愛、友愛雙重的情誼，一直滋養著我的精神世界。尤其是您那灑脫的人生信念，對藝術執著追求，幾乎改變了我對物質、金錢、名譽、權力、地位的鄙視，對人世再如何待我不屑一顧。

往事又把我帶回有一年的夏天，您從故鄉LA CORUNA捎來很多海鮮，打電話讓我們去品嘗。我們在涼臺上，喝著白葡萄酒，欣賞著那悅耳動聽的樂曲。共同陶醉在月光下……

不曾忘記，有一次你賣出許多作品，慷慨邀請家人和我們，來到馬德里一家有名的阿根廷飯店，圍著鐵爐吃烤牛肉。那豐盛的晚餐，至今還誘惑著我，每每憶及總讓我垂涎三尺。

親愛的朋友，您還記得嗎？中國龍年春節，您和您的同胞還有中國朋友，我們那晚的狂歡，載歌載舞，是我出國多少年來，遠離家人朋友從沒有過的歡樂和興奮。我和朋友借助當晚的雅興，為您賦詩一首：

門，瞬間閃開，
風般倏然進來。
口銜大煙斗，
持杖挎囊袋，
邊幅不修的穿戴，
目光閃爍如星，
飄飄然、煙如帶。
萍泊相聚，
在今夜。
悠悠長笛，翩翩舞起，
高歌豪飲暢懷。
談笑風生，
幽默詼諧，
戲、穢語、狂態，
盡入了素描題材。
幾朝酒醉，明日何待？

月前，我們宴請您和世界著名建築師費爾南多・伊格拉斯（FERNADO HIGUERAS）相聚一起吃中國火鍋。那晚您好興

奮，餐前在酒吧就喝了威士卡，隨後在飯桌上又大量豪飲，您吃得好痛快。看到您那麼好的食欲，覺著您的健康不錯，我們打心眼裏為您高興。可那能料到，您身體裏的淋巴癌已蔓延多日，幾乎到了晚期，直到您臨終時也尚未察覺。這樣也好，至少在您生前，心理上毫無一絲壓力，憑著您一貫作風，無所牽制地要幹啥就幹啥，過著逍遙自在的生活，把全部精力和整個身心投注於藝術創作上。

記否？日前您曾告訴我們，打算把故鄉那百幅作品完工，明天再來相聚。那能想到在您滿懷得志、心情極度愉快的當兒悄然離去。

從殯儀館回到家裏，身邊放著西班牙最大三份報紙，《世界報》、《ABC》、《真理報》大篇幅對您生前作了介紹。《真理報》電話採訪了您生前電影戲劇繪畫的合作者，以及最要好的朋友米格爾·張。

兩天來，我到處尋找曾在您身邊工作過的琳達，她有著中國人的善良、賢德、勤勞，直到您離開這個世界，我也沒有找到。就在您升入天堂幾個小時，電話那邊傳來琳達的聲音，當我把您的不幸告訴她時，她在電話裏哭著：「為什麼如此突然？本打算八月回馬德里再去探望他……」

如今，您永遠離開了您的家人，離開了我們，但您的精神卻永遠銘刻在人類歷史的豐碑上，烙在我們的心坎裏。

親愛的朋友，您為何走得那樣匆忙？

選自張琴散文集《浪跡塵寰》

是誰，把我推上了法庭？

　　我沒有戴手銬，身邊沒有持槍核彈者，儼然不像電影上出現的威嚴逼人的法庭。我自信這是一件冤案，既然是冤案，終歸會真相大白，所以我很鎮靜。中國有句俗話：心中無鬼，不怕敲門。

　　如果先前的意念還沒有蓋棺定論。此刻，我進入法庭就像往常赴社交場合一樣輕鬆。當第一眼所看到的是西班牙國王胡安‧卡洛斯大半身肖像，我恍然大悟，將要面對的是異國法庭。

　　我平視臺上，坐在中間的是一名40多歲的法官，他的左邊是書記員和律師。右邊是一位年近50歲的女檢察官，他們全部著黑色長袍。

　　台下第一排坐著翻譯和我，後排坐著傳票的女工作人員，整個法庭內沒有幾人。

　　「你叫××？」臺上傳來法官的詢問。

　　「是。」我起身。

　　「你今日被告，明不明白何因？」法官又問。

　　「明白。」我似乎在回答一道試題。

　　「根據西班牙法律第××條×款規定，被告涉嫌與製造假檔一案有關，現起訴被告兩年徒刑，罰款西幣30萬元。」

　　當翻譯重複著女檢察官的話，我頓時驚訝不已，記得第一次被起訴是判刑100天，每天罰款西幣1000元，共計10萬元。今日何以變成兩年，罰款30萬元？看來這位女檢察官要置於我死地。可我還是相信自己無罪，腦中第一個意念就是，這兩年中，寫出自己一生的故事，把西班牙語補上。

「被告是否接受起訴？」

「NO!」法官的話打斷了我的幻想，倏然回到了現實。……

思緒把我帶到了1999年十月底的一個下午。四點左右，坐在營業大廳辦公桌的你，正捧著一本書專心閱讀，突被門外「CARTA」的喚聲驚擾，郵差已把一封掛號信遞在我面前。我拿起筆準備簽字，可想起身分證不在身邊，前些日子委託米格爾辦事，還未來得及取回。我只好打電話去詢問身分證號碼，就此一瞬間，白紙黑字留下了我的確鑿證據。

我目送著郵差出了門，櫃檯上那封掛號信還擱置那裏。突然從外邊闖進六個彪形大漢，迅速亮出身分，原來他們是國家便衣員警。我禮貌地打著招呼，以為就店中業務而來，因為店開了這麼長時間，儘管每月付給西班牙律師西幣，可執照至今沒有拿到。生活在一個陌生的國度什麼法都不懂，竟開了三年黑店（這是後來轉讓店才知道的）。

三個員警圍上櫃檯，只見一人迅速把信抓在手裏。我終於明白，他們是為此信而來。其餘員警迅速進入工作間和臥室搜查。當我抓起電話，卻被員警按住，顯然是想切斷我與外界的聯繫。這時，我才感到事態的嚴重。

我被迫停止營業，拉下捲簾門窗隨著六名員警上了車。車沿著BRAVO MURILLO大街朝著PLAZA DE CASTILLA駛去。車在西班牙中級法院停了下來，員警帶著進了一間很大的辦公室，裏面已坐著不知是法官還是檢察官。他們當面拆開了那封掛號信，從裏面倒出四本護照，照片上是四個東方型的男人。

我聽見他們說：「DOS PASAPORTES JAPONESES Y DOS COREANOS。」

當晚已近10點，我還坐在警察局的辦公室裏，只見他們穿梭忙碌著，並不打算放人回去。我知道這下徹底完了，現在是掉

進黃河洗不清，由此被捲入一場偽造假護照的案子。之所以簽收信件，是因為同胞工作生活在一個動盪不安的環境裏，想為他們排憂解難，僅僅收取一百元西幣。沒想到他們竟趁我工作之便，藐視法律，讓我成了替罪羊。我的解釋和表白替代不了確鑿的事實，那是因為我在法律的行程上留下了無可毀滅的印證。現今不管有罪或無罪，至少在事實還沒有澄清以前，是不會放人的。

我被呼嘯的警車送進了拘留所，當我踏進五年前曾待過的、那牢獄般的「囚室」，雙目巡視著鐵窗下那一張張滯木呆呆的臉，心頓感不寒而慄！也許他們當中確實有視法律為兒戲的人，也有被無辜受害的。總之，我的心和他們一樣似鉛般沉重。

我告訴員警，連日來腹部墜脹厲害，一位年輕漂亮的女警非常和藹帶著去了醫療室作了檢查，端來一杯不知什麼藥水讓我喝下去。並用右手示意不要緊張。此刻我感觸甚深，心中浮動著一絲傷愁和感激，生活在異國他鄉，被人尊重，憑這都不應該去犯罪。當晚裹著兩條破舊、臭不可聞的棉毯，躺在冰涼的水泥地上，昏沉沉地睡去。

第二天，法院為你請來免費的辯護律師，隨後被你忘年之交的朋友米格爾·張謝卻，他為你付出了20萬西幣，請了自己的私人律師。

又是一個不眠之夜。這天早晨，拘留所出口處，排列著十幾號人，幾乎全是中國人，其中有幾個是我熟悉的。當一名胖員警把手銬伸到我面前要扣手腕，我怒目憤慨地反抗著：「NO，SOY INOCENTE！」顯然我想抗拒他們這種侵犯人權的行為。可這是別人的國家，他人屋簷下，不得不低頭。你我線裏傳遞著那位善良女員警好心的眼神，她意會地在告訴我，好漢不吃眼前虧。我心神領會接受了對方的勸慰，無奈的伸出了右手。警車在

風弛電閃中出了拘留所，飛奔在大街上，朝著法庭的方向開去。今日，我將在法庭上再次陳述……

時間一分一秒在你身邊消逝，猶如過了半個世紀。我心中呼喚著自由，並告誡自己，在這個世界上什麼事都可以做，惟獨不要去觸及法律，當歷史的罪人。幾日來，殘酷的鐵窗生活太恐怖太可怕了，我精神崩潰到了極點，只想離開這魔鬼待的地方，儘快結束這場惡夢……煎熬了72個小時後的拘留生活，我終於邁出法院的大門，開始一場馬拉松式的上訴。

重新回到我工作和生活的小天地，電話那邊傳來了使館張秘書的關切聲：「我們接到警察局的傳真，看到你的名字，但不相信，真的是你嗎？」

「沒錯，我是無辜的。現在人已出來了，謝謝您。」電話掛斷，我如釋重負地換了口氣，坐在椅子上。

我被六個員警千篇一律的證詞喚醒，再一次回到了現實中來。

輪到米格爾出庭作證了，半個世紀以來，他以西班牙公民的身分生活在這個國家，從沒有跟員警、法官打過交道，更沒有上過法庭。可今天，他為了我的清白和無辜，理直氣壯出庭作證。那都是因為我的過失，不懂法不知法而造成的後果。此刻，我滿面羞愧，為了我尊敬的師長、我的父愛……流下了愧疚的眼淚。

我生長在一個動盪不定的年代，父親的冤案促使全家受害。兒時流離失所在外，沒有人貼心照管和教導，即使在這樣的環境裏，也從未觸犯過任何法律而沉淪墮落於非法泥沼。沒想到竟然在這異國他鄉，僅因為缺少法律常識，無知地簽了不該簽的字，而蒙受不白之冤。

「法官先生，請允許我發言，……代收信件是我委託人的一項正常業務，不能僅憑簽收一封不知內容的掛號信，在毫無真憑實據，全屬假設猜想而認為假造檔嫌疑而定罪……」律師振振有

詞為我辯護，結果還是給檢察官絲毫無情地再次起訴。如今，唯一的希望只有寄託在那位法官身上，也許他的賢明判斷，為我洗清這莫須有的罪名，早日成為自由人。

第二次開庭又過去了三個星期，律師預計將很快得到判決。不久，你我於收到法院的電報，文中委婉地透露著一絲希望，似乎暗示著我的冤情會有一個美好的結局。世人常說：吉人自有天相。

往事悠悠而來，我一生曾淌涉過的坎坎坷坷、蹉跎歲月，每每跌進困境，總會有一雙無形的大手在拉著我；每遇到逆境難以自拔時，又有一雙力大無比的手在後面推著我；始終不讓你倒下。這難道就是神靈對世間善良人的拯救和傾心相助？

金無赤金，人無完人，是人就有過失，就有罪惡，但我永遠相信真理，相信自己。人只要不在意念上去構造犯罪，時間和法律遲早會給一個公平的答案，何況你我無辜的。我相信西班牙是一個法制健全的國家，也相信這個國家尊重人權，也不會放過一個壞人。

當我接過那份長達六頁的判決書，得知無罪時，我終於抑制制不了自己放聲大哭起來。快兩年了，每想到這樁倒楣的事，心就會一陣揪心的疼痛。此時，我再一次感受到自由的可貴，身心的輕鬆，今日流的是高興幸福的淚啊！是啊，勝訴是對法律的宣告，對真理的表白，人世醜惡的鞭撻！

選自張琴散文集《浪跡塵寰》

什麼都可以託付，唯有愛不能

　　這的確是一個真實的故事，當我聽完以後，暗地在笑秋的天真和傻氣，對歐陽的理性和癡情頗有感觸。

　　那年夏天，秋又要回國了，在迫不及待地準備行裝的同時，她又不太忍心把歐陽獨自丟在家裏，便想委託個朋友，偶爾給他打打電話，問候一下冷暖，使他不至於感到孤單。臨別前，秋把所愛的人託付給自認為關係不錯的老鄉媛媛，一個曾受過高等教育、受過基督洗禮的虔誠教徒。於是，秋飛走了。

　　歐陽是個受過高等教育的男人，並且是個柳下惠一樣坐懷不亂的君子，雖然身邊沒有缺少過女人對他的親昵，但從來沒有為色而動過心。秋離開歐陽後，媛媛除了在電話裏與歐陽聊聊天，偶爾也到他家坐坐，有時還留下一塊兒吃晚飯，之後他們一塊兒出去散散步，並順便坐在露天酒吧喝喝酒，度過一個浪漫溫馨的黃昏時光，最後，歐陽開車送媛媛回家；再後來，媛媛把歐陽請到家裏，吃上一頓美味佳餚。儘管面對美食和美女，歐陽仍保持著君子一樣的風度。

　　突然有一天，媛媛開始改變了以往態度，漸漸在歐陽面前說些秋的不是，隨後打電話給歐陽的次數頻繁多了，並再三邀請他來家裏吃飯。歐陽從來不會給對方下不了臺和難堪，極其自然地接受了邀請。

　　閒談中媛媛又提到秋，並反覆說到秋的種種不是，歐陽便反問道：「你既然把秋說得那麼不好，那你怎麼還和她交往？再說，秋並不是你所想像的那樣。」為了自己心愛的女人，為了維

護尊嚴和理性，他必須站在秋的一邊。因為他相信什麼叫做愛，選擇什麼品位的女人成家，是他自己的事，無須別人指手劃腳。

媛媛在歐陽面前不但沒有絲毫收斂，更加放肆地說了許多有關秋的不堪入耳的話，還把以前的事，真真假假、假假真真全兜了出來。

「秋過去的事都告訴了我，我所看重的是現在的她。」

歐陽一直不明白，媛媛為什麼會不顧自己對秋的愛，而當面去誹謗曾不錯的朋友。

秋在馬德里時就像大姐似地對待媛媛，一有什麼高興的事便把她叫上，外出應酬來家吃飯，兩人看上去似姐妹般。有時，歐陽因為秋的關係，還不斷地提供車服務媛媛。

人心隔肚皮，歐陽自然不懂秋那裏得罪了媛媛，人前腳一走，挖牆腳拆臺的事竟然發生，時間長了，歐陽對媛媛的看法大有改變。

歐陽就此事去請教一位老同學，老同學告訴他，秋不在，你可別移花接木噢？歐陽坦然大笑：「別人不瞭解我，難道你還不認識我？」老同學當然知道歐陽的稟性，二人哈哈大笑了之。

一轉眼的工夫，三個月過去了，秋風塵僕僕從中國回到了歐陽的身邊。三個月的離別在人生的旅途上算不了什麼，可秋根本沒有想到，這三個月的日子，遠在西半球的地中海上演著一場幕後鬧劇。

歐陽看著秋從中國帶回來送給媛媛的禮物，不由感到秋是怎樣和善待人，單純的傻大姐竟不知道有人在背後捅了她一刀。秋快樂地告訴歐陽，她要請媛媛吃飯，好好感謝她對歐陽的照顧。歐陽哭笑不得，但他做人的原則，是不想秋不在家時，把媛媛說的壞話告訴她，又不願看到自己所愛的人受到傷害，他左右為難不知如何是好。

秋剛回來，連時差都還沒有倒過來，耳邊就不斷聽到歐陽兄長般的告誡，君子之交淡如水，切記不要過分去相信他人，到頭來受到傷害的是自己。秋向來是大大咧咧，傻裏傻氣，一個無心的女人，有大愚若智來比喻她，是再恰當不過了。

秋還是按照原有計劃請媛媛吃飯，她並沒有拒絕，而且還保持從前一貫態度。歐陽對秋的任性和執迷不悟不知說什麼是好，為了秋的快樂，他只好容忍相陪。

不過有一天，秋似乎悟透了一點什麼，好像醋勁上來，再三追問歐陽，在她回國以後，他與媛媛之間究竟發生了什麼，秋的多慮不僅沒讓歐陽見怪，反倒為她一時的警覺而興奮。

最後，歐陽終歸為愛打破了向來遵守的諾言，把秋走後發生的一切告訴了她，他也如釋重負，並且再三告訴秋，一場噩夢過去，不要再去追究誰是誰非。當然，歐陽之所以要告訴秋，是怕她一直還蒙在鼓裏，一如既往地去付出她純真的友情。

秋難以置信地聽完歐陽的敘說，心中壓抑得喘不過氣來，這太不可思議！身邊就像爆炸了一顆定時炸彈。

時隔不久，媛媛又打電話給秋，秋非常平靜地告訴她：「請你以後不要再打電話，我不想再見到你。」此時的秋，已經關掉手機，全心投入她所愛好的興趣中。

其實，這是一件常發生在我們身邊的故事，我們暫且不去評論媛媛的做法究竟是什麼動機，要達到一種什麼目的。不過，世間什麼都可以託付給信得過的朋友，惟有所愛的人是不能託付給他人，尤其對女人。所以說，秋自身的錯誤是看不清人，把愛情託付給一個自以為瞭解的女友，其本身就是荒唐之至！

選自米格爾、張琴合著《琴心散文集》

七、張琴賦君

在一個沒有鮮花的日子裏
不見婚紗的飄曳
書為媒
筆佐證
但願人長久
千里共嬋娟

——張琴

復活

是你
走進了我
吻著我心靈的傷口
我的身心，
又一次復活。

伊甸園

你輕輕地，
在我的高山上撫愛；
再慢慢地劃過平原，
進入濃密的丘陵。
我被挑撥得再也等待不及。
你就衝刺般地，
射向我一支丘彼特箭……

你我貪婪地，
偷吃著禁果，
早已不知人間發生了什麼

最美好的一瞬（兩首）

一

美酒飄香伊人笑，
對酒當歌娛春宵？
今朝有酒今朝醉，
何妨一度盡風騷。

二

床笫間，月光似輕紗一襲，
覆蓋著我柔肌橫呈。
你緊緊地依偎著，
撫愛著瞅著我這是我今生最美的一瞬。

超脫

不求富貴、榮華，
不屑權勢、名利，
也不流於庸俗；
讓超脫的靈山，
佔有你的天體。

反璞為真，
原本屬於大自然，
無國籍無種族無界限，
做一個世界公民。

愛得好累

自從嫁給你

我才知愛有多累

浪漫過後

還要面對的是

鍋碗瓢勺

油鹽醬醋大米

還有你的循規蹈矩

還有你的鼾聲……

融洽

生活並不全是
美妙的樂章；
藍天也不如想像中
那麼湛藍豔麗；
生活是什麼？
倒翻的五味瓶，
酸、甜、苦、辣、鹹。

市無赤金，
世無完人。
是人就有錯，
有錯才成仁；

愛，沒有完美，
錯，也要面對。

Guimaraes城^(註)的淚

都說大西洋沒有眼淚，
你為什麼整天在哭泣？
憂鬱得讓人以為，
就是《瘋女王》的抗議！

就在你的身邊，
正「上演」著一部
西班牙歷史的悲劇。
你難道為女王的癡情、
為女王的不幸，
竟然灑下同情的淚水。

註：米格爾參與的西班牙古典電影《瘋女王》外景地。

春暖花開時，斯人卻遠去

二月的馬德里
風聲雨聲交織飛舞
貝利亞小鎮墜落了一顆隕星
哈啦瑪河的哭泣淹沒所有的
Naranja de Mandrin
你的朋友說
米格爾，裝在我們心中的Amigo
放心的去吧
天堂離誰都不遠

二〇一三年三月二十六日
於「琴心苑」

空了，空了（詩兩首）

一

今天
馬德里的聖人San Isidro
送來一支筆
說是讓我畫押
房子空了兩個多月
汽車不再有主人
聖人還說
你在Segovia牛棚等著我去
我隨即抱著灰灰去找你
可天空總是風雨交加
淚流不止
小灰灰掙脫我跑走了
我站在雨中
呼喚著你的名字
你不在了
什麼都是假的
等我夢醒來
書房僅剩下一團肉身……

二

得來是風
去亦是風；
來來去去卻一場空。
Papi，
你叫我咋不想你！

二〇一三年五月十五日書寫
二〇一三年五月二十五日
定稿於馬德里「琴心苑」

採花的女人

哈拉馬河被人驚醒

再也聞之不到她的歌聲

在貝利婭小鎮的清晨

總會看見一個憂傷的女人

她自言自語行走在曠野壟坎

Papi，我回來了

你說你等了我三個月

我卻要用餘生來守護你

儘管

不是只爭朝夕

真的我很樂意

每天為你採花去……

二〇一三年五月二十六日

書寫在夫君三個月的忌日

英雄無須翅膀

世俗的喧囂彌漫，
替代不了「哥雅」節的喜悅狂歡（註一）；
就在二月九日這一天，
伊比利亞半島為你戴上了桂冠；

我不敢說地中海，
有四千多萬雙眼在同一個時辰注視著你的名字；
但半島居民至少在這一天，
從螢光屏上看到了一張黃皮膚黑眼睛黑頭髮的中國臉
就連那些不安的靈魂，
也不得不用卑賤的心去對你仰視；

沒錯你是走了，
誰不走啦？
生命無常，
留不住的金錢物質；
留不住的地位權勢；
青春無悔對鉛華
每個人都會老去；

翻開人類歷史看看，
可曾見到不死的皇帝？

成吉思汗橫跨歐亞還不是白骨一堆；
拿破崙再強悍，他的鐵蹄也沒能蹂躪到Patones小鎮（註二）
無敵艦隊終歸被葬送在大海；

即使青史留名的偉人，
或是臭名昭著的希特勒，
來世轟轟烈烈也留不住自己的河山；

人類敬仰的上帝耶穌，
選擇了犧牲換來民眾的存在；
遺憾的是阿拉的翅膀也福佑不了
他的王朝；

可眼前枯萎的樹木又發了芽，
低頭無語的小草花兒依舊盛開；
誰能相信地中海島上的石頭也能復活；
凌晨那只叫不出名字的鳥兒，
一如既往百囀千嘀；

我相信只有精神至上的仁者，
才能感受到神靈的再現；
猶如你所說：做任何事應以仁為標準
這就是你留下的座標與格言：

立仁之上，道為先；
立文超我，普世價值觀；
立志大愛之風範！

好了，
英雄無須翅膀
你就是你，
來世無人取代

二〇一四年二月十日
於馬德里「琴心苑」
書寫在西班牙「哥雅」電影節

註一：二〇一四年二月九日西班牙二十七屆「奧斯卡」電影節頒獎活動，對上年離
　　　世的電影人進行追思，米格爾也在上面。這在西班牙每年的「奧斯卡」電影
　　　節頒獎上，都會例行這個儀式。

註二：西班牙Patones小村莊僅有十二戶人家卻擁有一座五彩繽紛的石頭博物館。當
　　　年拿破崙的鐵蹄之所以沒能踩躪到Patones小村莊，是因為它隱深在大山的後
　　　背。今天已成為西班牙旅遊名勝，每年世界各國遊人慕名而來，為彈丸之地
　　　的小村莊帶來了豐厚的收益。

跋

　　Miguel Chang Kung（米格爾・張・龔）這是米格爾西班牙身分證全名。「米格爾」代替了中國名字「寶清」，名字後跟父姓「張」母姓「龔」。而「張」和「龔」按西班牙字母發音翻譯，中文拼音「zhang」寫作英文「chang」暨「gong」寫作「kong」。米格爾去世後，他在國內的少年同學向米格爾的妻子表達了多年來他們對「米格爾」這個名字的疑惑，不理解為何要用一個外國名字代替中國名字，為此心存芥蒂。

　　據米格爾生前留下的日誌描述，10歲那年就接受了洗禮，而當時所用的教名則是「米格爾miguel」。1948年他在安慶的教會學校時值念高中，17歲的他，因人品成績非常優異，被神甫選中並送到西班牙留學深造。

　　1930年到1975年，西班牙處於法蘭西斯科・佛朗哥（西班牙語：Francisco Franco）獨裁統治時期。米格爾1949年五月離開故國，當來到西班牙，整個西班牙的中國留學生寥寥無幾，唯有快速的掌握西班牙語才能融入當地生活，開始正常學習。今天歐洲有大量的中國公司、產業等，正如福建商人描述的：會說福建話，走遍歐洲都不怕。然而米格爾留學的年代卻是完全不同的。與同來的幾名留學生達成共識，大家為了學好西班牙語，約定白天在學校不見面，晚上回宿舍相互也只能說西語，在外也接觸不到更多的中國人，久而久之說西語的時間遠遠超過中文。西班牙朋友為了發音方便，也更願意叫他的教名「米格爾」。「米格爾・張」這個名字漸漸變成了他這個中國留學生在日後的西班牙

法律上以及朋友心中的標誌。

在西班牙學習期間米格爾完全融入了西班牙的社會，與西班牙朋友打成一片，在大學期間他結識了自己的西班牙太太，後來結婚生子，為了生活和工作方便也加入了西國籍。而法蘭西斯科・佛朗哥獨裁統治時期，禁止使用地方語言，如卡塔盧尼亞語（catalán）、巴斯克語（Euskara）等當時都是被禁止的，西班牙全國只能說西班牙語（castellano），這個時期出生的西班牙人，如果他的出生地有自己的地方語言，他出生後的身分證上是不能使用地方語言命名的，必須取一個西班牙語的名字。比如在巴斯克大學美術學院一位名叫「Iñaki」的教授，他身分上證上的名字確寫的是「Ignacio」。所以當時米格爾加入西班牙國籍的時候，他是不可能以「寶清」為名的，「米格爾」這個早已耳熟能詳的名字便自然而然的成為了他作為西班牙公民的正式名字。

半個多世紀，米格爾走遍世界各地，參與大大小小一百多部國際影片設計，「米格爾・張」這個名字留在了一百多部影片的設計師名單裏。他生命中學習、愛情、工作、家庭的大部分的記憶也印上了「米格爾・張」。

這些都絕非刻意，米格爾愛自己的祖國，思念自己的家人和朋友，從他留下的人文精神，乃至大量的電影藝術以及文字，他無愧於華夏，無愧於生育養育他的故土和父母，他常常回憶17歲前的記憶，每每提到家鄉都流露著幸福。他也愛西班牙，愛這裏的家人和朋友，愛這個生活了64年的土地。不僅如此，他胸中裝有大愛，人類的最高境界就是做一個地球村人，他早視己為地球村人。

也許因為這兩個名字在他心裏從來沒有分別過，從來都不是一個分界線，所以他幾乎沒有專門解釋過關於名字的問題。無論是著書還是寫文章提及到別人對自己的稱呼都是根據事實記憶而

作，絕非特意要使用「寶清」或「米格爾」。至於回國探訪也用「米格爾」這個名字純粹是出於生活習慣，假使親人老友稱他為「寶清」，他必定也會十分開心。

此文特意為「米格爾‧張」這個名字作釋，則是希望為此有所芥蒂的朋友能諒解，米格爾一生淡泊名利，名字對他而言只是一個通行的符號，他自身尊重每個人的習慣，不介意稱呼他為「張寶清」或「米格爾‧張」，所以請朋友們也不要介意他叫「張寶清」或「米格爾‧張」，尊重他半個世紀來的習慣。我們愛「米格爾‧張」就是愛「張寶清」，他為自己一生已劃上了圓滿的句話，無二無異。

最後特別感謝至親好友，他們的珍貴文字，已為藍天留下一束束紫色的花卉；還有更多讀者期待這本書的出版，以及臺灣秀威出版社林泰宏老師，為此書整整忙碌了一年。

二〇一三年七月十三日於西班牙

Do人物23　PC0451

地中海曉風殘月
——華裔影人米格爾‧張的浮生箚記（下）

作　　者／米格爾‧張
責任編輯／段松秀
圖文排版／楊家齊
封面設計／王嵩賀

出版策劃／獨立作家
發 行 人／宋政坤
法律顧問／毛國樑　律師
製作發行／秀威資訊科技股份有限公司
　　　　　地址：114 台北市內湖區瑞光路76巷65號1樓
　　　　　電話：+886-2-2796-3638　傳真：+886-2-2796-1377
　　　　　服務信箱：service@showwe.com.tw
展售門市／國家書店【松江門市】
　　　　　地址：104 台北市中山區松江路209號1樓
　　　　　電話：+886-2-2518-0207　傳真：+886-2-2518-0778
網路訂購／秀威網路書店：https://store.showwe.tw
　　　　　國家網路書店：https://www.govbooks.com.tw

出版日期／2015年3月　BOD一版　定價／480元

|獨立|作家|
Independent Author

寫自己的故事，唱自己的歌

地中海曉風殘月：華裔影人米格爾.張的浮生箚記
/ 米格爾.張作. -- 一版. -- 臺北市：獨立作
家, 2014.11-2015.03
　　冊；　公分. -- (Do人物；PC0451)
　　BOD版
　　ISBN 978-986-5729-48-6 (上冊：平裝). --
ISBN 978-986-5729-65-3 (下冊：平裝)

　1. 張寶清　2. 傳記

782.886　　　　　　　　　　103021551

國家圖書館出版品預行編目

讀 者 回 函 卡

感謝您購買本書，為提升服務品質，請填妥以下資料，將讀者回函卡直接寄回或傳真本公司，收到您的寶貴意見後，我們會收藏記錄及檢討，謝謝！
如您需要了解本公司最新出版書目、購書優惠或企劃活動，歡迎您上網查詢或下載相關資料：http:// www.showwe.com.tw

您購買的書名：_____

出生日期：_____年_____月_____日

學歷：□高中 (含) 以下　　□大專　　□研究所 (含) 以上

職業：□製造業　□金融業　□資訊業　□軍警　□傳播業　□自由業
　　　□服務業　□公務員　□教職　　□學生　□家管　　□其它_____

購書地點：□網路書店　□實體書店　□書展　□郵購　□贈閱　□其他

您從何得知本書的消息？

　□網路書店　□實體書店　□網路搜尋　□電子報　□書訊　□雜誌

　□傳播媒體　□親友推薦　□網站推薦　□部落格　□其他_____

您對本書的評價：(請填代號　1.非常滿意　2.滿意　3.尚可　4.再改進)

　封面設計____　版面編排____　內容____　文／譯筆____　價格____

讀完書後您覺得：

　□很有收穫　□有收穫　□收穫不多　□沒收穫

對我們的建議：_____

_____

_____

_____

11466
台北市內湖區瑞光路 76 巷 65 號 1 樓
獨立作家讀者服務部　　　收

....

（請沿線對折寄回，謝謝！）

姓　　名：＿＿＿＿＿＿＿＿＿　年齡：＿＿＿＿　性別：□女　□男

郵遞區號：□□□□□

地　　址：＿＿＿＿＿＿＿＿＿＿＿＿＿＿＿＿＿＿＿＿＿＿＿

聯絡電話：(日) ＿＿＿＿＿＿＿＿＿＿　(夜) ＿＿＿＿＿＿＿＿＿＿＿

E-mail：＿＿＿＿＿＿＿＿＿＿＿＿＿＿＿＿＿＿＿＿＿＿＿＿＿